L'ART
DE LA LITHOGRAPHIE.

L.-E. HERHAN, IMPRIMEUR-STÉRÉOTYPE,

BREVETÉ DE S. A. R. Mgr. DUC DE BERRY, rue Servandoni, N°. 13.

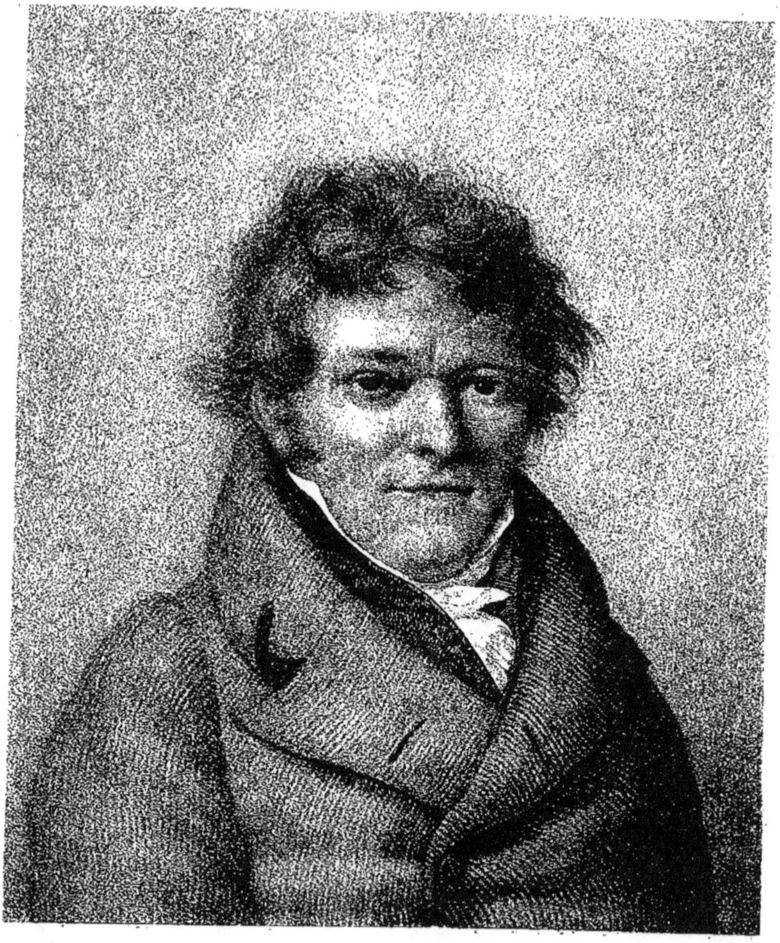

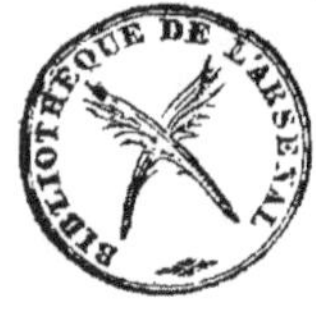

Aloys Senefelder.

L'ART
DE LA LITHOGRAPHIE,

OU

INSTRUCTION PRATIQUE

CONTENANT

LA DESCRIPTION CLAIRE ET SUCCINCTE DES DIFFÉRENS PROCÉDÉS
A SUIVRE POUR DESSINER, GRAVER ET IMPRIMER SUR PIERRE;

PRÉCÉDÉE

D'UNE HISTOIRE DE LA LITHOGRAPHIE

ET DE SES DIVERS PROGRÈS.

PAR M. ALOYS SENEFELDER,

INVENTEUR DE L'ART LITHOGRAPHIQUE,

AVEC LE PORTRAIT DE L'AUTEUR ET UN RECUEIL DE 20 PLANCHES OFFRANT UN MODÈLE
DES DIFFÉRENS GENRES AUXQUELS LA LITHOGRAPHIE EST APPLICABLE.

PARIS,

CHEZ TREUTTEL ET WÜRTZ,

Libraires, rue de Bourbon, n°. 17;

A STRASBOURG ET A LONDRES, même Maison de commerce.

1819.

AVANT-PROPOS.

On s'apercevait, depuis plusieurs années, qu'il manquait un Ouvrage, ou une Instruction complète et exacte sur la Lithographie. Cette espèce d'imprimerie est déjà si répandue, que bientôt il n'y aura plus de ville un peu considérable où il ne se trouve au moins une presse lithographique. Jusqu'à présent les Lithographes, avant de créer leurs établissemens, ont jugé nécessaire de se rendre à Munich, où se trouve la principale école de cet art, ou de faire venir de cette ville des ouvriers instruits ; ces deux moyens, également dispendieux, présentaient beaucoup d'inconvéniens. Pour y remédier, je me suis fait un devoir de me rendre aux désirs des nombreux partisans de cet art, et de quelques amis, qui ont la bonté de me croire en état de donner des règles positives sur une découverte que j'ai cherché à porter à un certain degré de perfection, et de publier un Cours complet de Lithographie pratique.

L'ouvrage que je présente au public est en quelque sorte
une traduction de celui qui a paru depuis peu à Munich, et
qui a eu le bonheur d'y trouver un bon accueil.

J'ai raccourci considérablement l'histoire, beaucoup trop
détaillée, de la découverte de cet art, à laquelle était con-
sacré plus du tiers de l'ouvrage allemand : ces détails ne
pouvaient être de quelque intérêt que pour mes amis et
pour une partie de l'Allemagne.

J'ose me flatter, qu'ainsi réduit, mon livre sera reçu avec
quelqu'intérêt par la Nation éclairée et passionnée pour
les arts, à laquelle j'ai l'honneur de le dédier.

PRÉCIS HISTORIQUE

DE L'INVENTION

DE

L'ART LITHOGRAPHIQUE

ET DE SES PREMIERS PROGRÈS.

LA Lithographie, comme la plupart des découvertes utiles, doit sa naissance, en grande partie, au hasard. Doué d'un esprit inventif peu commun, persévérant par caractère, et animé par le désir de l'indépendance, je mis tout en œuvre pour réussir dans cet art nouveau, qui m'ouvrait une assez vaste carrière pour parvenir justement au but que je me proposais.

Je m'occupais de l'art dramatique dans ma jeunesse ; une pièce que je faisais imprimer me fournissait si souvent l'occasion d'observer le travail des ouvriers de l'imprimerie, que je finis par acquérir une connaissance parfaite de tous les procédés de cet art ; ce qui me fit naître par la suite le désir de pouvoir imprimer moi-même les ouvrages que je composais.

La modicité de ma fortune, et la difficulté d'obtenir la permission qui m'était nécessaire, me laissaient très-peu l'espoir qu'un jour mes souhaits seraient accomplis. Je conçus alors l'idée de chercher une manière

1

d'imprimer moins coûteuse, qui me facilitât les moyens d'avoir l'autorisation qui me manquait, ou de m'associer à un ami qui possédait une imprimerie d'estampes, pour graver à l'eau-forte mes ouvrages sur le cuivre, et les imprimer ensuite de la manière ordinaire.

Je réussis assez bien dans la découverte de cette nouvelle manière d'imprimer. J'avais imaginé une espèce de stéréotypage sur la cire à cacheter et sur le bois; mais l'exécution en grand exigeait des capitaux au-dessus de mes moyens : j'eus alors recours à mon second projet d'association pour la gravure sur cuivre.

Cette méthode n'était pas dispendieuse, et son succès dépendait de mon habileté à former avec exactitude les caractères moulés, dont j'espérais venir à bout avec de l'application et du travail.

En effet, dans peu de jours je parvins à écrire à rebours, assez bien pour faire mon premier essai sur une planche de cuivre polie, enduite du vernis * ordinaire à l'usage des graveurs.

Je me servais d'une plume d'acier très-mince et élastique, que j'avais appris si bien à manier, que, quoiqu'il soit beaucoup plus difficile d'écrire sur le cuivre que sur le papier, je fus bientôt en état de peindre avec exactitude et vitesse chaque caractère moulé séparément. Cependant, lorsqu'il s'agissait d'écrire une ligne ou une page entière, j'éprouvais de la difficulté pour leur donner l'uniformité convenable, et une ressemblance parfaite avec ce qu'on imprime. Je sentis bientôt qu'il me fallait beaucoup plus d'exercice pour acquérir l'adresse nécessaire, et que je serais obligé d'écrire de cette manière au moins deux cents pages, avant que de réussir complètement dans mon projet. Un grand obstacle, qu'il fallait absolument surmonter, s'éleva dès mes premiers

---

* C'est une espèce de composition de mastic, de cire et d'essence de thérébentine, dont les graveurs à l'eau-forte se servent pour couvrir leur planche, afin que l'eau-forte ne morde que les traits gravés.

essais : je vis qu'il serait impossible d'écrire une page entière sans faire quelques fautes, qu'on serait obligé de corriger, si l'on ne voulait pas tirer des exemplaires fautifs et incorrects. J'avais trop peu de connaissances en gravure pour penser à un certain vernis de Venise, liquide, mêlé de noir de fumée, dont se servent les graveurs pour couvrir ce qu'ils veulent effacer, afin de regraver par-dessus, et qui aurait pu m'être d'une grande utilité. Je ne pris que de la cire chaude, que je faisais égoutter sur les endroits où j'avais fait des fautes; mais ce moyen que j'opposais au mordant ne me dispensait pas de recouvrir la planche de mastic, etc., et de recommencer entièrement l'opération.

Pour faciliter et simplifier les corrections, j'imaginai de prendre des quantités égales de cire et de savon avec un peu de noir de fumée, de mêler le tout ensemble, et de faire dissoudre ce mélange dans de l'eau de pluie. Cette composition répondit parfaitement à mon attente. Telle est la naissance de cette encre chimique, si importante pour la Lithographie, et qui, amalgamée par la suite avec d'autres ingrédiens, à des proportions convenables, éprouva une grande amélioration.

Après avoir terminé une page, corrigé les défauts, et gravé la planche à l'eau-forte, j'en fis tirer chez mon ami le graveur, quelques épreuves, qui me firent concevoir l'espérance de mieux faire en continuant de m'exercer avec application.

Je voulus ensuite me servir de la même planche de cuivre pour un second essai, mais je fus forcé d'employer plusieurs heures à effacer les traces que l'eau-forte y avait laissées; et ce n'est qu'avec peine que je pus parvenir à lui donner le poli convenable, attendu que la pierre à débrutir était beaucoup trop rude.

Cette circonstance me fit penser que je devais me procurer des pierres d'une qualité supérieure. Je me rappelais en avoir vu beaucoup sur les bancs de sable de l'Isère, parmi lesquelles je croyais pouvoir en trouver d'utiles à mon projet. Il n'en fallut pas davantage pour que j'y allasse me promener. Mais quel fut mon désappointement lorsque je vis que presque toutes ces pierres étaient calcaires! Je résolus cependant d'en tirer parti. J'avais entendu dire qu'on pouvait graver à l'eau-forte aussi bien sur ces pierres que sur le cuivre ou le fer; j'essayai sur-le-champ si elles seraient plus aisées à débrutir et à polir que le métal. Comme ces deux opérations furent faites très-promptement, et que d'ailleurs cette espèce de pierre était beaucoup moins coûteuse que les planches de cuivre, je me décidai à faire usage, pour mes premiers essais en écriture et en gravure à l'eau-forte, d'une espèce de pierre qu'on nomme à Munich, pierre de *Solenhofen*, et dont on se sert pour carreler les appartemens.

J'avoue que la première fois que j'employai ces sortes de pierres, je ne comptais guère en tirer parti par la suite pour l'impression; je n'avais d'autre dessein que celui de m'exercer à écrire et à graver à l'eau-forte, croyant qu'elles étaient trop fragiles pour supporter l'action d'une forte presse.

Pour bien examiner mon travail, je n'avais pas besoin d'en tirer des épreuves; je me contentais de présenter la pierre gravée, et convenablement préparée, devant une glace, où je voyais les caractères dans leur ordre naturel, et comme s'ils avaient été imprimés sur le papier.

En continuant mes essais, je vis bientôt qu'il était plus facile d'écrire sur la pierre que sur le cuivre, et qu'on y formait beaucoup mieux et plus aisément les caractères; cela me fit réfléchir sur les moyens que je devais employer pour parvenir à imprimer à l'aide d'une pierre gravée à l'eau-forte.

Je remarquai qu'en appuyant un peu fort sur la pierre avec la plume d'acier *, les traits larges des caractères moulés y étaient formés avec

* Petite plume élastique, dont je parlerai.

plus de netteté que sur le cuivre, où la moindre négligence dans la manière de tenir la plume, fait que de l'un ou de l'autre côté du trait il reste toujours un peu de mastic, quoique souvent l'œil le mieux exercé ne puisse pas l'apercevoir. L'eau-forte ne pénétrait pas alors autant qu'elle aurait dû, et les traits perdaient de leur vigueur, tandis qu'ils devenaient plus parfaits sur la pierre. J'observai aussi qu'il me fallait bien moins d'eau-forte, et qu'elle devait être très-affaiblie avec de l'eau naturelle. Un carrier, que je consultai sur le prix des pierres, m'assura qu'il pourrait m'en procurer de la qualité de celles que je lui demandais, de l'épaisseur d'un pouce à huit. Alors, la crainte que j'avais de les voir éclater se dissipa entièrement; la seule chose qui me restait à trouver, c'était le moyen de leur donner un poli plus parfait, pour m'en servir comme des planches de cuivre, ou de composer un noir qu'on pût enlever plus aisément que celui qu'on emploie pour la taille-douce.

On sait que la pierre ne prend pas le poli convenable à l'emploi du noir dont se servent les imprimeurs. C'est peut-être par cette raison que les graveurs en taille-douce n'ont pas cherché long-temps avant moi à substituer la pierre au cuivre, quoiqu'il soit probable qu'on l'ait essayé, et abandonné bientôt après.

Je fis de nombreux essais, et me servis de tous les moyens possibles pour dégrossir et polir ma pierre sans pouvoir parvenir à mon but. Un mélange d'une petite partie d'huile de vitriol concentré avec quatre ou cinq parties d'eau naturelle, jeté sur une pierre bien débrutie, produisit les meilleurs effets pour le poli. Cette préparation, qui est très-forte, a la propriété de bouillonner sur la pierre calcaire et de se calmer de suite, ce qui pourrait faire croire que l'huile de vitriol, après avoir pénétré la pierre et le mélange, aurait perdu toute sa force; mais il n'en est pas ainsi, car cette eau vitriolisée, versée sur une partie de cette pierre où elle n'a pas encore touché, bouillonne aussitôt : ce qu'il faut attribuer à la formation instantanée sur sa surface d'une croute gypseuse si solide, que cette eau ne peut plus la pénétrer. Si on jette cette préparation sur la pierre et qu'on l'essuie de suite avec un linge, en la frottant légèrement, celle-ci acquiert un poli éclatant; mais malheureusement il est si mince, et sa durée si courte, qu'on ne peut guère tirer avec une pierre, ainsi polie, qu'une cinquantaine d'exemplaires nets; après quoi il faut employer de nouveau le même procédé, lequel nuit toujours un peu au dessin ; mais cet inconvénient disparaît si l'on imprime suivant la méthode chimique actuelle, c'est-à-dire, par la voie humide; et si la pierre a été polie avec de l'huile de vitriol avant d'avoir été dessinée et gravée à l'eau-forte, on peut alors tirer avec une semblable pierre des milliers d'exemplaires, ainsi que nous l'expliquerons plus loin.

Quant à la seconde difficulté, celle de trouver un noir qu'on pût enlever facilement, tous les essais que je fis me prouvèrent que rien ne convenait mieux à une pierre sans préparation d'huile de vitriol, qu'un vernis huileux mêlé de noir fin de Francfort, qu'on enlevait de dessus la pierre avec une faible dissolution de potasse et de sel de cuisine ; mais il arrivait souvent que lorsqu'on n'employait pas ce procédé avec assez d'attention, le dessin s'effaçait aussi, et qu'ensuite les parties dessinées de la pierre ne reprenaient le noir qu'avec beaucoup de peine. Le souvenir de cette circonstance, dont alors je ne savais pas trop me rendre compte, me conduisit quelques années après à la découverte de la Lithographie chimique.

Je me suis un peu étendu sur ces différens essais, pour prouver aux artistes que ce n'est pas le hasard, mais plutôt la réflexion qui m'a frayé la route de la découverte de la Lithographie. Je connaissais l'encre avant de songer à m'en servir, je ne fis usage des pierres, au commencement, que pour apprendre à écrire régulièrement. La facilité avec laquelle j'écrivais sur la pierre m'engagea à m'en servir pour l'impression; mais il fallait pour cela que je trouvasse le moyen d'enlever de cette pierre, qui en comparaison des planches de cuivre n'était que faiblement polie, le noir répandu dans les endroits non creusés, ainsi que le fait l'imprimeur en taille-douce.

Cependant, mes essais sur la méthode lithographique, que j'appelle *creuse*, furent entièrement interrompus par des découvertes que je dus au hasard. Jusqu'alors je n'avais rien trouvé de neuf, ni fait usage, pour la préparation de mes pierres, d'autre chose que de la théorie des graveurs en taille douce; mais la découverte dont je vais rendre compte, devint la base d'une méthode d'impression toute nouvelle, à laquelle toutes les méthodes suivantes doivent leur naissance. Si les pierres n'avaient pu être employées que pour remplacer le cuivre, je serais revenu, nonobstant les avantages que j'y avais remarqués, aux planches de ce métal aussitôt que mes moyens pécuniaires me l'auraient permis, d'abord à cause de l'épaisseur et de la pesanteur des pierres, ensuite parce que l'impression était plus lente avec les pierres qu'avec le cuivre; enfin, parce que probablement, ma manière forte d'essuyer m'avait empêché d'acquérir une grande finesse dans mon exécution, et surtout n'ayant pas encore le stimulant que la nouveauté de la découverte me donna par la suite.

Je me rappelai vers cette époque, qu'à l'âge de cinq ou six ans, j'avais vu à Francfort ou à Mayence une imprimerie musicale, où les notes étaient gravées sur une ardoise noire. J'avais souvent joué avec des morceaux de ces sortes de pierres, qui se trouvaient en grande quantité devant la porte de la maison que j'habitais; et, quoique, lorsque je devins grand je ne pus jamais apprendre des nouvelles de cette imprimerie, j'étais très-persuadé que le souvenir que j'en conservais n'était point un rêve. Il est présumable que l'essai qu'on fit dans ce temps-là de graver la musique sur l'étain, et qu'on regardait alors comme un secret, aura donné l'idée à quelqu'un de faire des essais sur la pierre argileuse, et qu'il aura probablement abandonné ce procédé, tant à cause de l'extrême fragilité des planches de cette matière, qu'en raison de la difficulté qu'on éprouve à y graver, attendu que c'est une espèce de pierre à émoudre qui use très-vite tous les outils, tandis que l'étain est facile à graver. Il est toujours vrai que je ne suis pas l'inventeur de la gravure sur pierre, ni le premier qui en ai fait usage pour imprimer. Il y avait déjà des siècles qu'on gravait à l'eau-forte sur pierre; et ce ne fut que lorsque j'eus fait la découverte déjà indiquée et dont je vais parler plus en détail que, passant de la méthode creuse à la méthode en relief et en me servant de mon encre * nouvelle, je pus me considérer comme inventeur d'un art nouveau, qui me décida à abandonner tous mes autres essais pour ne m'occuper que de lui.

Comme je vais décrire maintenant cette découverte, qui consiste à travailler en relief, à imprimer à la manière de la taille de bois, et qu'elle peut être regardée comme le commencement de ma carrière lithographique, j'espère que le lecteur ne me saura pas mauvais gré, si je lui raconte jusqu'aux moindres particularités auxquelles la Lithographie doit son existence.

Je venais de dégrossir une planche de pierre pour y passer ensuite le mastic et continuer mes essais d'écriture à rebours, lorsque ma mère

* Je ne présumais pas alors que je découvrirais une manière d'imprimer entièrement différente de celle-ci et des autres, et qui ne consisterait pas dans des moyens purement mécaniques, mais dans l'emploi des matières chimiques; car la méthode même que je trouvai alors (en 1796) n'était que mécanique, quant à l'impression, tandis que l'imprimerie actuellement connue, et que j'essayai pour la première fois en 1799, est purement chimique.

(9)

vint me dire de lui écrire le mémoire du linge qu'elle allait faire laver ;
la blanchisseuse attendait impatiemment, tandis que nous cherchions
inutilement un morceau de papier blanc. Le hasard voulut que ma
provision se trouvât épuisée par mes épreuves , et mon encre ordinaire
desséchée. Comme il n'y avait alors personne à la maison qui pût aller
quérir ce qui nous était nécessaire, je pris mon parti et j'écrivis le
mémoire sur la pierre que je venais de débrutir, en me servant à
cet effet de mon encre composée de cire, de savon et de noir de
fumée , dans l'intention de le copier lorsqu'on m'aurait apporté du
papier. Quand je voulus essuyer ce que je venais d'écrire, il me vint
tout d'un coup l'idée de voir ce que deviendraient les lettres que
j'avais tracées avec mon encre à la cire, en enduisant la planche d'eau-
forte , et aussi d'essayer si je ne pourrais pas les noircir comme l'on
noircit les caractères de l'imprimerie ou de la taille de bois, pour
ensuite les imprimer. Les essais que j'avais déjà faits pour graver à l'eau-
forte, m'avaient fait connaître l'action de ce mordant relativement à la
profondeur et à l'épaisseur des traits , ce qui me fit présumer que je
ne pourrais pas donner beaucoup de relief à ces lettres. Cependant,
comme j'avais écrit assez gros pour que l'eau-forte ne rongeât pas à
l'instant les caractères, je me mis vite à l'essai. Je mêlai une partie
d'eau-forte avec dix parties d'eau, et je versai ce mélange sur la planche
écrite ; il y resta cinq minutes à la hauteur de deux pouces. J'avais
eu la précaution d'entourer la planche de cire, comme le font les
graveurs en taille-douce, afin qu'il ne se répandît point. J'examinai
alors l'effet opéré par l'eau-forte, et je trouvai que les lettres avaient
acquis un relief à peu près d'un quart de ligne, de manière qu'elles
avaient l'épaisseur d'une carte. Quelques traits qui, sans doute, avaient
été écrits trop fins, ou qui n'avaient pas pris assez d'encre , étaient
endommagés en plusieurs endroits. Les autres n'ayaient perdu qu'une

partie imperceptible, et presque nulle, de leur largeur, en comparaison
de leur relief, ce qui me donna l'espérance fondée, qu'une écriture bien
tracée, et surtout en caractères moulés comme ceux de l'imprimerie,
dans lesquels il n'y a que peu de traits délicats, pourrait avoir encore
plus de relief.

Je m'occupai ensuite des moyens d'encrer ma planche. Je pris pour
cela une balle remplie de crin et recouverte de cuir très-fin ; je la
frottai fortement avec une couleur faite de vernis d'huile de lin bien
épais et de noir de fumée ; je passai cette balle sur les caractères écrits ;
ils prirent fort bien la couleur ; mais tous les intervalles de plus
d'une demi-ligne en avaient pris aussi : je compris à l'instant que la
trop grande flexibilité de la balle en était la cause. Je lavai la planche
avec de l'eau de savon, je tendis d'avantage le cuir de la balle, j'y
mis moins de couleur, et les saletés qui étaient restées disparurent
jusques dans les intervalles qui avaient plus de deux lignes ; je vis
clairement alors que, pour atteindre mon but, il me fallait un tampon
d'une matière plus solide pour mettre la couleur ; j'en fis l'essai à
l'instant avec un petit morceau de glace cassée. L'épreuve réussit assez
bien, ainsi qu'avec des planches élastiques de métal ; mais enfin, au
moyen d'une petite plaque de bois, qui avait servi de couvercle à une
boîte fort unie, que je recouvris de drap très-fin de l'épaisseur d'un
pouce, j'eus un tampon si parfait pour encrer mes traits, qu'il ne me
resta plus rien à désirer.

Tous les essais que je fis ensuite pour les écritures sur la pierre me
réussirent beaucoup mieux que ceux que j'avais faits précédemment
en creux. J'encrais avec bien plus de facilité, et, pour l'impression, il
ne me fallait pas le quart de la force qu'exigeait la méthode creuse ;
ensuite, les pierres n'étaient pas aussi exposées au danger d'éclater, et,
ce qui était le plus important pour moi, cette manière d'imprimer était

une découverte toute nouvelle, que personne n'avait encore faite avant moi. Je pouvais donc espérer qu'elle me ferait obtenir un brevet d'invention du gouvernement, peut-être même des secours. Il me vint en même temps l'idée que ma découverte pourrait aussi être employée avec succès à l'impression des notes de musique. J'en fis voir quelques épreuves au musicien de la cour, M. Gleissner, qui me dit sur-le-champ qu'il était prêt à former avec moi un établissement d'imprimerie musicale; j'acceptai ses offres avec empressement, et nous établîmes une Lithographie en 1796.

Nous y imprimâmes avec un succès inégal différentes pièces, tant pour notre compte, que pour celui de M. Falger éditeur de musique à Munich. Ce travail me fit imaginer plusieurs sortes de presses, parmi lesquelles on distingue surtout la presse à branches *; je commençai, peu de temps après, à employer aussi ma méthode d'impression, à faire des adresses et des cartes de visites.

Cependant, M. Schmidt, professeur à l'Académie militaire, maintenant doyen à Miesbach, très-connu de Gleissner, avait essayé depuis un an de graver sur pierre. Quelques-uns de mes antagonistes veulent absolument qu'il soit le premier inventeur de la Lithographie; cette dispute a déjà même donné lieu à différens écrits de part et d'autre; mais, comme je n'en lis aucun, je laisse parler les faits. Le lecteur a vu par ce qui précède, combien la route par laquelle le hasard m'a conduit à cette découverte, a été lente et difficile. Si M. Schmidt en a fait une pareille en si peu de temps, ce que j'ignore, il faut avouer qu'il a été bien plus heureux que moi.

Dans la lettre qu'il a publiée dans la gazette de Bavière, intitulée : « *Indication des objets d'art et d'industrie,* » il décrit ainsi la marche de sa découverte. « *Je vis ,* dit-il, *dans l'église de Notre-Dame de*

---

* Stangen oder Galgen-presse,

Munich, une pierre sur laquelle il y avait des caractères et des dessins en relief ; il faut, ajoute-t-il, *que cela ait été fait à l'aide de l'eau-forte, et on doit pouvoir s'en servir pour imprimer ;* » voilà la découverte faite.

S'il est si facile d'acquérir la gloire d'une découverte, je puis me regarder comme un être bien malheureux, moi qui ai été soumis à tant d'épreuves pénibles avant de parvenir où je suis arrivé. A mon idée, la découverte de M. Schmidt n'a rien de neuf ; car l'idée : *Cela a pu être gravé à l'aide de l'eau-forte*, renvoie la découverte de l'usage d'un mordant à un temps plus reculé. Quiconque aurait eu des connaissances en imprimerie, aurait fort bien pu imaginer que des caractères aussi grossiers, aussi épais et aussi relevés que ceux de cette pierre funéraire, auraient été propres à l'impression en les noircissant. Mais si M. Schmidt joint la seconde idée à la première, c'est-à-dire, s'il pense qu'on peut aussi écrire en fin, dessiner précieusement, par conséquent avec très-peu de relief, et imprimer ce que l'on a tracé ainsi au moyen d'un tampon inventé pour encrer, il aura fait un grand pas. Mais, s'il peut prouver qu'il a exécuté tout cela avant moi, ou avant de connaître mes ouvrages, alors l'honneur d'avoir découvert la Lithographie mécanique le premier, ou en même temps que moi, lui appartiendra. En général, ni lui ni moi ne pouvons nous attribuer la gloire d'avoir été les premiers qui ayons pensé à nous servir de pierre pour l'impression ; c'est seulement la manière de s'en servir qui rend la découverte nouvelle.

J'avais inventé, vers la même époque (1796), non l'encre lithographique, mais une encre très-bonne à dessiner sur la pierre, et qui résiste à l'action de l'eau-forte ; j'en avais tiré la composition de ma tête, et non pas, comme M. Schmidt, d'un vieux livre de Nuremberg. J'inventai ensuite un tampon pour impreigner de noir les traits qui ont le moins de relief, et en dernier lieu la presse à branches, dont je parlerai dans la suite.

Comme je ne connais pas les entours qu'avait alors M. Schmidt, et que je ne puis prendre aucuns renseignemens précis sur sa prétendue découverte, je le croirai sur parole, s'il m'assure, en homme d'honneur, qu'il a imprimé sur pierres avant le mois de juillet 1796. Mais j'ai les preuves les plus certaines que sa méthode d'imprimer est toute différente de la mienne, et qu'il ne connaît en aucune manière l'imprimerie chimique que je découvris en 1796.

Ses disciples et lui ont fait beaucoup d'essais pour dessiner sur la pierre, mais sans doute l'impression ne leur a point réussi, car les pierres que j'ai vues par la suite chez M. Steiner, conseiller de l'instruction publique, avaient d'abord été gravées à l'eau-forte, et taillées ensuite très-profondément avec toutes sortes d'instrumens en acier, comme la taille de bois, de sorte qu'on pouvait avec raison les nommer taille de pierre en relief. Pour l'impression, ils se servaient de presses ordinaires, appartenant aux dépôts des livres destinés aux écoles. Je n'ai vu encore aucune épreuve sortie de ces presses, cependant je dois aux essais de M. Schmidt la connaissance que je fis de M. Steiner, qui, par les encouragemens qu'il m'a donnés par la suite, et par les excellentes idées qu'il m'a inspirées, a contribué puissamment à augmenter le désir que j'avais de réussir, en m'excitant à porter la Lithographie au degré de perfection où elle se trouve aujourd'hui.

M. Steiner, ami intime de M. Schmidt, était directeur du dépôt des livres destinés aux écoles; en cette qualité il avait la surveillance de l'imprimerie pour quelques ouvrages. L'idée de M. Schmidt de graver sur pierre toutes les plantes vénéneuses pour l'instruction des écoles, obtint son approbation. Les essais qui furent faits ne répondant pas à ses désirs, il résolut de s'adresser à moi pour voir si je pourrais atteindre son but. On devait imprimer à cette époque divers cantiques d'église pour les écoles ; cela lui donna occasion de venir chez moi : il me demanda si je ne pourrais pas graver ou tailler dans la pierre la musique de ces cantiques, de manière qu'on pût les faire imprimer par la presse ordinaire de l'imprimerie. Je promis de l'essayer, mais la profondeur qu'exigeaient les intervalles et les côtés était beaucoup plus difficile à creuser sur pierre que sur bois.

En attendant, nous prîmes le parti de faire d'abord imprimer les paroles, au moyen d'une presse ordinaire, et ensuite les notes à la place qu'elles devaient occuper, avec des planches de pierre et la presse lithographique.

Un air mis en musique, que j'avais imprimé, et où se trouvait une petite vignette, engagea M. Steiner à me faire dessiner sur pierre des petites images pour un catéchisme. La réussite fut très-médiocre quant au dessin ; il m'encouragea cependant à faire de nouveaux essais, pour voir si on ne pourrait pas appliquer la nouvelle méthode d'impression aux objets d'arts. Cet homme de mérite, et M. André d'Offenbach, qui prenait aussi beaucoup d'intérêt à cette découverte, étaient presque les seuls qui raisonnassent avec justesse sur cet objet : « Toute sorte de traits, disaient-ils, ou de points de quelque finesse ou force qu'ils soient, peuvent être reproduits par la pierre : donc tels ou tels dessins ressemblant à la gravure pourront aussi être reproduits ; et, si on ne l'a pas essayé jusqu'à présent, ce n'est pas à l'imperfection de l'art qu'il faut l'attribuer, mais au peu d'adresse de l'artiste. » M. Steiner n'osait pas même dire, comme tant de gens qui font maintenant les savans, en publiant le peu de connaissance qu'ils ont dans cet art : « Cette découverte est encore dans l'enfance. » Au contraire, lorsque je lui présentai les premiers essais de l'impression chimique, qui montraient à quel point la Lithographie se trouvait perfectionnée, il fut encore plus persuadé que

(15)

moi que la découverte était parvenue à són plus haut degré. Les artistes
peuvent se former, se perfectionner; les différens procédés peuvent être
simplifiés et devenir plus faciles; les différentes manières de lithogra-
phier se multiplier; mais l'art en lui-même ne peut guère devenir plus
parfait. En effet, j'ose le dire, lorsque je jette un coup d'œil sur tout
ce que j'ai fait depuis vingt ans pour le perfectionner, et sur les heureux
résultats que présente ce livre d'instruction et les épreuves que j'y ai
jointes, résultats qui ont surpassé de beaucoup mes espérances, je suis
tenté de croire un instant qu'il n'y a point de comparaison entre l'état
de l'art autrefois et l'état de l'art aujourd'hui. Cependant, en examinant
la chose avec attention, je vois qu'alors j'avais déjà découvert cet art en
entier, et que tout ce que moi et d'autres avons fait depuis, n'a eu pour
résultats que des améliorations dans la pratique.

Tout repose encore aujourd'hui sur les mêmes bâses : de l'encre,
composée d'abord de cire, de savon, etc., ensuite de gomme, d'eau-forte,
ou de tout autre acide, sans qu'on puisse déterminer quel est le meilleur,
et enfin d'un vernis huileux et de noir de fumée. Telles sont encore aujourd'hui les bâses principales de la Lithographie : elles étaient les mêmes
autrefois. Depuis, ces principes fondamentaux de l'art n'ont été ni
améliorés ni changés, ils sont absolument tels qu'ils étaient alors.
Aucun Lithographe n'a fait, jusqu'à présent, des dessins dont les traits
et les points soient plus nets, plus forts et plus noirs que ceux d'une
partie de mes premières épreuves.

Ceux donc qui, pour trouver des excuses sur le peu de secours dont
leur était la Lithographie autrefois, disent qu'on ne savait pas encore
jusqu'à quel point on pourrait conduire cet art, et qui déclarent que les
productions actuelles sont supérieures à celles d'autrefois, parce que
l'artiste est un dessinateur plus habile, ou que le sujet est plus noble,
quoique le mécanisme des traits et des points soit inférieur, montrent

qu'ils n'ont pas la sagacité de M. Steiner, dont l'opinion à ce sujet était conforme à la mienne. Ceci fait voir qu'il n'est pas rare que l'artiste soit mis à la place de l'art et de son inventeur, et qu'il n'est pas étonnant qu'on se permette de dire dans les feuilles publiques : que j'avais bien découvert le secret de la Lithographie, mais que je n'avais su m'en servir que pour la musique. Si ces Messieurs avaient pris les renseignemens convenables, ils auraient appris qu'à l'exception de la presse à roulettes, inventée par M. le Professeur Mitterer, personne n'a fait, sans mon secours, dans toutes les branches de la Lithographie, une seule amélioration digne d'être remarquée ; ils sauraient que les Lithographes d'aujourd'hui ont fait leurs premiers essais avec moi, ou qu'ils doivent leurs connaissances lithographiques à des personnes qui les avaient puisées dans les instructions que je leur avais données, alors ils n'auraient pas jugé aussi légèrement.

Si mon adresse pour écrire et dessiner sur la pierre avait été plus grande, M. Steiner m'aurait fourni souvent l'occasion de m'exercer sur bien des sujets. Il me fit faire un petit ouvrage intitulé : *Exemples pour les Demoiselles,* en caractères allemands. L'exécution en a été très-médiocre, parce que je ne m'étais pas encore occupé de cette manière d'écrire. Ensuite il me demanda des dessins de la Bible, que je devais copier moi-même, et exécuter, ou faire copier et dessiner sur la pierre par d'autres personnes. Il fit aussi graver à Augsbourg les sept Sacremens du Poussin ; mais, comme le prix de la gravure était trop élevé, on ne put pas en vendre les exemplaires séparés à moins de quinze centimes chacun, prix qui parut trop considérable à M. Steiner, qui désirait que ces sortes d'images fussent assez multipliées pour que les curés de campagne pussent en faire emplette, pour distribuer à la jeunesse chrétienne de leurs paroisses. Il voulait aussi orner différens livres d'école de ces images, afin de faire disparaître peu à peu celles qui se trouvaient ordinairement dans les livres de prières, en général trèsgrossières. Il avait l'intention de les faire remplacer par d'autres moins grotesques et d'un goût plus sévère. Comme il n'y avait que la modicité des prix qui pût favoriser ses projets, il jeta ses yeux sur la Lithographie, parce qu'il savait déjà, qu'on pouvait tirer par ce moyen beaucoup d'exemplaires en peu de temps. Il savait fort bien aussi que les images ne seraient pas exécutées si délicatement sur la pierre que sur le cuivre; mais il lui suffisait qu'elles fussent exactes, dessinées d'après de bons modèles et bien imprimées. Pour y parvenir il fallait que je m'exerçasse beaucoup au dessin; ou, pour aller plus vite, que je formasse à cette méthode, un artiste déjà habile dans le dessin. On préféra ce dernier parti; et de suite on mit à l'œuvre plusieurs jeunes gens qui ne tardèrent pas à produire différentes épreuves, les unes passables, et les autres moins bonnes. Tous ces essais me mirent en danger de voir mon secret livré à la publicité. Déjà on en avait connu la préparation, ainsi que les proportions de mon encre. Cependant, je conservais encore l'espoir d'obtenir le privilége que je désirais; et pour l'obtention duquel M. Steiner m'avait promis sa protection. Je laissai donc aller les choses au hasard, et continuai d'enseigner les procédés lithographiques. Il ne se trouva pas un seul de ces jeunes gens qui ne demandât pour ses premiers essais; un prix bien au-dessus de leur valeur; mais, lorsqu'on leur dit qu'il fallait encore donner quelque temps à leur instruction, ils nous quittèrent tous les uns après les autres. M. Steiner s'en trouva offensé; quant à moi, cela me fut indifférent, parce que j'étais prêt à faire usage d'une découverte très-importante que je venais de faire, qui ajoutait beaucoup à la perfection de la Lithographie, et assurait, pour ainsi dire, la réussite complète de l'impression des images, sans le secours d'un dessinateur.

Je devais écrire sur pierre un livre de prières pour les écoles, en caractères italiques; ces caractères étaient précisément ceux dont je m'étais le moins occupé. L'expérience m'avait appris, quand je faisais des notes de musique, que le meilleur moyen de réussir, était de commencer par les tracer à rebours sur la pierre avec un crayon : c'était presque toujours l'affaire de M. Gleissner, qui, comme habile musicien, avait acquis une grande perfection en ce genre. Une maladie qui lui survint à cette époque me força de me charger seul de cette occupation, qui n'était pas, à beaucoup près, aussi agréable que celle de passer mon encre lithographique sur les notes. Je cherchai alors, ainsi que je le faisais toujours quand il me survenait quelque difficulté ou quelque obstacle, s'il n'y aurait pas un moyen de vaincre celui-ci.

J'avais déjà trouvé par hasard que, lorsqu'on écrivait sur du papier avec un bon crayon anglais, qu'on le mouillait, qu'on l'appliquait ensuite sur une pierre bien polie, et qu'on le soumettait à l'action d'une presse bien tendue, les caractères écrits au crayon restaient distinctement marqués sur la pierre.

Je m'étais servi de ce moyen dans plusieurs occasions; j'aurais cependant mieux aimé posséder une encre qui fît le même effet. Mes divers essais m'avaient montré que la rubrique bien fine, broyée avec de l'eau gommée, et même l'encre commune faite de noix de galle et de vitriol martial, auxquelles on aurait mêlé un peu de sucre, pouvaient être utilement employées de cette manière. Mais tendant toujours à la perfection, ce procédé ne me satisfit pas entièrement. La gomme d'une de ces encres et le vitriol martial de l'autre, ne simpathisaient pas trop avec l'encre lithographique, en sorte que les impressions étaient quelquefois tout embrouillées; j'essayai alors un mélange d'huile de lin, de savon et de noir de fumée, que je fis dissoudre dans l'eau, ce qui répondit mieux à mon attente.

Je fis ensuite écrire les notes avec cette encre sur des lignes tracées avec la même composition ; je les imprimai sur la pierre où elles se trouvaient toutes marquées avec exactitude et à rebours, ainsi que cela était nécessaire. Comme je ne peignais pas assez bien les caractères italiques sur la pierre, je résolus de faire écrire sur le papier avec mon encre, par une main bien exercée, tout l'ouvrage que j'avais à faire, pour le calquer ensuite et le copier. Mais ne pourrais-je pas, me dis-je, inventer une encre qui, en se transportant entièrement du papier sur la pierre, et en abandonnant tout-à-fait le papier, m'évitât la peine de copier? Ne pourrait-on pas préparer le papier de manière qu'au moyen de certains procédés l'encre s'en détachât, et restât sur la pierre? La chose ne me parut pas impossible. J'en fis l'essai de suite.

J'avais remarqué que quand l'encre lithographique touchait l'encre ordinaire, l'acide du vitriol martial, en s'emparant de l'alcali, la faisait épaissir et coaguler. J'écrivis alors avec de l'encre commune, à laquelle j'avais ajouté encore plus de vitriol martial. Lorsque l'écrit fut bien sec, je le trempai dans une faible dissolution d'encre lithographique mêlée d'eau. Au bout de quelques secondes, je l'en retirai pour le passer légèrement à l'eau de pluie ou à une lessive extrêmement faible. L'encre s'était affaissée aux endroits écrits, et était devenue épaisse; je laissai un peu sécher la feuille, et l'imprimai sur la pierre: le résultat, quoique passable, n'était pas encore parfait. Je réitérai donc mes essais à plusieurs reprises, mais les impressions étaient trop pâles et trop inégales pour que l'écriture fût belle. Je fis de nouveaux essais; je passai sur le papier une eau gommée dans laquelle j'avais fais dissoudre du vitriol martial, et, quand il fut sec, j'écrivis dessus avec mon encre lithographique ordinaire, et le laissai sécher de nouveau. Je mouillai ensuite le papier, et lui donnai le temps de s'humecter pour le ramollir, et l'imprimai sur une pierre qui avait été enduite d'une forte dissolution de vernis huileux, dans l'essence de thérébentine, laquelle, passée légèrement dessus, ne laissa qu'une couche grasse très-mince. Ces essais me réussirent bien mieux. Cependant, je ne pouvais pas encore écrire sur le papier aussi fin que je l'aurais désiré. Je fis de nouveaux essais; la composition de l'encre fut même changée : je cherchai à la rendre plus collante, en y mêlant de la colophane, du vernis huileux épais, de la gomme élastique, de la thérébentine, du mastic; et d'autres matières pareilles. Je n'exagère pas, en disant que cette découverte m'a coûté des milliers d'essais; mais j'en ai été amplement récompensé en atteignant enfin le but que je m'étais proposé. Je dois même à ces essais la découverte du secret de la Lithographie chimique; comme la réimpression du papier sur la pierre, il dépendait principalement du plus ou du moins d'attraction d'une matière pour une autre. Il était naturel que mes essais sur ces différentes matières me fissent apercevoir que l'humidité, et surtout une humidité visqueuse, comme par exemple une dissolution de gomme, s'opposait à ce que l'encre s'attachât à la pierre : l'expérience suivante me conduisit directement à cette découverte.

Je remarquai qu'un papier, écrit avec de l'encre lithographique, qui avait bien séché, trempé dans de l'eau où il y avait quelques gouttes d'une huile quelconque, prenait cette huile sur toutes les parties écrites, et que le reste du papier, surtout lorsqu'il avait été trempé dans de l'eau gommée ou dans de la colle d'amidon très-déliée, ne prenait pas l'huile; cela me fit penser à essayer quel résultat donnerait un papier imprimé avec l'encre noire ordinaire de l'imprimerie. J'en pris une feuille que j'arrachai d'un vieux livre imprimé; je la passai à une dissolution de gomme très-claire, ensuite je la mis sur la pierre; et, prenant une éponge trempée dans une couleur huileuse et claire, je la passai partout sur le papier.

Les caractères imprimés prirent bien la couleur, et le papier resta blanc; alors j'y appliquai un autre papier blanc, je les mis tous deux sous la presse, et tirai une très-belle copie de la feuille imprimée, quoique à contre-sens. J'aurais pu de cette manière, et en prenant les précautions convenables , tirer plus de cinquante exemplaires de la même feuille. Je pensai qu'en laissant bien sécher une de ces copies , et en la préparant comme l'original , je pourrais en tirer des exemplaires conformes ; l'essai que j'en fis me prouva que mon idée n'était pas erronée. Il me fallut , seulement pour la première impression , rendre la couleur un peu plus solide et plus sèche avec de la litharge , et laisser sécher la réimpression pendant quatre ou six jours.

Par ce moyen , je parvins à imprimer seulement avec du papier et sans pierre. Cette manière était , dans le fond, toute différente des autres , puisqu'elle était purement chimique.

On pourrait, en employant cette méthode, réimprimer de vieux livres sans beaucoup de frais, et faire même des éditions de livres nouveaux.

Je n'avais pour cela qu'à trouver une encre qui fût aussi compacte et aussi grasse que l'encre ordinaire des imprimeurs ; alors chaque feuille de papier devenait pour moi une planche à imprimer : bientôt je découvris ce que je désirais. En délayant dans de l'eau , de la colophane , de la litharge broyée en poudre, du noir de fumée, du vernis huileux épais et de la potasse , j'obtins une encre telle que j'en avais besoin. La seule chose qui m'empêchât de me servir de cette nouvelle méthode pour imprimer plus en grand , était le peu de solidité du papier , lequel se mettait en pièces à la moindre négligence commise en le maniant. Mais ne pourrait-on pas, me dis-je, préparer une matière plus solide, et même les planches de pierre , de façon qu'elles ne prissent la couleur qu'aux endroits marqués par l'encre grasse, et non dans les places humides? Cette pensée était trop naturelle et trop simple pour qu'elle ne se présentât pas à mon esprit. Il est vrai que je craignais que la pierre ne s'imbibât pas assez du corps gras, comme il arrive à différentes espèces de pierres, telles que la pierre argileuse, le caillou, la pierre à aiguiser, et à quelques autres substances , comme le verre , la porcelaine. Mais l'essai fait sur les pierres calcaires de Solenhofen m'a donné le meilleur résultat. Cette espèce de pierre a une attraction très-forte pour les corps gras, lesquels la pénètrent si profondément, que souvent il est impossible, même en la dégrossissant beaucoup, d'en faire disparaître les traces. Je pris une pierre bien débrutie, j'y dessinai avec un petit morceau de savon, je jetai dessus une faible dissolution de gomme, et j'y passai une éponge trempée dans de la couleur huileuse : alors toutes les places marquées par le corps gras devinrent noires à l'instant, et les autres restèrent blanches. Je pouvais tirer de cette pierre autant d'exemplaires que j'en voulais, en la mouillant après chaque impression, et en y passant l'éponge; les résultats devenaient les mêmes. Il est vrai que l'impression était un peu pâle, parce que la couleur qui se trouvait sur l'éponge était trop faible; mais en me servant de la balle en cuir, bourrée de crin, dont je faisais usage sur ma petite planche à noircir, les impressions devinrent parfaitement noires et distinctes. Je me hâtai alors d'écrire une page de musique pour l'imprimer de la nouvelle manière, mais l'encre coulait trop sur la pierre qui venait d'être débrutie. Pour remédier à ces inconvéniens, je nettoyai mes pierres avec de l'huile de lin ou de l'eau de savon, et cela empêcha l'encre de couler.

Je m'aperçus bientôt cependant que je ne pouvais pas me servir de ce moyen, parce qu'alors toute la surface de la pierre devenait grasse, et qu'elle prenait du noir partout; je ne pouvais enlever cette croûte grasse qu'en y passant de l'eau-forte, ce qui devenait inutile pour les impressions chimiques. Au surplus, il était aisé de prévoir qu'un dessin auquel on aurait donné un peu de relief au moyen du mordant, serait plus facile à imprimer. Il ne fallait pourtant pas en mettre la même quantité que précédemment, en sorte que j'épargnais beaucoup d'eau-forte, et la pierre, préparée d'après la nouvelle méthode, était bien plus facile à dégrossir pour s'en servir de nouveau.

(23)

Je n'ai point voulu renouveler mes essais relatifs à la vieille méthode, qui consistait à passer d'abord de l'eau de savon sur la pierre, à la bien essuyer, à y écrire avec de l'encre à la cire, et à y mettre le mordant avant de la préparer entièrement pour l'impression au moyen de l'eau gommée.

Je croyais au commencement que je pourrais me passer de gomme, mais je fus bientôt convaincu qu'elle avait une sorte de liaison chimique avec la pierre, dont elle fermait un peu les pores aux corps gras, tandis qu'elle les disposait de plus en plus à recevoir l'eau, qualités que ni l'eau-forte, ni la gomme seules ne pouvaient lui donner, attendu qu'il faut qu'elles se trouvent réunies pour atteindre le degré de perfection.

Je n'avais plus que quelques essais à faire relativement à l'épaisseur de l'encre ; le nouvel art avait déjà acquis, quant à ses principales bases, le plus haut degré de perfection, quoiqu'il fût encore dans son enfance. En effet, je fis, trois jours après, des impressions si belles, si nettes et si fortes, que depuis je n'en ai guère fait de meilleures. Il ne fallait plus à cet art qui, au premier coup d'œil présentait tant d'avantages, que des artistes et des ouvriers habiles qui pussent être bientôt formés. Il ne s'agissait plus de savoir si la pierre était travaillée en creux ou en relief : un dessin simplement tracé sur sa surface donnait de suite de bonnes impressions, même en confondant les trois méthodes ensemble. Si en suivant l'inverse, au lieu de mouiller la pierre avec de l'eau, je prenais de l'huile, et une couleur préparée avec de l'eau gommée, dont j'indiquerai la composition, alors il n'y avait plus que les endroits hu-mides qui prissent la couleur, tandis que les endroits gras la laissaient, et je pouvais imprimer par ce moyen, avec toutes sortes de couleurs à l'eau, ce qui est réellement nécessaire pour les figures coloriées, et surtout lorsque les couleurs sont vives. En faisant usage de savon sec pour tracer, l'idée des dessins au crayon me vint tout naturellement.

(24)

Mes précédens essais d'après la méthode creuse, se présentèrent de nouveau à mon esprit, mais sous un autre aspect; j'étais aussi plus en état de me rendre compte des effets de mes diverses opérations. L'idée de graver en creux sur une pierre préparée avec de l'eau-forte et de la gomme, sans que le mordant y eût été nécessaire pour faire paraître le dessin, était si simple, que je l'employai de suite. Ce fut de cette manière que je parvins à exécuter un ouvrage entier digne d'être publié.

Une simphonie de quatre parties obligées, avec accompagnement à volonté, composée par M. Gleissner, et dont la gazette musicale fit un éloge mérité, était prête avant que je n'eusse découvert la nouvelle méthode d'impression; il n'y manquait que le titre, qui fut alors gravé à la pointe dans la pierre, et qui me réussit parfaitement bien. En 1800, j'avais déjà déposé au *patent office*, à Londres, une explication circonstanciée de cette méthode, ainsi que de quelques autres qui ne sont pas encore généralement connues ; et en 1803, je fus obligé de faire un semblable dépôt à la régence de la basse Autriche, après en avoir reçu un privilége.

J'avais découvert l'année précédente la presse à branches, avec laquelle je pouvais tirer plusieurs milliers par jour des plus beaux exemplaires. Cette nouvelle presse, jointe à la nouvelle manière de me servir de la pierre, me mit en état d'agrandir mon établissement. Je pris deux de mes frères avec moi, je leur appris à écrire et à graver sur pierre; je pris aussi deux apprentis pour les former à l'impression. MM. Falter et Steiner nous confièrent différens ouvrages. Alors un avenir flatteur, commençait à luire pour M. Gleissner et pour moi.

A la même époque (1799), S. M. Maximilien Joseph, roi de Bavière, daigna nous accorder un privilége exclusif pour quinze ans. Ce fut alors que M. André d'Offenbach, venant à Munich, lut dans la gazette de cette ville l'annonce de notre privilége; il s'informa chez

M. Falter de la nature de la nouvelle méthode d'impression. M. Falter lui montra différentes pièces de musique que nous avions imprimées, et lui proposa de l'introduire chez nous, où il pourrait l'examiner lui-même. M. André, qui était un des plus grands éditeurs de musique, et propriétaire d'une belle imprimerie musicale, fut enchanté de la beauté de notre travail, et surtout de ce qu'en passant la main sur les notes, elle ne les salissait pas, comme cela arrive presque toujours à l'impression en étain.

L'attention particulière avec laquelle il s'informait des moindres détails, me fit voir qu'il prenait un intérêt particulier à notre manière d'imprimer. Des planches qui étaient déjà écrites, furent gravées, imprimées devant lui, et réussirent parfaitement. L'habileté avec laquelle on opérait permit d'imprimer soixante-quinze pages en un quart d'heure, et deux à la fois. La vitesse avec laquelle les feuilles séchaient, et le peu de couleur qu'on y employait, étaient des objets qui excitèrent l'intérêt de M. André au plus haut degré. Dans son enthousiasme, il me proposa de lui enseigner mon art dans toute son étendue, moyennant une somme analogue à son importance : j'acceptai sa proposition, et convins avec lui de me rendre, quelques mois après, à Offenbach, pour y établir une Lithographie, et lui former les ouvriers nécessaires.

M. Gleissner et moi conçûmes l'espérance d'un avenir plus heureux et plus indépendant. Mon voyage à Offenbach ne devait avoir lieu que dans trois mois. J'employai cet intervalle à m'exercer encore davantage, et surtout à perfectionner l'objet qui était plus important pour M. Steiner. J'ai déjà parlé de son plan concernant les images pour les enfans. Depuis que j'avais inventé l'imprimerie chimique, l'idée m'était venue de faire une couleur avec du suif, du savon, du noir de fumée et du vernis huileux; de tirer un exemplaire d'une planche de cuivre gravée, enduite de cette couleur; de mettre cet exemplaire tout frais sur la pierre, et

de l'y fixer par la presse lithographique. Ce que j'avais présumé arriva :
l'image passa sur la pierre, j'y jetai alors de l'eau gommée et la noircis
avec la balle d'impression : le dessin prit bien la couleur, et je pouvais,
quand la pierre était bien propre, et que les impressions avec la planche
de cuivre étaient faites avec promptitude, en tirer des milliers d'exemplaires, qui ressemblaient tant à l'original, qu'on ne s'apercevait que
très-peu de la supériorité que le cuivre a sur la pierre.

Le succès de ce procédé dépendait surtout, de ce que la couleur
dont on se servait pour imprimer la planche de cuivre, fût assez forte
pour ne pas s'épater en la transportant sur la pierre, et cependant
assez grasse et délicate pour pouvoir imprimer sur la toile la plus fine.
Ensuite la planche de cuivre devait être si bien essuyée, qu'il n'y restât
pas la moindre particule du corps gras qui pût toucher les endroits
blancs du papier ; sans cette précaution les taches de graisse passaient
du papier sur la pierre, et quoiqu'on y fît la plus grande attention, on
ne s'apercevait de rien, et elles finissaient par se salir lorsqu'on la noir-
cissait. Ce dernier inconvénient était le plus difficile à éviter, aussi
devint-il l'objet de mes nouveaux essais. Je cherchai s'il n'était pas possible de préparer les planches de cuivre, comme celles de pierre, par des
procédés chimiques, de manière que la surface ne prît point de
couleur ; et j'y réussis bientôt, tant sur le cuivre que sur tous les autres
métaux. Le principe fondamental resta partout le même ; je trouvai
seulement quelque difficulté dans le choix des matières les plus propres
à atteindre mon but. Je découvris que pour tous les corps solides,
susceptibles de prendre et de conserver les couleurs à l'huile, il y avait
deux sortes de préparations, l'une par l'acide, et l'autre par l'alkali ;
cette dernière paraissait devoir obtenir la préférence pour les planches
de cuivre déjà gravées, et j'en tirai des épreuves si belles et si propres,
que les places non dessinées ne prenaient pas la moindre trace de saleté

sur la pierre. Je fis aussi la remarque, que l'impression chimique ne se bornait pas seulement à la pierre, mais qu'on pouvait encore se servir de bois et de métal, ainsi que du papier, dont j'ai déjà parlé. J'observai aussi une chose presque incroyable, que les corps onctueux, comme la cire, la résine, etc., ont la propriété, dans certaines circonstances, de ne pas prendre la couleur, et que par conséquent ils peuvent aussi servir de planches pour l'impression chimique. Je conservai donc l'espoir de découvrir, par la suite, une espèce de planche artificielle, moins dispendieuse, moins volumineuse et moins fragile : c'est ce qui m'arriva en effet en 1813. J'imaginai une sorte de papier-pierre ou une masse pierreuse, qu'on étend sur du papier ou sur de la toile, et qui ressemble au parchemin dont on se sert pour les tablettes.

Je partis pour Offenbach avec M. Gleissner ; dès que je fus arrivé, nous commençâmes à établir notre nouvelle imprimerie, et quinze jours après je fis déjà tirer des épreuves sur les presses de M. André. Il en était si satisfait, et avait tellement réfléchi sur les avantages de la Lithographie, qu'il me proposa de quitter entièrement Munich et de m'associer avec lui, afin de tirer le meilleur parti possible de cet art.

En 1800, je me rendis à Londres, afin d'obtenir pour lui un brevet d'invention pour la Lithographie. En 1802 il envoya son frère à Paris pour le même objet. Les deux brevets furent obtenus, mais il ne fut point heureux dans les établissemens qu'il forma dans ces deux villes, parce que les personnes qu'il avait choisies pour les diriger, ne convenaient point à la chose. Cependant, son imprimerie lithographique d'Offenbach prospérait, et devint bientôt très-renommée.

Je quittai M. André, pour former, à Vienne, un nouvel établissement avec mon premier associé. J'obtins dans cette capitale un privilége exclusif, que je laissai, en 1806, à une personne avec qui j'avais fait un contrat très-désavantageux pour moi. Cependant, je m'occupai sans

(28)

relâche de l'amélioration de ma découverte, et bientôt j'eus le bonheur
de la porter à un tel degré de perfection, que je ne pouvais plus douter
de sa grande utilité pour les arts. Je revins à Munich, où je trouvai
M. le baron d'Aretin disposé à établir, avec Gleissner et moi, un grand
atelier lithographique.

Notre association dura trois ans. Pendant ce temps, nous fîmes une
grande quantité d'ouvrages, qui fixèrent l'attention publique sur notre
établissement. Les premières productions lithographiques sorties de nos
presses, étaient des dessins d'Albert Durer, qui méritèrent l'approbation générale. Plusieurs feuilles tirées des œuvres connues sous les
noms Strixner et Piloty, ne réussirent pas moins bien, ce qui détermina
plusieurs bons artistes à faire exécuter, chez nous, leurs productions.

Ce nouvel art a fixé enfin l'attention du gouvernement, qui lui a
accordé sa protection éclairée. En peu de temps un grand nombre
d'établissemens lithographiques ont été créés. De toutes parts on
demande des ouvriers à Munich pour ces ateliers, et souvent même
les entrepreneurs viennent dans cette ville pour faire leurs études dans
l'art lithographique.

C'est avec la plus grande satisfaction que je vois l'utilité de ma découverte généralement reconnue; elle le sera encore beaucoup davantage, et
l'usage en sera plus général sur tout le globe, lorsqu'on aura connaissance du papier-pierre que j'ai inventé nouvellement, et qui remplace
la pierre à tous égards. Puisse cette instruction-pratique satisfaire les
amateurs de l'art lithographique! J'ose espérer qu'ils y trouveront tous
les principes exposés avec fidélité et clarté; je ne leur ai rien caché,
depuis les préparations les plus importantes, jusqu'aux moins essentielles;
la lecture de cet ouvrage, et les expériences qui en seront la suite, les
en convaincront.

INTRODUCTION.

INTRODUCTION.

LA Lithographie, ou l'impression par le moyen de planches en pierre, est une branche d'impression chimique, tout-à-fait différente dans ses bases fondamentales des autres manières d'imprimer.

Il n'existait, jusqu'à présent, que deux sortes d'imprimeries servant à multiplier les divers écrits et dessins; l'une au moyen de formes saillantes ou en relief, l'autre à celui de formes creuses.

Pour l'impression ordinaire des livres, on se sert de lettres et de signes mobiles, formés d'une composition métallique, ou taillés en bois pour les objets grossiers. Ces caractères n'ont de relief que les traits et les points qui doivent paraître colorés; tout ce qui reste blanc sur le papier est le vide. Cette manière d'imprimer appartient à la première classe, de même que l'impression des toiles de coton ou indiennes, en formes de bois.

Toutes les gravures sur cuivre ou étain, faites sur des planches ou des cylindres en métal, appartiennent à la seconde classe; soit qu'on les destine à faire des estampes, ou à imprimer des toiles, ou des étoffes; dans cette méthode, les traits et les points sont gravés en creux au burin, à l'eau-forte, ou frappés au poinçon. Dans la première classe l'impression se fait, en touchant les caractères, qui ont tous une hauteur égale, et par conséquent, présentent une surface unie, avec une balle de cuir, rembourrée de crin; qu'on imbibe de noir d'imprimerie ou d'une autre couleur quelconque. Comme la balle, par sa fermeté et son élasticité ne peut toucher que la partie en relief, celle-ci seule reçoit la couleur, qui, par sa viscosité, s'y attache aisément. On met alors la forme qu'on a couverte de papier humide, sous une presse, pour en tirer l'épreuve.

Il en est de même des formes en bois dont on se sert pour l'impression de toiles ou d'étoffes : la seule différence est, qu'au lieu de mettre la couleur avec la balle sur les bois taillés, on pose ces derniers sur un coussin enduit de couleur, qui la leur communique, après quoi on les place sur l'étoffe étendue sur une table, où l'impression se fait par un léger coup de marteau.

On emploie un procédé tout-à-fait contraire pour imprimer les plaques de métal : on commence à enduire toute la planche de couleur, avec un tampon composé de chiffon roulé, très-serré ; ensuite, on nettoie sa surface en l'essuyant légèrement avec un chiffon, ou seulement avec la main, pour les gravures précieuses. Comme le chiffon à essuyer dont on se sert à plat ne doit pas s'enfoncer dans les parties creuses, de crainte qu'il n'en ôte la couleur, il s'en suit naturellement qu'il en reste plus ou moins dans toutes les lignes et traits, selon leur profondeur. Alors, au moyen d'une forte pression, le papier qui est humide pénètre les parties creuses de la planche, en pompe en quelque sorte la couleur, produit ainsi l'effet désiré, et le reste du papier conserve son blanc pur. On voit aisément que, dans ces deux genres d'impressions, la communication de la couleur aux plaques et aux formes, la seule qui rende l'impression possible, repose absolument sur des bases mécaniques.

Il en est autrement de l'imprimerie chimique, dans laquelle il importe peu que le dessin soit en relief ou en creux. L'essentiel est, qu'il se trouve sur les lignes et les points de la plaque à imprimer, une matière à laquelle s'attache ensuite la couleur par son affinité chimique, et d'après les lois de l'attraction. Cette couleur doit donc être composée d'une semblable substance que celle du dessin : il faut encore que les parties de la planche, qui doivent rester blanches, aient la propriété de ne point prendre, et même de repousser la couleur, afin qu'elle ne puisse s'y attacher.

Ces deux conditions, purement chimiques, se trouvent pleinement remplies par la nouvelle méthode d'impression. L'expérience journalière prouve que toutes les substances grasses, telles que l'huile, le beurre, le suif, l'huile de baleine, etc., de même celles qui se réduisent aisément en huile, comme la cire, la résine, etc., ne peuvent s'unir à aucuns fluides aqueux sans un moyen intermédiaire, sont ennemies de l'eau, et semblent la repousser. Le principal agent pour dissoudre ou réunir ces substances, est l'alcali, qui, par le moyen d'une préparation préalable, forme une espèce de savon soluble dans l'eau. On parvient cependant à les réunir, en les battant ou les frottant long-temps ensemble; mais cette réunion n'est pas réelle, puisqu'à la première occasion elles se séparent sans difficulté.

C'est généralement sur ce principe que repose la nouvelle méthode d'impression, qu'on peut à juste titre, nommer *impression chimique*, pour la distinguer des deux autres espèces d'impressions mécaniques. La distinction est aisée à établir, puisque la raison pour laquelle la couleur, consistant en parties grasses, ne se communique qu'aux endroits marqués d'une substance semblable, et en est repoussée par le reste de la surface mouillée, est fondée sur l'affinité chimique et réciproque, et non sur l'attouchement mécanique.

On pourrait dire, mais à tort, que dans les autres méthodes d'impression, c'est par le même principe que la couleur s'attache aux endroits destinés à la recevoir. C'est une vérité reconnue; on peut admettre même comme règle générale, que l'eau et l'huile s'attachent à tous les corps secs; mais il n'en est pas ainsi de ces fluides entre eux, c'est précisément là où consiste la différence entre les méthodes anciennes et la nouvelle. Une planche bien sèche recevrait partout la couleur, mais quand elle est mouillée, elle ne prend la couleur grasse qu'aux endroits qui se trouvent dans l'état opposé à l'humidité, et c'est précisément cette propriété conservatrice de la pureté des blancs, qui constitue l'utilité et la nouveauté du procédé.

Il ne faut pas croire cependant, que pour imprimer d'après cette méthode, il suffise de rendre gras certains endroits de la plaque, et de mouiller les autres. L'eau seule n'est point un moyen suffisant, pour opérer le repoussement de la couleur à la plupart des corps propres à servir pour l'impression. Elle pourrait suffire sur des corps graveleux et argileux, tels que le verre, la porcelaine, l'ardoise argileuse, etc.; mais la difficulté d'y fixer et arrêter solidement les corps gras, présente un nouvel obstacle, qui s'oppose à ce qu'on puisse tirer de cette manière un grand nombre d'épreuves. En cas de besoin, cependant, on pourrait encore en faire quelque usage, en se servant de matières grasses très-fermes, comme le vernis d'huile de lin mêlé de litharge d'argent, pour le faire sécher bien aisément.

Quant aux corps qui attirent fortement la couleur, comme les métaux, le bois, la chaux, le papier-pierre, etc.; on doit en préparer la surface de manière que les endroits blancs acquièrent une espèce d'antipathie contre la couleur, et changent ainsi leur nature en les repoussant.

Je me suis convaincu, par des expériences multipliées, que cela devenait possible à l'égard de toutes les substances appartenant à cette classe, et dans certaines circonstances. Je donnerai par la suite les instructions nécessaires sur cette matière. La nouvelle méthode d'impression est donc non-seulement applicable aux pierres calcaires, mais encore aux métaux; par conséquent la Lithographie doit être considérée comme une branche de la méthode générale d'impression chimique. Mais comme cet ouvrage est principalement destiné à l'enseignement de l'art lithographique, je ne m'occuperai que de cet objet.

Entre tous les corps propres à l'impression chimique, l'ardoise calcaire obtient le premier rang; elle est douée d'abord d'une propriété particulière, celle de se réunir aux corps gras, de les absorber, et elle y joint encore celle de les retenir; mais elle a en outre de l'affection pour toutes les espèces de fluides qui les repoussent. Sa surface s'allie tellement avec quelques-uns de ces derniers, qu'elle devient, pour ainsi dire, impénétrable, ne cesse de repousser les couleurs huileuses, et les empêche de s'y attacher. De sorte que, si une planche préparée convenablement de cette substance, et dans un état de sécheresse, était emprcinte totalement de couleur, on pourrait aisément l'en séparer et l'enlever en l'essuyant avec de l'eau seulement. L'ardoise calcaire joint à la facilité du poli et de la préparation, celle de pouvoir être repolie plus de cent fois; en sorte qu'une planche d'une épaisseur moyenne peut servir longtemps. Ces avantages me faisaient oublier quelques inconvéniens attachés à sa nature, tels que son poids, l'énormité de son volume, la grande différence de ses espèces, et le facile brisement auquel elle est sujette. Cependant, ses avantages m'ont décidé à lui donner la préférence pour mes divers travaux, dont les résultats ont fait de la Lithographie un art d'un genre nouveau et tout particulier.

Après avoir déterminé le caractère propre de ce genre d'impression, et donné une explication suffisante des noms et des choses, il ne me reste plus qu'un mot à dire sur l'utilité de l'art lithographique.

Lors d'une invention nouvelle, on se demande d'abord quel est l'avantage que l'on peut en retirer pour les sciences, les arts et les métiers, et en quoi il peut consister? Les personnes qui ne sont pas encore initiées à notre méthode, voudront donc connaître son utilité, et si elle a des avantages qui ne soient pas communs aux méthodes ordinaires. Ce qui suit servira de réponse provisoire, en attendant la description des différentes méthodes lithographiques.

Il n'appartient pas à l'homme, non plus qu'à l'imperfection de sa nature, de trouver souvent des choses qui réunissent tous les avantages, et qui ne laissent rien à désirer. Sous ce rapport, il est permis d'avancer, en parlant de la Lithographie, qu'elle ne peut remplacer parfaitement ni l'imprimerie en caractères, ni l'imprimerie en taille-douce. Il est possible, cependant, qu'elle atteigne par la suite la perfection de l'imprimerie des livres, qu'elle n'égale point aujourd'hui pour la vitesse, surtout, quand les presses lithographiques auront acquis le degré où elles peuvent atteindre. Mais les avantages qui lui sont propres, tels que celui de perfectionner les formes d'impression, de composer les caractères, et cela avec autant de promptitude, d'égalité et d'exactitude que l'écrivain le plus habile le pourrait faire, doit lui donner, sans doute, un mérite particulier. Quant aux différens objets qui, jusqu'à présent, ont été du ressort de l'imprimerie, tels que tableaux, lettres, circulaires, lettres-de-change, factures, cartes de visite, adresses, etc., on peut les remplir plus aisément, plus commodément, et à meilleur marché, par la méthode lithographique que par l'imprimerie ordinaire.

En comparant la Lithographie à la gravure en taille-douce, il est vraisemblable que bientôt la première sera plus répandue, et que la seconde conservera seulement quelques avantages dans trois méthodes, celle au burin, celle à l'eau-forte, que l'on achève au burin et à la pointe sèche, et la manière pointillée.

Toutes les autres méthodes, même les trois dont nous venons de parler, si on n'y emploie que des artistes médiocres, doivent céder le rang à un dessin sur pierre bien travaillé.

Quand on calcule la promptitude et la grande facilité de l'exécution, le moins d'adresse nécessaire pour imprimer, la grande promptitude à tirer des exemplaires en nombre infini, on ne peut disconvenir que ce ne soient là de grands avantages. C'est ainsi que la Lithographie présente une supériorité décidée sur l'impression en étain, tant pour les notes de musique, que pour la facilité, la netteté, et l'extrême vitesse de sa manipulation. C'est encore la même chose pour tous les genres d'écritures, soit en relief avec la plume, ou en creux avec la pointe, ou pour les cartes de géographie, les dessins, etc. Il est certain qu'en admettant une égale adresse de la part des artistes, la méthode lithographique est trois fois plus expéditive et trois fois meilleur marché que celle de la taille-douce. Quant à l'impression de l'une et de l'autre méthode, il est prouvé qu'il faut des ouvriers très-habiles pour tirer de belles épreuves en taille-douce, tandis que l'impression lithographique est généralement très-facile dans son exécution, et qu'il n'y a que fort peu d'objets qui exigent des connaissances plus particulières et une plus grande application. Un point très-essentiel encore, est celui de la correction, qui ne présente pas le quart de difficulté sur la pierre, qu'il en présente sur le cuivre et l'étain.

Il résulte, d'après ce que nous venons de dire, que l'on peut, au moyen de l'art lithographique, publier et multiplier, avec promptitude, toute espèce de dessins, d'écritures, de gravures, et surtout celles des artistes de la seconde et troisième classes, qui n'auraient peut-être jamais si bien réussi en travaillant sur le métal. Mais on aurait tort d'attendre de la Lithographie cette finesse achevée, cette force, cette netteté, enfin, la supériorité que la taille-douce seule peut atteindre.

Il suffira, sans doute, pour donner à l'art lithographique une grande importance, de le considérer sous le point de vue de la promptitude et du bon marché, qu'on y trouve réunis à la facilité du travail, d'autant plus que les préparatifs nécessaires à cet objet n'entraînent point de frais considérables. Cet art contient encore des méthodes qui lui sont tout-à-fait particulières, et que l'on ne peut imiter, ni par l'imprimerie ordinaire, ni par celle de taille-douce.

Je ne citerai préalablement que *la méthode du crayon*, avec laquelle

chaque artiste peut multiplier ses conceptions en peu de temps et à peu
de frais. J'y ajouterai cependant encore, celle d'impression par trans-
position, qui rend une infinité de fois et très-fidèlement tout ce que
l'on écrit, ou ce que l'on dessine sur du papier ordinaire avec de l'encre
grasse, en le transportant sur la pierre et l'imprimant ensuite. Cette
dernière méthode est propre particulièrement aux chancelleries et autres
bureaux, et même on l'emploie déjà dans beaucoup de pays avec une
grande utilité.

Je crois que ce que je viens de mettre en avant au sujet de l'art
lithographique, est aisé à prouver, et que je puis le soutenir avec une
entière conviction. J'espère aussi que tous ceux qui auront acquis une
connaissance suffisante de sa nature, seront entièrement de mon avis.
Après avoir démontré en abrégé les qualités, ainsi que l'utilité de cet
art, je vais maintenant passer à son véritable enseignement.

J'espère qu'en suivant exactement les principes et les instructions que
je vais communiquer, je parviendrai à former de bons dessinateurs et
de bons imprimeurs lithographes.

ARTICLE PREMIER.

DESTINATIONS GÉNÉRALES.

CHAPITRE PREMIER.

DES PIERRES.

§. 1ᵉʳ. *Leur nature.*

L'espèce de pierre dont on s'est servi jusqu'à présent à Munich pour la Lithographie, est un genre d'ardoise calcaire que l'on trouve dans le pays de Dietfurt à Pappenheim, et en suivant le courant du Danube jusqu'à Kellheim. C'est de cet endroit qu'elles ont pris la dénomination très-usitée de pierres plates de Kellheim. La carrière de ce village n'est plus exploitée, et aujourd'hui le commerce de ces pierres s'est transporté à Solenhofen. Tout le pays environnant paraît abondant en cette espèce de pierre; en sorte qu'il n'est pas à redouter d'en manquer pendant plusieurs siècles.

En creusant la terre de six à dix pieds de profondeur, dans ce pays, on les trouve par couches feuilletées et horizontales l'une sur l'autre. Les premières couches sont molles et consistent souvent en plusieurs centaines de feuilles minces comme du papier, mais dont chaque feuille peut être enlevée, en employant les précautions nécessaires. Ces couches ne sont d'aucune utilité, parce qu'elles sont trop molles ou trop dures, et fort jaunes, et que l'on peut s'en servir comme de la craie.

La pierre de Solenhofen consiste en grande partie, d'après des épreuves chimiques, en terre calcaire et en acide carbonique. Elle se réduit presque entièrement en salpêtre, en sel et en autres acides; par un tel procédé, l'acide carbonique s'évapore en forme aérienne.

Comme presque toutes ces mêmes parties entrent dans la composition du marbre, on serait tenté de croire qu'on pourrait peut-être faire usage, pour la Lithographie, de carreaux de marbre. Mais les différentes couleurs foncées de la plupart des espèces de marbres, et principalement les différentes fentes et veines qui s'y rencontrent, forment un obstacle considérable.

J'ai pourtant trouvé plusieurs morceaux de marbres de Bavière et du Tyrol, qui étaient d'une couleur assez égale, et pouvaient être employés dans quelques méthodes lithographiques, où leur extrême dureté était très-convenable. Néanmoins, la pierre de Solenhofen est beaucoup plus avantageuse, par rapport à sa couleur claire et à son prix modéré.

Depuis que la Lithographie a commencé à inspirer un intérêt général, on a fait des recherches dans plusieurs pays pour découvrir une pierre du même genre, ou du moins une masse semblable, on a été assez heureux sous ce rapport en France, en Italie, en Angleterre et en Prusse. Il est probable que, vû la quantité prodigieuse de terre calcaire mêlée d'acide carbonique, qui couvre la superficie de la terre en tant d'endroits, on trouvera de grandes parties de ces pierres, soit en forme d'ardoise soit en grands blocs, que l'on sciera ensuite facilement en pierres plates.

Les couches de pierres plates de Solenhofen ne sont point toutes d'une égale qualité, et souvent il se trouve une différence considérable dans la même couche. Or donc, si l'on a besoin de plusieurs planches pour le même ouvrage, et par conséquent de la même qualité, il faut faire attention de recommander aux fournisseurs qui s'y connaissent parfaitement, de les choisir toutes de la même nature.

Une bonne pierre doit avoir les qualités suivantes :

1°. L'épaisseur convénable et proportionnée à sa grandeur. En égale épaisseur, les petites pierres supportent bien mieux l'action de la presse que les grandes. L'épaisseur ordinaire peut être d'un demi-pouce de France, ancienne mesure, à trois pouces et demi au plus : les premières sont un peu fragiles, et les autres sont trop lourdes et incommodes : donc, l'épaisseur la plus convenable pour l'impression est deux pouces et demi.

2°. Une bonne masse. Il y a des pierres molles et dures : souvent la même pierre est molle en-dessus et dure en-dessous ; souvent elle est composée de plusieurs couches minces et inégales. Si, dans le dernier cas, la liaison est parfaite et que la séparation s'en fasse difficilement, il n'en résulte aucun inconvénient. En général, les plus dures sont les meilleures pour toutes les méthodes, surtout lorsqu'elles sont d'une masse bien égale, et ne sont pas entremêlées de taches, de points blancs, etc., car, alors, elles ne sont guère bonnes que pour quelques dessins à la plume, ou pour des gravures très-ordinaires. Ces dernières sont presque toujours grises, et très-dures ; elles ont des places plus molles, plus claires, et ne se polissent que très-difficilement, parce que les endroits tendres sont plus tôt attaqués par le polissoir, et par conséquent se creusent plus vite, d'où il résulte les inconvéniens suivans :

A. En dessinant avec la plume, celle-ci s'attache et s'enfonce aussitôt que l'on arrive à ces creux.

B. Les dessins au crayon laissent alors toujours des vides et des clairs dans les ombres, qui tombent dans ces parties molles, lesquels ne se corrigent qu'avec beaucoup de peine.

C. Dans la méthode creuse, la pointe s'enfonce dès qu'on arrive à une place tendre, ce qui produit des traits plus larges et moins purs.

D. En faisant mordre la pierre, l'acide attaque toujours davantage les parties molles, ce qui augmente encore leurs inégalités.

Une pierre molle se fend aisément sous la presse quand elle n'est pas composée de plusieurs couches, dont celles de dessous sont quelquefois dures; mais on y grave beaucoup plus facilement, parce qu'on n'a pas besoin d'appuyer si fort avec la pointe : les épreuves que l'on tire d'une telle pierre sont ordinairement plus noires, et la couleur s'y attache volontiers, à cause de sa plus grande porosité. L'impression en est pourtant un peu plus difficile, parce qu'elles se salissent plus vite; aussi ne peut-on pas en tirer beaucoup d'exemplaires.

Les teintes légères, dessinées au crayon, s'enlèvent trop aisément sur une telle pierre; la plume d'acier écorche sa surface, et une poussière fine s'attache à sa pointe, et empêche l'encre de couler.

Les pierres molles de Solenhofen ont presque toujours un extérieur jaunâtre, souvent marbré de blanc et de rouge, ou parsemé de raies et de veines jaunes.

Les espèces de pierres qui ont l'épaisseur, la dureté et l'uniformité convenable à toutes les méthodes, sont très-souvent sujettes à différens défauts, comme, de fiel de verre, de petits trous, de veines larges, de fentes, etc., c'est ce que l'on doit tâcher d'éviter dans leur choix. Les petites veines transversales ressemblant à un poil, les taches grises et jaunes, les dessins de poissons, de plantes, etc., ne sont pas précisément nuisibles. L'on trouvera rarement une planche grande comme une feuille de papier, qui soit tout-à-fait exempte de ces défauts, qui ait une surface.

parfaitement égale et du même ton; d'autant plus , qu'on ne peut pas
en juger sans lui avoir donné auparavant la plus parfaite polissure.

3°. La forme des pierres plates doit encore être considérée. On peut
faire un petit dessin sur une grande pierre; mais, outre l'incommodité
qui en résulte, souvent la disposition de la presse ne permet pas que la
pierre soit beaucoup plus grande que le dessin. Néanmoins, il est avantageux qu'elle ait toujours une marge large d'un pouce autour du dessin,
ou au moins des deux côtés, où le racle commence et achève le tirage.
J'expliquerai cela plus au long en parlant de la disposition de la presse.

Il ne serait pas avantageux, pour imprimer des cartes de visite, des
adresses, etc., d'employer de grandes pierres, surtout quand ces objets
y restent long-temps, parce qu'alors les parties grasses s'imbibent davantage, et qu'on est forcé de débrutir les pierres autant pour ces petits
dessins, que pour ceux qui auraient couvert toute la surface.

Quelqu'un qui peut calculer à peu près l'emploi de ces pierres, fait
bien d'en faire venir de différentes grandeurs; il est même très-utile que
l'ouvrier, chargé du soin de les polir, cherche à acquérir le talent de
les couper en cas de nécessité. Souvent on trouve des défauts dans une
pierre, qui la rend impropre à un grand dessin; mais, lorsqu'on en fait
plusieurs petits morceaux, on tâche de supprimer, autant que possible,
les défauts : alors ceux-ci peuvent devenir bons. Quand une pierre se
brise sous la presse, ou par quelque autre accident, on peut, en la
taillant comme il faut, en tirer encore un bon parti.

Malgré la dureté de ces pierres, elles sont très-cassantes, et un seul
petit coup sec, avec un corps dur, tel qu'un instrument d'acier, suffit
pour faire fendre la plus épaisse, ce qui entraîne, tôt ou tard, sa totale
séparation. On doit donc faire bien attention à ne pas les cogner l'une
contre l'autre, ni les frapper, ni les laisser tomber.

C'est aussi sur cette propriété de la pierre lithographique, qu'on a calculé, à Solenhofen, la manière de donner à volonté les formes convenables aux plus grandes masses.

On se sert, à cet effet, d'un petit marteau d'acier, qui pèse à peine une once, dont le bout a la forme d'un ciseau un peu émoussé, auquel on adapte un manche long de deux à trois pieds, mais très-mince. Quelques coups prompts et secs de cet instrument suffisent pour fendre les pierres les plus épaisses, pourvu que les coups soient portés dans la même direction, et éloignés d'un pouce l'un de l'autre.

Quand le marteau est trop tranchant, et enfonce trop dans la pierre, la fente qu'occasione chaque coup ne pénètre pas avant; mais s'il est arrondi comme il faut, on ne découvre pas de fortes traces des coups. Néanmoins ils opèrent une fente bien plus profonde, qui se manifeste par plusieurs lignes circulaires quand elle éclate, et fait aisément séparer la pierre en deux. Par ce procédé, l'éclat des pierres ne se fait pas horizontalement, et d'une manière uniforme; c'est pourquoi on est presque toujours obligé d'achever son équarrissage en la taillant avec un ciseau tranchant.

On peut pourtant partager la pierre à volonté, en la supportant des deux bouts, de manière qu'elle laisse un vide sous la ligne à partager: ensuite on parcourt la direction indiquée avec un ciseau peu mordant, en frappant sur ce ciseau, avec un marteau de moyenne force, des coups très-précipités et non trop forts.

Le changement du son de la pierre fait entendre aisément si elle est fendue, et quelques légers coups de marteau au côté opposé la sépare en deux.

J'observe pourtant qu'il faut de l'expérience pour acquérir assez d'adresse dans ce procédé, et je conseille surtout de ne pas l'essayer sur des pierres dessinées, avant que d'être bien sûr de son fait.

On cassera néanmoins bien des pierres de ce genre avant que d'acquérir l'adresse nécessaire pour ce procédé, et il n'est pas prudent d'entreprendre de les fendre, lorsqu'il y a dessus un dessin de prix; on courrait le risque d'abimer, non-seulement la pierre, mais le dessin. Souvent un seul coup trop fort, ou mal donné, peut la faire fendre dans une toute autre direction; de même, des coups trop faibles, surtout au commencement de l'opération, rendent la séparation de la pierre très-difficile, souvent même impossible dans la direction indiquée, et fait courir le risque d'un éclat dans une fausse direction.

§. 2. *Manière de polir.*

Les pierres plates qui viennent de Solenhofen, même lorsqu'on convient qu'elles seront polies proprement, sont rarement disposées à l'impression; il faut qu'elles soient repolies par quelqu'un qui entende bien ce procédé.

Pour cela, il est indispensable de se procurer, avant tout, une règle de fer ou de cuivre, qui soit aussi droite qu'il est possible. On pose cette règle du côté qui doit servir d'équerre, et en différens sens, sur la superficie destinée à recevoir la gravure. L'on doit bien faire attention si l'on n'aperçoit pas de jour entre la règle et la pierre; plus il est considérable et plus la pierre est creusée dans cet endroit, et par conséquent imparfaite; alors on sépare celles qui sont les moins unies de celles qui le sont passablement, et qui n'ont point de creux marquant.

Après avoir ainsi assorti les pierres, on frottera et polira celles qui sont les plus inégales, chacune en particulier, avec un grès bien mordant (il serait trop couteux d'employer la pierre-ponce). On mouillera soigneusement la pierre avec de l'eau propre pendant l'opération, jusqu'à ce que les endroits plus élevés soient mangés, et que la règle n'offre plus, ou presque plus, de jour en aucun endroit. On placera

ensuite ces pierres ainsi préparées, avec celles qui étaient déjà passablement unies; alors on prendra une de ces pierres plates, on la posera
sur une table épaisse et bien assurée (le mieux est d'en choisir une
semblable à celle que nous décrirons dans la suite, quand nous parlerons
des instrumens nécessaires). On répandra dessus un sable de gravier fin,
qu'on peut se procurer au besoin, en broyant un grès de l'espèce de
ceux qu'on emploie pour les meules grossières servant à aiguiser. On y
verse une cuillerée d'eau, à laquelle on peut mêler aussi un peu de savon,
parce qu'il aide beaucoup à polir et fait mordre le sable davantage.
Ensuite, on pose dessus une autre pierre plate, et on la promène çà et là
avec soin dans tous les sens : il faut renouveler souvent le sable, et y
verser de l'eau. De cette manière on parvient à polir ces deux pierres
l'une avec l'autre. Quand on sait bien exécuter ce procédé, on les rend
très-unies et horizontales. On doit faire bien attention, en poussant et
repoussant la pierre supérieure, de ne pas trop ressortir sur les bords,
parce que, dans ce cas, le centre de gravité de la pierre supérieure se
porterait trop sur les bords, et qu'il pourrait en résulter que la pierre infé-
rieure deviendrait convexe, et la supérieure concave. On peut remédier
à cet inconvénient, en n'agitant pas la pierre supérieure dans des lignes
et des cercles trop considérables, de manière que son point central ne
vienne jamais se reposer sur l'extrémité des bords. Il est utile aussi, pour
éviter cet inconvénient, de changer souvent les pierres, et de les rendre
alternativement actives et passives.

Il est indifférent de choisir deux pierres plates d'égale grandeur, pour
les polir l'une avec l'autre, ou d'en choisir pour mettre par-dessus, une
plus petite de moitié. On doit examiner à tout moment et sonder
avec la règle; pendant ce procédé, on nettoie chaque fois la pierre au
moyen d'une éponge ou d'un chiffon. Quand on a une fois acquis
l'usage de ce procédé, on peut facilement juger au toucher si les

pierres plates sont suffisamment polies. Aussi long-temps qu'elles ont quelques inégalités, on remarque un certain contre-coup, qui souvent est si fort, qu'on ne peut pousser plus loin la pierre de dessus, que l'on est obligé de la soulever et de semer du sable de nouveau. Il y a plus, le contre-coup et le frottement qui en proviennent ordinairement, deviennent quelquefois si forts, que les pierres plates restent fortement attachées l'une à l'autre, et qu'on ne peut les séparer qu'en employant la plus grande force des mains, surtout si on les laisse sécher dans un état semblable. Si l'on veut employer le secours des instrumens, il peut aisément arriver qu'on arrache des morceaux des deux pierres, tant elles tiennent fortement ensemble.

Le meilleur moyen et le plus simple qu'on puisse employer, est de prendre un couteau de table ordinaire, et d'essayer d'en faire entrer la lame à l'un ou à l'autre bout des deux pierres; alors on frappe dessus quelques coups légers avec un marteau, ou tout autre instrument, et elles se séparent aisément.

Aussi souvent qu'on remet du sable, il faut y verser de l'eau en petite quantité, autrement le sable est emporté en grande partie par l'eau: c'est l'usage qui doit faire connaître la quantité nécessaire.

Les pierres plates conservent en sortant des mains des ouvriers, et même après la première préparation qu'on leur donne avec du grès, des rayures et des sillons qui proviennent des grains de sables grossiers. Mais, aussitôt qu'elles sont polies de la manière précédemment indiquée, elles perdent peu à peu les raies et les fentes, et elles prennent un grain composé de petits points fins, qui le sont d'autant plus, que le sable a été mieux raffiné, et qu'on a été plus de temps sans en employer de nouveau.

Si les traces des raies sont entièrement disparues, on peut être assuré que les carreaux sont suffisamment polis: on peut, au surplus, employer la règle pour s'en convaincre. Au reste, il ne faut pas croire qu'il soit nécessaire de polir un carreau au point qu'on ne puisse, au moyen de la règle, avoir un peu de jour entre elle et la pierre, et n'apercevoir aucun vide. Il serait très-difficile de venir à bout de se procurer une surface parfaitement unie. Quand donc la planche sera partout si égale dans sa surface, qu'une feuille de papier à lettre ne pourrait pénétrer entre la règle et la planche, cela sera suffisant pour remplir le but proposé.

Quoique cette espèce de polissure générale, qui consiste à polir l'une contre l'autre, et en même temps, deux pierres plates de même espèce, au moyen du sable et de l'eau, ne soit point en usage dans toutes les imprimeries, et que l'on préfère dans quelques-unes, la polissure au moyen de petits morceaux de grès; je l'indique ici comme la meilleure, parce qu'elle n'exige pas trop d'habileté, et qu'elle est plus expéditive. Par cette méthode, l'on peut polir quatre fois plus de pierres dans le même espace de temps, que par l'autre.

Quoiqu'il ne soit question d'abord que de rendre les pierres plates parfaitement unies, j'observerai cependant qu'on n'y peut mettre trop d'attention et de soin, parce que la beauté des épreuves en dépendra, et qu'une faute commise dans la polissure occasione souvent beaucoup de difficultés dans l'impression. C'est pour cela que l'entrepreneur d'une imprimerie lithographique ne saurait trop surveiller ce procédé. Dans l'établissement lithographique de Berlin, on a arrêté, pour cette raison, qu'aucun graveur ne se servirait d'une planche qu'il n'aurait pas reconnue comme parfaite; et, dans le cas contraire, il s'engage à indemniser les ouvriers des difficultés qui se présentent dans leurs ouvrages. Cet arrangement me semble assez juste, parce que, dans les grandes imprimeries, il est presque impossible de surveiller tout par soi-même.

Cette première polissure n'est, d'ailleurs, que la préparation générale des pierres plates, car il faut ensuite qu'elles soient polies et préparées à part pour chacune des méthodes : ce que nous dirons en son lieu.

§. 3. *Choix et Conservation des Pierres.*

Quand les pierres plates sont tout-à-fait unies, on les nettoie avec de l'eau, et ensuite on peut les choisir suivant les différens usages auxquels on les destine. On peut ainsi voir plus clairement quelle est leur composition, quels défauts elles ont, et à quels ouvrages elles sont propres. Les pierres inégales doivent être destinées à des dessins plus grossiers; celles de couleur inégale, mais plus dures et plus condensées, peuvent être employées à des dessins à la plume plus fins, ou pour les méthodes de l'eau-forte, de la pointe, ou pour le transport. On doit choisir celles qui sont d'une couleur unie et égale, et de la plus grande dureté, pour les dessins au crayon. Lorsqu'elles sont préparées, on peut les serrer dans quelque endroit qu'on voudra, jusqu'au moment de s'en servir, pourvu qu'il ne soit pas humide, ni trop exposé à la rigueur de l'hiver. Un froid sec ne fait pas, à la vérité, de tort à ces sortes de pierres, mais, si elles sont imbibées, et qu'elles gèlent ensuite, cela leur occasione ordinairement des fentes. Il en est de même lorsqu'elles sont toujours à l'humidité et reçoivent le salpêtre, ou d'autres sels. Elles sont sujettes, de plus, à tomber en efflorescence ; elles ne subissent point d'altération lorsqu'on les met dans l'eau claire.

Quand on veut faire usage de ces pierres, après les avoir serrées dans le magasin, où elles sont ordinairement déposées à terre, à cause de leur grande pesanteur, et exposées ainsi à l'humidité, on les place, pendant quelques jours, dans un endroit tempéré et sec, afin qu'elles y acquièrent le degré de sécheresse convenable ; autrement, elles ne seraient propres à aucunes des méthodes. Mais si le local où on les a déposées n'est point du tout humide, cette précaution devient inutile.

Je parlerai plus loin de la conservation des pierres plates gravées et dessinées.

CHAPITRE II.

DE L'ENCRE, DU CRAYON, DE L'ENDUIT NÉCESSAIRE POUR LA GRAVURE A L'EAU-FORTE, ET DE LA COULEUR, etc.

§. 1er. *Encre chimique.*

L'ENCRE chimique, ainsi appelée, ou pour mieux dire l'encre grasse et alcalique, puisqu'elle consiste en un mélange de parties grasses et résineuses avec l'alcali, est un des premiers élémens les plus nécessaires pour l'arrangement d'une imprimerie lithographique. Elle sert en partie à écrire et à dessiner immédiatement sur la pierre, ou à l'enduire d'une espèce de vernis pour la gravure à l'eau-forte, ou enfin, à en faire le transport sur la pierre, quand on a commencé par s'en servir pour écrire sur le papier.

Le but qu'on se propose en employant cette espèce d'encre, est celui de la faire pénétrer dans les pores de la pierre, afin qu'elle en rende la superficie grasse aux endroits nécessaires, qu'elle résiste, dans le degré convenable, à l'action de l'eau-forte et aux autres acides, et qu'ainsi, demeurant grasse aux endroits marqués avec de l'encre, elle ne souffre point des effets de l'eau-forte.

J'avoue qu'une quantité innombrable de divers mélanges peuvent remplir le but de cette encre; mais il est cependant nécessaire qu'elle soit d'un mélange facile , et qu'on puisse aisément en faire de beaux dessins.

Diverses compositions peuvent donc atteindre ce but, et j'ai même vu quelques personnes prétendre tirer un parti plus heureux de l'encre qu'elles avaient composée, que de la mienne. Quant à moi , je ne puis me servir de ces encres avec succès ; j'en attribue la cause, peut-être à l'imagination , ou plutôt à la différence de la manière de tailler les plumes. D'ailleurs , il est prouvé qu'une personne se servira très-bien d'une plume, tandis que d'autres n'en pourront faire aucun usage. J'ai souvent fait l'épreuve de diverses autres compositions d'encres grasses ; plusieurs personnes s'en sont servies, et ces personnes et moi sommes de l'avis qu'on aura de la peine à en trouver une qui soit préférable à la mienne, pour tous les usages auxquels on la destine ; c'est cette encre dont je vais décrire la préparation :

On divise l'encre lithographique en deux espèces : l'une, qu'on emploie à dessiner sur la pierre, est plus épaisse ; l'autre, destinée à transporter les dessins, est plus claire. Les meilleurs mélanges de la première espèce se font de la manière suivante :

I. Cire blanche........................ 8 parties.
Savon............................. 2
Noir de fumée..................... 1 .

N. B. Cette encre, à proprement parler , n'est point destinée à écrire ou à dessiner sur les pierres lithographiques ; mais on l'emploie à couvrir et protéger les endroits qui ne doivent point être sujets à l'action de l'eau-forte. Elle sert en même temps, en plusieurs occasions, de fond à l'eau-forte ; nous l'indiquerons plus loin. Quand on a besoin d'avoir une encre encore plus épaisse, on peut se servir de cire, qu'on fait brûler, en la faisant chauffer dans une poêle de fer, à un tel degré, qu'elle brûle. On la maintient dans cet état jusqu'à ce que la moitié en soit consommée. Plus de temps elle continuera de brûler, et plus elle prendra de consistance,

<pre>
II.   Cire............................   12 parties.
      Suif (graisse de bœuf).............   4
      Savon...........................   4
      Noir de fumée...................   1

III. Cire............................   12
      Gomme laque....................   4
      Savon..........................   4
      Noir de fumée..................   1

IV.   Suif...........................   8
      Gomme laque....................   8
      Savon..........................   4
      Noir de fumée..................   1

V.   Cire...........................   8
      Gomme laque....................   4
      Mastic.........................   4
      Savon..........................   4
      Noir de fumée..................   1

VI.   Cire...........................   8
      Suif...........................   4
      Gomme laque....................   4
      Noir de fumée..................   1
      Savon..........................   4

VII. Cire...........................   12
      Gomme gaïac....................   12
      Suif...........................   4
      Savon..........................   4
      Noir de fumée..................   1

VIII. Cire...........................   6
      Gomme laque....................   4
      Suif...........................   2
      Mastic.........................   3
      Huile de thérébentine de Venise......   1
      Savon..........................   4
      Noir de fumée..................   1
</pre>

On fait fondre ensemble, et en parties égales, la cire et la gomme gaïac, on en ôte les parties qui ne se dissolvent point, et on prend de ce mélange la quantité indiquée des douze parties.

Il n'y a point, pour la bonté, de différence remarquable entre les sept derniers numéros de l'encre préparée, de l'une ou de l'autre manière. Si l'on emploie la gomme laque, l'encre se conserve un peu plus long-temps fluide; mais aussi elle est plus difficile à préparer.

En général, on n'a pas besoin d'être trop scrupuleux dans l'observation des diverses quantités, pour peu qu'on garde la proportion nécessaire dans le savon et le noir de fumée. Le savon doit faire à peu près la cinquième, et le noir de fumée la vingtième partie de la totalité. Si l'on y employait trop de savon, l'encre se dissoudrait mieux, mais la dissolution en deviendrait plus tôt visqueuse. De même qu'une trop grande quantité de noir de fumée rendrait l'encre coulante.

Manière de préparer l'Encre chimique.

On choisit un de ces différens mélanges, on partage le savon en deux parties égales, et l'on met les substances fusibles avec la moitié du savon dans une poêle de fer, sur un feu violent; on les fait chauffer jusqu'à ce que le tout commence à brûler. On le laisse consommer presque jusqu'à moitié; ensuite on couvre la poêle d'un couvercle, ou on la met, avec beaucoup de précaution, dans un plat rempli d'eau pour refroidir, et éteindre les matières enflammées.

On mêle cette partie de savon, afin que l'alcali se réunisse d'autant plus aisément par la violence du feu avec les autres substances; mais comme par là il peut perdre en même temps quelque chose de sa force, et prendre beaucoup d'acide carbonique, et qu'alors il devient moins propre à dissoudre la graisse, il est bon de ne mêler l'autre moitié qu'après que la matière a fini de brûler, ainsi que de conserver

(52)

le mélange sur le feu à un certain degré de chaleur, qui suffise cependant
pour faire fondre le savon. On prend avec un couteau propre, un peu
de la composition, et l'on essaie, lorsqu'elle est refroidie, si elle se mêle
aisément avec de l'eau de rivière ou de pluie. Si le savon est de bonne
qualité, ce qui n'arrive pas toujours, la quantité indiquée sera suffisante.
Mais si elle ne contenait pas assez d'alcali, qui eût la force nécessaire, il
faudrait y mêler encore du savon coupé en petits morceaux, jusqu'à ce
qu'en renouvelant les essais, on trouve que la composition se résout
aisément dans l'eau : alors on mêle le noir de fumée en le remuant
continuellement. Observez qu'il faut qu'il soit de la meilleure espèce,
et qu'on doit le faire brûler sur le feu, dans un vase bien fermé, jusqu'à
ce qu'il ne jette plus une fumée jaunâtre. Lorsqu'on aura bien remué
le tout, jusqu'à ce qu'il se soit refroidi, on tirera ce mélange de la
poêle, on le pétrira en forme de bâtons de cire, et on le serrera dans
cet état lorsqu'il sera sec, pour s'en servir au besoin.

On n'a ici que quelques observations générales à faire :

Iʳᵉ. On entend par le savon, celui que l'on prépare ordinairement
avec de la graisse de bœuf, et du fondant corrosif. Le savon de Venise,
ou celui préparé avec de l'huile, n'est pas aussi bon pour l'encre lithographique, parce que, lorsqu'on la résout ensuite dans l'eau, il est sujet
à la rendre visqueuse, et ne résiste pas aussi bien à l'eau-forte. Si
pourtant on ne pouvait se procurer l'autre espèce, ou en avoir d'une
bonne qualité, on pourrait aussi se servir de celle-là ; l'on serait seulement
obligé de renouveler plus souvent la dissolution dans l'eau.

IIᵉ. Pour donner à l'encre la couleur nécessaire, on emploie non-
seulement le noir de fumée, mais on peut encore se servir de zinnabre,
de craie rouge, d'indigo, de laqué bleue, de bois de Brésil, et de
beaucoup d'autres couleurs, pour peu qu'elles aient seulement la qualité
de ne point changer la nature du savon, et par conséquent ne renferment

ni acides ni autres sels. On peut employer l'espèce la plus fine du noir de fumée ordinaire , quand même il ne serait pas brûlé de la manière indiquée ; mais par là on atténue l'effet du savon , parce que le noir de fumée contient ordinairement une quantité assez forte d'acide de bois combustible, qui, se liant avec l'alcali, le neutralise, et empêche ainsi la solution de la graisse. Il est donc nécessaire de faire brûler le noir de fumée, dans un vase fermé, au moyen d'un feu vif, pour n'être pas forcé ensuite de mêler encore plus de savon dans l'eau préparée, ce qui ne remédie pas parfaitement à ce défaut. Il faut, dis-je, faire brûler le noir de fumée jusqu'à ce qu'il ait perdu la plus grande partie de son acide, qui s'évapore en forme de fumée jaunâtre.

La quantité indiquée du savon est calculée sur son état de fraîcheur, dans lequel il se trouve beaucoup de particules d'eau ; si le savon était très-sec, on n'en aurait besoin que d'une moindre quantité.

On peut adoucir et purifier le noir de fumée, en employant le frottement d'*une forte lessive,* le faisant cuire ensuite et le lavant de nouveau dans une quantité d'eau suffisante, de manière qu'il ne reste aucune trace de l'alcali.

Au lieu d'employer le noir de fumée brûlé de nouveau, il vaut mieux se servir de celui que l'on prépare avec de la graisse de bœuf, ou une autre graisse d'animal, avec la cire, ou encore mieux, avec un mélange de graisse de bœuf et de résine de Ponzère. Dans ce cas, on fond la graisse et on la verse dans une lampe de terre de l'espèce de celles dont on se sert pour éclairer les villes, et qui sont munies d'une mèche. On allume ensuite cette lampe, et on la place sous une plaque de fer ou de cuivre, de manière que la fumée puisse s'attacher à la plaque, qui doit se trouver très-rapprochée de la flamme, afin qu'il se perde une moindre quantité de suie. On ôte de temps en temps le noir de fumée avec un couteau ou tout autre instrument, et on le verse dans un verre que l'on couvre. On continue ainsi à verser de la graisse dans la lampe, et à détacher la suie de la plaque, jusqu'à ce qu'on ait acquis la quantité de suie désirée. Cette suie est très-fine et très-douce, et elle est si profitable, qu'une demi-once fait plus d'effet que trois onces de suie ordinaire : l'encre en est très-fine et très-bonne. On doit observer en général, à l'égard de la suie qu'on emploie pour l'encre chimique, que plus on en met, plus l'encre devient noire; mais aussi les traits faits avec cette encre sont plus grossiers, parce qu'elle est sujette à s'étendre sur la pierre. Moins on emploie de noir de fumée, plus les traits sont fins en dessinant; mais alors on ne voit pas si clairement ce que l'on fait, et si le dessin est assez fort. La quantité indiquée ci-dessus me paraît être la meilleure, surtout quand on se sert de noir de fumée qu'on prépare soi-même.

IIIe. L'eau de pluie, et, au défaut de celle-ci, une eau de rivière molle, sont celles qui valent le mieux pour résoudre l'encre. Néanmoins, l'eau de pluie ne doit point être trop ancienne, ni corrompue, autrement, la dissolution deviendrait bientôt visqueuse.

IVe. Il n'est pas nécessaire, pour composer l'encre, de la brûler fortement; néanmoins cela contribue beaucoup à lui donner la propriété de tracer des traits fins, et fait parvenir à plus de perfection dans son travail.

V^e. Seulement, lorsqu'on emploie la gomme laque dans ce mélange, l'encre doit nécessairement être fortement brûlée, et portée au plus haut degré de chaleur possible, parce que ce n'est que par ce moyen que la gomme laque se dissout comme il faut.

Cette matière, qui nous vient de la Chine et des Indes occidentales, provient du travail d'une espèce d'insectes appartenant à la classe des abeilles. Elle a la propriété de se fondre à une chaleur modérée, mais elle ne se résout dans aucune graisse d'animal, ni dans le beurre, la cire, etc., ni dans aucune espèce d'huile, avant d'avoir perdu l'acide qui lui est propre, ce qui n'a lieu qu'en la faisant fortement brûler.

Si l'on fait fondre la gomme laque avec de la graisse ou de l'huile, elle commence par s'étendre au fond du vase. Lorsqu'on augmente le degré de chaleur jusqu'à ce que la matière brûle, elle se gonfle, s'élève, et finit par couvrir la superficie du vase en forme d'éponge. Si l'on augmente encore la chaleur, elle se résout enfin, et se fond en écume. Dès qu'on aperçoit cette écume, il est temps de retirer la matière du feu, et de couvrir le vase d'un couvercle qui ferme bien, afin d'empêcher qu'elle ne brûle davantage, et pour étouffer la flamme.

Comme la gomme laque, quand elle est une fois gonflée et devenue dure, ne se résout que lentement, et en la faisant brûler fortement, il vaut mieux commencer par faire fondre les autres matières fusibles, et les faire brûler en leur donnant le degré de chaleur nécessaire. Ensuite on y mêle la gomme laque, coupée en petits morceaux. De cette manière elle se résoudra plus aisément, parce qu'elle se trouvera saisie par la grande chaleur au moment de sa fusion, et n'aura pas le temps de se gonfler et de s'endurcir.

VIe. Aucuns des mélanges indiqués ne peuvent se conserver long-temps dans un état de fluidité, après leur solution dans l'eau, parce que, dans l'espace de quelques jours au plus, et quelquefois plus tôt, ils se gâtent ou deviennent visqueux, et on ne peut plus s'en servir pour travailler avantageusement.

On peut, à la vérité, les rendre fluides en y mêlant de l'eau, mais non sans nuire à leur consistance. C'est aussi la raison pour laquelle on conserve cette encre dans un état de sécheresse, auquel plusieurs années n'apportent aucune altération. Pour s'en servir, on en étend une petite quantité, à peu près de la grosseur de deux pois, dans un vase très-propre, par exemple dans la soucoupe d'une tasse à café, ce qui se fait plus aisément avec les espèces de mélanges où il entre du suif, qu'avec les autres qui sont plus dures, lesquelles exigent plus de force pour les amollir dans le vase. On étend, autant que possible, l'encre d'une manière égale sur la superficie du vase. Quand on est parvenu à amollir ainsi la quantité indiquée, on y verse une cuillerée d'eau de pluie, ou d'une eau molle; et l'on frotte avec le doigt dans le verre, jusqu'à ce que l'on soit parvenu à résoudre l'encre dans l'eau. Alors, on met cette solution dans un petit pot de verre ou de porcelaine, et l'on peut en faire usage sur-le-champ.

VII°. Dans le procédé de la solution de l'encre dans l'eau, il faut faire attention à bien proportionner la fluidité, et par conséquent, à observer scrupuleusement la quantité d'eau nécessaire à son mélange. Une encre bien fabriquée doit se résoudre entièrement, et sans qu'il reste de grumeaux. Elle doit être presque aussi fluide qu'un lait bien gras, ou que l'huile. Si elle est trop épaisse, on ne peut s'en servir avantageusement; si elle est trop claire, elle ne supporte pas l'action des corrosifs. On peut néanmoins apprendre à connaître la véritable proportion convenable, au moyen de quelques essais. Il peut arriver qu'avec une encre parfaitement bonne, on fasse des traits et des points peu solides, parce qu'ils sont trop faibles et sans force; mais alors la faute provient de la maladresse du dessinateur, ou du défaut de la plume. Nous ferons là-dessus, en son lieu, les observations nécessaires.

Comme on peut avoir assez d'encre, pour un jour entier, de la portion indiquée, il vaut mieux en faire de la nouvelle le lendemain. On doit avoir le soin de bien purger le vase de l'ancienne encre avant d'en remettre de la nouvelle. Si l'encre s'épaissit et se dessèche pendant le travail, ce qui le rend plus pénible, il faut aussitôt qu'on s'en aperçoit, la rendre plus claire, en y mêlant une ou deux gouttes d'eau.

Voilà à peu près toutes les observations générales que l'on peut faire sur l'encre chimique grasse ou alcalique dont on se sert dans la Lithographie. Nous ferons nos observations particulières dans la description de son application aux diverses méthodes.

§. 2. *Encre dure au Borax.*

Outre les mélanges indiqués ci-dessus, il est nécessaire de faire encore une provision des mélanges suivans, dont on indiquera, en son lieu, l'usage et les propriétés :

N°. Ier. Gomme laque...................... 4 parties.
   Borax............................. 1
   Eau............................... 16

On met le borax et la gomme laque dans un petit pot bien propre, qu'on remplit d'eau aux deux tiers; l'on fait bouillir ce mélange pendant une heure, et l'on a soin de remplacer, de temps en temps, la quantité d'eau qui s'évapore. Quand la gomme laque s'est dissoute en grande partie, on retire la composition du feu, on la fait refroidir, et on la filtre dans un linge propre, afin que la partie de la gomme laque qui n'est pas dissoute, soit séparée du reste.

On peut conserver, pendant des années entières, la solution de gomme laque, en la mettant dans un verre bien bouché. Afin de lui donner la couleur nécessaire à son usage, on en fait réduire une partie, en la tenant sur le feu dans une cuiller de fer ou de cuivre, jusqu'à ce qu'elle devienne aussi épaisse que le miel. Alors, on y mêle du noir de fumée très-fin ou du cinabre pilé aussi très-fin, et l'on remue beaucoup cette composition, afin qu'elle se mêle dans toutes ses parties. On y verse l'eau nécessaire, et on fait résoudre le tout sur le feu; cette encre, noire ou rouge, est alors parfaite, et on la conserve dans un verre bien bouché.

8

§. 3. *Encre fluide.*

M. André d'Offenbach fait usage d'une encre qui a la propriété avantageuse de se conserver en liqueur pendant des années. D'après mes
essais, elle n'est pas aussi bonne pour les ouvrages très-fins, que plusieurs
sortes de celles que je viens de décrire ; mais on peut en faire usage
pour les notes de musique et pour l'écriture, surtout à cause de sa
grande consistance. Elle est composée des ingrédiens suivans :

Gomme laque. . . . . 12 parties.
Mastic. 4
Savon fait avec de la graisse de bœuf. . . 1
Soude cristallisée et épurée. 1
Noir de fumée. 1

On mêle le tout avec de l'eau dans un verre propre, on le fait
cuire au feu, afin de le bien résoudre et mêler ensemble, ce à quoi
l'on parvient en le remuant beaucoup. Alors, on fait bouillir la
composition jusqu'à ce que l'eau soit presque toute évaporée ; ensuite on
en remet de la nouvelle, et on la fait encore bouillir jusqu'à ce que tout
soit bien dissout. Après, on filtre cette liqueur dans un morceau de
toile, et on la conserve dans un vase dans lequel il ne peut entrer de
poussière. Si l'on voit, lorsqu'elle est refroidie, qu'elle soit trop épaisse,
on peut, avec de l'eau, la rendre claire au degré convenable.

On en peut faire de même quand l'encre sèche dans le petit vase,
dont le dessinateur ou l'écrivain se servent pour leur mélange, et on peut
également se servir d'eau pour la rendre plus claire, à moins que par
un long usage, il n'y soit entré trop de poussière ; dans ce cas, on
fera mieux de jeter le reste, de nettoyer le vase, et de reprendre de
la nouvelle encre.

§. 4. *Encre servant au transport.*

Toutes les encres citées ci-dessus sont destinées à un usage immédiat sur la pierre. Mais, si l'on veut écrire sur le papier et transporter l'écriture sur la pierre, elles sont presque toutes trop dures, à moins qu'on ne fasse usage de pierres chauffées, comme je le dirai en son lieu, ce qui, cependant, rend le travail plus difficile. C'est pour cela que je donne ici la recette d'une encre excellente pour la méthode de transporter à froid :

Gomme laque......................	3 parties.
Cire...............................	1
Suif...............................	6
Mastic............................	5
Savon.............................	4
Noir de fumée.....................	1

La manière de la composer est semblable à celle que nous venons de décrire ; on ne peut la conserver dans son état de sécheresse et sans aucun mélange d'eau, que pendant quelques années. Le moyen de reconnaître si cette encre a bien réussi, et si on peut l'employer avantageusement pour le transport, est d'observer si, après l'avoir laissé reposer quelques jours, on remarque encore au toucher une assez forte viscosité ; il vaut encore mieux, cependant, en faire l'épreuve sur la pierre. Si l'encre, dans l'impression, ne se détache pas bien, ou seulement par partie, lorsque l'on a donné à la presse une tension modérée, c'est qu'elle est trop dure. On y peut remédier en y mêlant un peu de beurre ou d'huile. On doit, dans ce procédé, faire refondre toute la composition sur le feu ; mais, si l'écriture est trop écrasée par l'impression, et que les caractères deviennent trop larges, c'est signe qu'elle est trop molle. On doit également faire attention à la température du local, et même à la saison de l'année. Si l'on veut obtenir un transport d'une égale perfection, il faut proportionner la dureté de l'encre au degré de température; ce que l'on effectue assez bien en mêlant, dans la composition, de l'huile ou du beurre, ou en l'employant telle qu'elle est, si l'on a la précaution de faire de temps en temps quelques essais dans les divers degrés de température. Alors, on pourra se régler sur sa dureté et sur la différence qui résulte de ces essais.

En composant ainsi, pour le transport, plusieurs sortes d'encres, dont la dureté conviendra aux divers degrés de température, on sera sûr du succès.

§. 5. Fond pour les corrosifs.

Outre l'encre grasse, on emploie souvent, pour les différentes méthodes d'impression lithographique, une composition grasse qui résiste à l'eau-forte, et dont on couvre les planches ; c'est cette composition que nous nommerons *fond pour les corrosifs*, car elle est parfaitement semblable à celle dont se servent les graveurs en taille-douce pour graver à l'eau-forte sur cuivre, ou du moins elle en approche beaucoup.

Le fond pour les corrosifs, dans la méthode lithographique, consiste principalement en

Cire............................	12 parties.
Mastic..........................	6
Asphalte........................	4
Colophane.......................	2
Suif............................	1

On fait fondre le tout ensemble sur le feu, dans une poêle de fer, et on lui donne un degré de chaleur suffisant, pour faire fondre l'asphalte entièrement. On laisse brûler la composition jusqu'à ce que le tiers en soit consommé, et l'on étouffe ensuite la flamme en couvrant la poêle d'un couvercle qui ferme bien hermétiquement. Quand la composition est refroidie, on la retire et on la conserve pour s'en servir sous la forme qu'on veut lui donner.

La cire seule peut fournir un excellent fond pour les corrosifs, en la faisant bouillir et brûler jusqu'à ce que près de cinq parties sur douze soient consommées par la flamme.

§. 6. *Fond mou pour les corrosifs.*

Dans quelques méthodes, on est obligé d'employer une espèce de *fond de corrosifs*, qui a la qualité, ou de ne pas couvrir entièrement la superficie de la pierre, afin que l'eau-forte ou un autre corrosif puisse pénétrer au travers, d'une manière uniforme, ou, quand il résiste partout à l'action du corrosif, de pouvoir néanmoins être entamé par un faible contact pour laisser pénétrer le corrosif en proportion du contact. C'est à quoi l'on parvient par les deux espèces de préparations *du fond mou de corrosif* suivantes :

N°. Ier. Vernis épais d'huile de lin.,........... 1 parties.
Suif 2

On fait fondre le tout ensemble ;

N°. II. Cire .... 1 parties.
Suif................................ 5
Vernis à l'huile de lin................ 3

Qu'on fait également fondre ensemble.

On en décrira l'emploi à l'article de *l'aquatinta*. Lorsque l'on veut faire usage de ces méthodes, il est bon d'avoir une petite provision des deux espèces.

§. 7. *Couleur contre les corrosifs.*

C'est ainsi que je nomme une espèce de couleur servant à l'impression, qui possède la propriété de résister à l'eau-forte, quand on s'en sert pour teindre la pierre. Elle est très-utile en diverses occasions, et souvent même elle est indispensable. Il est donc nécessaire de s'en faire également une provision, afin de s'assurer de son efficacité, comme nous l'avons dit des autres ingrédiens :

Vernis épais à l'huile de lin............	2 parties.
Suif..................................	4
Thérébentine de Venise...............	1
Cire.,...............................	1

On fond le tout et on le mêle bien avec quatre parties de noir de fumée, qu'on remue ensemble. On le conserve ensuite dans un vase de fer-blanc bien fermé.

§. 8. *Crayon.*

On entend par le crayon chimique ou gras, une composition qui, dans son état de sécheresse, ressemble au blanc d'Espagne ou à la craie de Paris, et dont on se sert sur la pierre lithographique pour former différens dessins. Les encres chimiques décrites plus haut, dissoutes dans l'eau, ont la propriété de pénétrer dans la pierre, et de rendre la superficie grasse aux endroits indiqués. Les crayons produisent les mêmes effets en les appliquant à sec sur la pierre. Seulement, le degré de pénétration et de consistance est un peu moindre que celui produit par la composition liquide.

Les amalgames dont on peut former différentes sortes de crayons plus durs ou plus mous, sont en très-grand nombre. Mais, comme presque toutes les espèces de résines forment une composition plus mauvaise que celle où on emploie le savon et la cire, on aura, par les mélanges suivans, à peu près ce qu'il y a de mieux dans ce genre :

Nº. Iᵉʳ. Cire........................... 4 parties.
Savon........................... 6
* Noir de fumée..................... 3

Méthode de préparation.

On fond ensemble la cire et le savon ; on y mêle le noir de fumée ; on remue bien le tout sur *une plaque chaude ;* puis, on le met sur le feu, dans une poêle, jusqu'à ce que la composition redevienne fluide. On la verse ensuite sur une pierre plate, après l'avoir auparavant un peu frottée d'huile ; alors on en forme une pâte de l'épaisseur d'environ un huitième de pouce. Quand elle est un peu refroidie, on la coupe avec un couteau en petits morceaux bien minces, et on la conserve pour en faire usage ;

Nº. II. Cire .... 8 parties.
Savon........................... 4
Noir de fumée..................... 3

On fait brûler la cire jusqu'à ce qu'elle soit consommée à moitié ; alors on y fait fondre le savon, et on procède comme dans le numéro précédent ;

* Brûlé, ou encore mieux, fait par soi-même.

N°. III. Cire. .... 4 parties.
Spermacetti............................... 4
Savon.................................... 4
Noir de fumée............................ 3

On fait fondre les trois premières espèces ensemble, puis on y mêle le noir de fumée, et on procède comme dans le numéro précédent;

N°. IV. Cire............................... 8 parties.
Spermacetti........................... 4
Savon.............................. 4
Noir de fumée...................... 3

On fait brûler la cire à moitié; l'on fait ensuite fondre le spermacetti et le savon en employant le procédé indiqué ci-dessus;

N°. V. Gomme laque....................... 4 parties.
Cire............................... 8
Savon.............................. 5
Noir de fumée...................... 3

On fait dissoudre la gomme laque dans la cire, en la faisant fortement brûler, et l'on procède comme auparavant;

N°. VI. Gomme laque...................... 4 parties.
Cire............................... 8
Suif............................... 5
Noir de fumée...................... 3

On se sert en tout de la même méthode de préparation, avec la différence qu'en faisant dissoudre la gomme laque, on y mêle la quantité indiquée de suif. Le crayon est un peu plus mou que le premier, ainsi que les deux espèces suivantes;

<pre>
Nᵒ. VII. Cire.............................. 8 parties.
        Suif.............................. 4
        Savon............................. 6
        Noir de fumée..................... 3
</pre>

On fait fondre ensemble la cire, le suif et le savon, et on fait brûler le tout jusqu'à ce qu'un tiers de la composition soit consommé. Alors on y mêle le noir de fumée, et on procède comme ci-dessus;

<pre>
Nᵒ. VIII. Cire............................. 2 parties.
         Suif............................. 6
         Vermillon........................ 2
         Noir de fumée.................... 2
</pre>

On fait chauffer la cire, le suif et le vermillon, en les remuant ensemble jusqu'à ce que le vermillon se décompose en écume, et que sa couleur rouge devienne brune, alors on y mêle du noir de fumée. Après avoir bien remué le tout ensemble, on fait encore chauffer le tout; on le verse ensuite, et on en forme des bâtons.

Ce sont là les meilleurs mélanges pour composer de bons crayons. J'en ai fait un grand nombre d'épreuves. Il est à propos de se faire une provision de toutes, ou du moins de presque toutes. La différence des mélanges indiqués ci-dessus pour la composition de l'encre chimique, n'est pas très-considérable, et on peut s'en servir presque à volonté; mais chaque espèce de crayon que je viens d'indiquer donne, à l'usage, plusieurs espèces de *grains*, qui produisent, à l'œil, des effets différens, et qui conviennent mieux pour un objet que pour un autre. En employant à propos les divers crayons, le dessin obtient une plus grande perfection, ou du moins est plus aisé à exécuter que quand on ne se sert que d'une seule espèce. Ils sont aussi proportionnés au plus ou au moins de rudesse des pierres lithographiques destinées aux dessins au crayon. En général, les ombres épaisses se forment plus aisément en employant un crayon mou qu'en employant un crayon dur. Celui-ci, au contraire, est meilleur pour les ombres plus fines et plus légères, ainsi que pour les traits et les contours.

On doit laisser évaporer le noir de fumée avant de se servir du crayon; autrement, il s'y forme beaucoup de petites cloches, ce qui arrive aussi quand on verse la composition trop chaude sur la plaque.

Le crayon qui contient beaucoup de gomme laque est sujet à s'amollir, quand même on le conserverait dans des vases bien fermés.

§. 9.

La préparation de la couleur d'impression en grande quantité, est très-difficile et très-dangereuse; en sorte que je conseille de prendre des leçons de pratique chez un imprimeur, quand il fera cuire du vernis. Ce vernis doit être préparé en plein air, dans un lieu éloigné de tous les bâtimens, parce qu'autrement, il peut s'en suivre de grands malheurs, et que l'on peut même perdre la vie par l'explosion de la vessie de cuivre (*dun k'ny slnrum Dlase*). Celui qui ne veut pas exercer l'imprimerie en grand, fera mieux, s'il n'a besoin que de quelques cents de vernis, de l'acheter chez les imprimeurs, ou d'en apprêter une petite quantité d'une ou deux livres à la fois, dans un vase découvert, et de la manière suivante :

On verse une, ou au plus deux livres de vieille huile, s'il se peut, mais qui ne soit pas rance, dans une poêle de fer bien propre, qui ait un manche long et fort, et qui soit assez grande pour que l'huile n'en occupe que la moitié ou le tiers. Alors on met la poêle sur un feu violent, et on chauffe l'huile jusqu'à ce qu'elle commence à brûler. On facilite cette opération en y mettant le feu avec un morceau de bois allumé. L'huile trop nouvelle contient trop de parties aqueuses et trop d'ordures, ce qui la fait écumer et la rend sujette à s'enfuir lorsqu'elle commence à bouillir. Dans ce cas, on ne doit verser l'huile que peu à peu, et en petite quantité dans la poêle. On doit bien faire attention aux éclaboussures, qui sont souvent occasionées par le mélange de l'huile froide avec la chaude, et par le prompt développement des vapeurs aqueuses.

Aussitôt que l'huile commence à brûler, on retire la poêle du feu, et on la pose dans un endroit où elle ne peut renverser. Si elle est assez chaude, elle continuera à brûler, et même la flamme augmentera; alors on la remuera de temps en temps avec un instrument en fer, tel qu'une barre, etc. L'huile a coûtume de brûler avec plus de violence quand on la remue; ensuite elle s'apaise peu à peu, et souvent même elle s'éteint tout-à-fait, surtout quand on la pose dans un endroit très-froid. Quand, après l'avoir remuée, elle commence à brûler plus faiblement, il n'y a aucun danger d'éteindre la flamme. Mais quand, après l'avoir remuée, elle commence à brûler avec autant ou plus de force, et à bouillir et flamber en même temps, il faut alors couvrir la poêle avec un couvercle de fer, qui la ferme hermétiquement, et la conserver ainsi fermée jusqu'à ce que l'huile, en la découvrant, ne s'enflamme plus d'elle-même par l'action de l'air. — On en prend alors un peu avec une lame de couteau bien sèche, et l'on prend garde si l'huile est cuite (*ou le vernis*). Après son entier refroidissement, on observe si, sur la petite quantité qui en reste attachée à la lame, on peut en tirer de longs fils, ou si elle est encore trop claire. Dans le dernier cas, on doit la remettre sur le feu, et la faire chauffer de nouveau, jusqu'à ce qu'elle ait perdu ses parties volatiles, qu'elle se soit suffisamment liée avec les acides, et ait acquis ainsi la consistance nécessaire. Si l'on veut préparer le vernis chez soi, la quantité ne doit être que d'une livre au plus, parce qu'il serait possible qu'en lui donnant un trop grand degré de chaleur, on ne fût plus en état de l'éteindre. Dans ce cas, elle s'enfuirait, s'évaporerait en grandes flammes dans la cheminée, ce qui pourrait mettre le feu.

« Il est, en général, très à propos de préparer le vernis dans de très-petits vases, et en très-petite quantité, comme, par exemple, d'un quarteron, afin d'augmenter ensuite ces quantités, quand, peu à peu, on aura acquis plus de pratique dans ces sortes d'opérations. Il ne faut pas non plus avoir trop de timidité, parce qu'alors on est souvent plus exposé aux accidens, et à se brûler dangereusement. On peut, à la vérité, préparer le vernis sans faire brûler l'huile en se contentant de la faire évaporer sur le feu. Il en serait même plus blanc et ne perdrait pas tant de sa quantité. Cette dernière méthode de préparation dure quatre fois plus que la première, et il ne dépend que du plus ou moins de temps qu'on veut y employer, pour décider de la préférence à donner à l'une ou à l'autre. Quant au danger, il n'est pas moindre dans le dernier cas; il est même quelquefois encore plus grand, car on ne peut observer aussi exactement le degré de chaleur de l'huile en la laissant évaporer, qu'en la faisant brûler. Dans ce dernier cas, on peut le déterminer par la force dont elle brûle, et à la vue d'une flamme bleue plus ou moins claire, tandis qu'en la faisant évaporer, l'huile peut souvent s'enflammer d'elle-même, sans avoir besoin du contact de la flamme. Quelquefois même elle a acquis un degré de chaleur tel, qu'on ne peut l'arrêter, même en la couvrant. Néanmoins, en prenant les précautions convenables, on peut aussi, par cette dernière méthode, éviter tout danger. Il faut, à cet effet, chercher à allumer de temps en temps l'huile, en mettant de courtes pauses entre ces essais; et avant qu'elle ait acquis un trop grand degré de chaleur. Aussitôt qu'elle commence à prendre feu, et qu'elle ne jette encore que de faibles flammes bleuâtres qui sont aisées à éteindre, on l'éteint en la couvrant ou simplement en soufflant dessus; alors l'on diminue le feu, ou bien l'on retire la poêle du foyer pendant quelques minutes, afin qu'elle se refroidisse un peu.

Il y a une autre manière d'éteindre l'huile enflammée, quelque degré de chaleur qu'elle puisse avoir, c'est celle de tenir la poêle dans un vase rempli d'eau froide, et de remuer vivement l'huile. Mais pour cela il est nécessaire d'employer encore plus d'attention et d'adresse, car, lorsque l'huile bouillante reçoit la moindre goutte d'eau, elle lance autour d'elle des globules enflammés, dangereux pour l'opérateur. Je ne conseille pas d'employer cette méthode avant qu'on ait acquis la pratique nécessaire, quoique je la préfère moi-même, par la raison que je peux faire chauffer davantage l'huile, et parvenir, de cette manière, plus aisément à mon but.

On peut aussi fabriquer un vernis épais avec de l'huile de noix et de pavot, même avec de l'huile d'olive. Celui que l'on apprête avec de l'huile de lin, est, jusqu'à présent, le seul dont on ait fait usage. Quand l'huile de lin est pure, elle a toujours été trouvée d'une qualité supérieure. On doit observer, de plus, que l'huile de lin est de la moitié meilleur marché (au moins en Bavière) que les autres sortes d'huiles.

Le vernis, quand il est bon, sèche aisément de lui-même, et il n'est pas nécessaire d'employer, dans sa cuisson, un moyen siccatif. Souvent même cela serait nuisible, parce que la couleur faite avec de semblable vernis est sujette à s'attacher aux endroits préparés de la pierre, et même à la salir peu à peu. On a besoin principalement, dans les différentes méthodes d'impression lithographique, de trois espèces de vernis, clair, moyen, et épais.

Dans le vernis clair, la quantité d'huile est réduite par la flamme ou l'évaporation, à peu près aux deux tiers; alors il acquiert l'épaisseur du miel fluide, et on ne peut encore en tirer de fils.

Dans le vernis moyen, il ne reste qu'un peu plus de la moitié de l'huile employée; alors il est aussi épais que le vieux miel, et l'on peut en tirer des fils longs d'un pied.

Dans le vernis épais, la composition n'est qu'un peu plus diminuée, mais on peut en tirer des fils longs d'une aune, jusqu'à ce que le vernis, par la continuation de cuisson, ait fini par devenir aussi épais et aussi visqueux que la gomme élastique. On peut encore s'en servir dans cet état sans inconvénient, en y mêlant de l'huile, et en lui donnant, de cette manière, le degré de fluidité nécessaire. Mais, aussitôt qu'il a acquis ce degré d'épaisseur et de consistance, on doit le faire promptement refroidir, parce qu'il n'est plus très-éloigné de se durcir entièrement, et de devenir impropre à tout usage.

Il faut beaucoup de temps au commencement de la cuisson; la quantité de deux livres exige presque une heure, souvent même plus, afin que l'huile acquière le premier degré d'épaisseur; mais alors cela va plus vite, elle n'a plus besoin, à partir de ce degré jusqu'à son entière viscosité, qu'environ du quart de ce temps, ou un peu plus. Une demi-heure d'ébullition suffit pour se procurer un vernis épais, avec la quantité d'une demi-livre d'huile, mise dans une petite poêle capable de contenir le double. La poêle doit être un peu creuse, en sorte que sa hauteur soit à son diamètre, comme un est à deux. De cette manière, la surface de l'huile exposée à l'air, est dans la proportion convenable avec la quantité de la composition. Plus le vaisseau sera plat et plus la superficie de l'huile l'emportera sur la quantité, et plus l'on parviendra promptement à son but; mais aussi le danger d'enflammer toute la composition en sera plus grand; et il le sera d'autant moins, que le vaisseau sera plus creux.

Pour faire la couleur d'impression au moyen du vernis, il faut y mêler la quantité nécessaire de noir de fumée. Dans cette circonstance on doit préférer celui qui est séché au feu, ou brûlé; au noir ordinaire; parce que ce dernier empêche la couleur de sécher, et fait jaunir en peu de temps l'impression.

Plus on mêle de noir de fumée au vernis, plus on les agite ensemble, et plus la couleur est propre à l'usage qu'on en veut faire. Cependant, on ne doit pas en mêler assez pour qu'elle devienne pâteuse; par là elle perdrait tout son suc, de manière qu'on n'en pourrait plus tirer des fils.

C'est par l'expérience, et au moyen d'essais multipliés, que l'on doit trouver la véritable proportion qui dépend presque toujours du plus ou du moins d'épaisseur du vernis, dont on peut aisément juger à la vue, mais que l'on peut difficilement décrire.

Nous indiquerons dans la suite d'une manière plus précise, dans l'explication des différentes méthodes, les qualités nécessaires et la manière de composer l'espèce de couleur d'impression convenable à chacune de ces méthodes.

Nous nous contenterons ici de faire observer en général, que les endroits de la pierre destinés à l'impression, reçoivent d'autant plus facilement la couleur, qu'elle est plus claire et plus fluide. Au contraire, les endroits préparés, ou qui doivent rester blancs, sont moins exposés à être salis par la couleur, quand elle contient plus de noir de fumée, ou quand le vernis est plus ferme.

Trop de noir de fumée et un vernis trop ferme, ont néanmoins l'inconvénient d'empêcher les traits fins et les points de prendre la couleur, ou, en termes d'imprimeur, de marquer. Une couleur trop épaisse a le défaut d'effacer ou d'enlever, pour ainsi dire, ces sortes de traits, ou de points comme avec une pierre-ponce, ou tout autre moyen d'un effet semblable.

On peut, avec un vernis épais, tirer des exemplaires plus nets, et qui ne deviennent pas aussi aisément jaunes. Mais aussi, il donne plus de peine pour noircir, il faut plus d'habileté pour en faire usage; et la presse a aussi besoin d'être plus fortement tendue.

Au reste, on peut mêler avec le vernis, non-seulement du noir de fumée, mais encore beaucoup d'autres couleurs, ce que nous décrirons plus au long lorsque nous traiterons de l'impression des couleurs. On emploie même quelquefois avec avantage, pour la couleur noire, de la laque noire, au lieu de noir de fumée et de noir de Francfort, dans la méthode d'impression à formes creuses, comme aussi pour l'*aquatinta*.

On observera aussi les ingrédiens qu'on devra mêler à la couleur, en partie pour la rendre plus noire, et en partie pour la faire sécher plus facilement.

§. 10. *Couleur pour faciliter l'impression.*

Il arrive souvent que des lignes trop faiblement dessinées ne soutiennent pas assez l'effet des corrosifs, et sont effacées par leur action. Il arrive aussi que, par maladresse, dans l'usage des pierres, les traits fins se trouvent effacés dans l'impression; alors elles présentent à la vérité la trace d'un corps gras, mais elles ne prennent point de couleur. On remédie souvent à cet inconvénient par un moyen bien simple, c'est celui de noircir plusieurs fois la planche avec la couleur *servant à faciliter l'impression.* (*Annehm Fabre.*)

Cette couleur consiste en un vernis clair, dans lequel on a dissout entièrement, et mélangé par la cuisson, une quantité déterminée de litharge d'argent, de vermillon ou de céruse, auxquels on ajoute la quantité convenable de noir de fumée. Il est souvent à propos d'y joindre encore un peu de sable bien fin ou de pierre-ponce broyée également bien fine,

Le vernis nécessaire pour cette couleur, se prépare de la manière suivante :

On prend une quantité déterminée du vernis, on le fait chauffer sur le feu, dans une poéle, jusqu'à ce qu'il commence à brûler; alors on y mêle une certaine quantité de minium bien fin (par exemple, une demi-once sur huit de vernis), ou bien un autre oxide de plomb; jusqu'à ce que tout soit parfaitement réduit.

On peut préparer une espèce de couleur servant à faciliter l'impression, en mêlant dans l'encre ordinaire d'imprimerie, de l'huile d'olive, du suif, et très-peu de savon; l'une et l'autre couleur s'attachent volontiers à tous les endroits qui ont encore un petit degré d'onctuosité, et les rend peu à peu propres à recevoir la couleur d'impression.

On indiquera, dans la suite, les précautions à prendre pour ne pas salir ni gâter toute la pierre.

CHAPITRE III.

DES ACIDES ET DES MOYENS DE LES PRÉPARER.

§. 1er. Propriétés générales des Acides.

PAR l'expression de préparer la pierre, on peut, à la vérité, entendre toute espèce de préparations employées dans les différentes méthodes de dessins et d'impressions. Mais, dans la Lithographie, nous avons principalement indiqué, par ce terme, l'opération par laquelle on communique à la pierre la propriété de ne pas recevoir de couleur d'impression dans certains endroits fixes.

Il est vraisemblable que l'opinion de la plupart des lithographes est celle que j'ai eue long-temps moi-même, que l'impression à l'eau-forte ou avec tout autre acide prépare la pierre, et que l'application de la gomme, qui a lieu plus tard, ne fait que donner plus de force à cette préparation. Mais d'innombrables essais m'ont convaincu du contraire. La gomme arabique et quelques autres substances-semblables, sont incontestablement le meilleur moyen de préparation. En employant les acides, on ne fait que rendre la pierre plus propre à les recevoir. Le seul acide sulfureux change en plâtre la surface de la pierre préparée sans gomme; mais on ne peut l'appliquer que dans quelques méthodes à formés creuses.

L'espèce de pierre propre à la Lithographie, consiste, en grande partie, en terre calcaire, qui contient suffisamment d'acide carbonique. Or, la plupart des acides, et même plusieurs sels neutres, ont une affinité plus grande avec la terre calcaire que l'acide carbonique qu'il contient, et qui, aussitôt qu'un autre acide touche la pierre, s'en sépare, et s'évapore en forme aérienne, tandis que la terre calcaire de la pierre se résout dans l'acide. Si l'on répand sur la pierre lithographique, de l'eau-forte, ou de l'esprit de sel, du vinaigre, etc., il en provient aussitôt une quantité de vésicules d'air, qui ne sont autre chose que l'acide carbonique qui se détache. Le fluide qu'on a versé paraît bouillonner avec d'autant plus de force, que l'acide employé était plus fort et plus concentré. Il continue à bouillir et à former des vésicules jusqu'à ce que le fluide se soit rassasié de parties calcaires, et alors il se calme et perd toute sa vertu corrosive. L'effet le plus immédiat de cette opération, est la dissolution par l'action du corrosif, sur une partie de la surface de la pierre qu'elle entame. Si l'on frotte ou si l'on marque certaines places avec un corps gras qui ne permette pas aux acides de pénétrer, ces places ne pourront en être attaquées, et demeureront intactes, tandis que la pierre sera entamée dans toutes les autres places exposées à l'effet du corrosif. De manière qu'en nettoyant la pierre, tous les traits et les points tracés avec un corps gras, seront saillans, tandis que tout le reste paraîtra plus ou moins enfoncé, suivant le plus ou moins de force du corrosif mis en usage.

A la vérité, si la pierre est enduite d'un corps gras, trop peu épais pour empêcher entièrement le corrosif de pénétrer, celui-ci, en se faisant jour au travers le corps gras, entamera plus ou moins la pierre. Si l'action du corrosif dure long-temps, ou qu'elle soit très-violente, elle finira par faire disparaître le corps gras, et la surface de la pierre sera nettoyée et rendue propre à une autre préparation. Un corps gras qui ne présente pas une résistance suffisante, peut être enlevé à volonté par les acides, en totalité ou en partie. C'est sur cette circonstance que se fonde la préparation à l'huile ou à l'eau de savon, des pierres lithographiques destinées au dessin à la plume, ou même à plusieurs espèces d'aquatinta.

Outre l'action corrosive des acides sur la surface de la pierre, ils ont encore la propriété de lui donner un beau poli, de manière que la couleur ne s'attache pas aussi aisément aux endroits préparés.

Si donc on a tracé sur la pierre, et si on l'a ensuite gravée au moyen d'un corrosif, on pourrait, en lui conservant l'humidité nécessaire, et en appuyant très-fort avec la couleur d'impression, la noircir plusieurs fois et en tirer des exemplaires. On peut réussir également en n'employant que de l'eau pour ce procédé. Mais, comme nous l'avons déjà remarqué, le poli qui provient de l'action du corrosif le rend beaucoup plus facile. Néanmoins, la préparation que donne le corrosif n'est pas suffisante pour pouvoir continuer à imprimer sans danger, et on n'évite tous les inconvéniens, qu'en enduisant ensuite la pierre d'une solution de gomme arabique dans l'eau. Une pierre lithographique, qui n'a été frottée que de corrosif, et qui ensuite n'a pas été enduite de gomme, qui sèche pendant l'impression, ou sur laquelle on appuie la couleur, avec le chiffon sali par les corps gras, en les essuyant plusieurs fois, prend facilement la couleur ou la saleté, et on ne peut aisément la nettoyer. Il y a plus, loin que la préparation avec le seul corrosif, empêche la graisse de s'y attacher, nous verrons par la suite plusieurs cas, où l'on commence par préparer la pierre avec des acides, pour tracer dessus ensuite avec des corps gras, secs ou fluides.

On peut donc conclure qu'en général, les effets des acides sur la pierre lithographique sont les suivans :

1°. De n'attaquer en aucune manière les endroits suffisamment enduits de corps gras.

2°. De pénétrer plus ou moins, quand la pierre n'est que faiblement enduite de corps gras.

3°. De dissoudre les parties de la pierre et de les entamer à l'endroit où ils la touchent.

4°. De lui donner un poli qui sert à tirer plus aisément des exemplaires. On peut remarquer que, si ce poli se perd en essuyant plusieurs fois la pierre avec le chiffon mouillé ou avec l'éponge, il est remplacé par un autre poli formé par le frottement même.

5°. De plus, ils n'empêchent pas le corps gras de s'attacher aussitôt que la pierre qui a subi l'action est séchée ; de manière que les endroits parfaitement préparés peuvent, par une nouvelle action des acides, être rendus capables de prendre la couleur de nouveau.

Les diverses applications de cette méthode se présenteront souvent par la suite.

6°. Enfin, les acides ont encore la propriété de donner aux pierres préparées, et souvent empreintes, une nouvelle rudesse en place du poli, ce qui produit des points en forme de petits pores qui, par leurs inégalités, retiennent la couleur, surtout dans le cas où la pierre lithographique a échangé le premier poli des acides contre celui provenant du frottement. Cette circonstance nécessite une précaution, comme nous le verrons par la suite. Quand on veut nettoyer les pierres lithographiques déjà préparées et empreintes, et en enlever la crasse qui pourrait s'y être attachée en certains endroits, ou remédier à d'autres défauts ; si on s'y prend mal, on les salit encore davantage par ce procédé.

§. 2. *Des Acides en général.*

L'acide de salpêtre ou l'eau-forte, l'acide muriatique, le vinaigre, ainsi que les acides de tartre, de pomme et d'oseille sauvage, produisent presque tous les mêmes effets. Néanmoins, on emploie principalement l'eau-forte et l'acide muriatique, à cause de leur bon marché. L'huile de vitriol, ou l'acide sulfureux, rendus très-clairs en y mêlant de l'eau, peuvent également servir quand on n'a besoin que d'une action faible ; mais on ne peut les employer pour des effets plus forts, parce que ces acides changent la pierre calcaire en plâtre, en la dissolvant sur sa surface, de manière que l'acide ne peut pénétrer davantage ; ou, si elle le fait, c'est d'une manière inégale. Si l'on mêle une partie de vitriol avec douze parties d'eau, et que l'on verse ce mélange sur une pierre bien polie, il en provient un violent bouillonnement qui ne dure que peu de temps. On serait tenté de croire que, quand l'acide a cessé de mordre, il s'est suffisamment rassasié de parties calcaires ; mais aussitôt qu'on le reporte sur une partie de la pierre encore intacte, le bouillonnement et l'action de l'acide se renouvellent.

Si l'on enlève l'acide de la pierre en l'essuyant, et si on la frotte un peu avec un chiffon de laine, quand elle est sèche, elle prend un poli semblable à celui d'un miroir.

On peut, dans ce cas, nettoyer la pierre et en enlever la couleur, même dans son état de sécheresse, aussi aisément qu'on nettoie les planches en cuivre poli. Quand on a gravé avec un instrument d'acier sur une pierre lithographique ainsi polie, on peut ensuite tirer plusieurs exemplaires de la manière que le font les graveurs en taille-douce.

Ce poli, néanmoins, n'a pas beaucoup de consistance, et se perd facilement, parce que la pellicule du plâtre est très-mince et s'enlève aisément. On peut, cependant, l'employer utilement lorsqu'on veut graver dans la pierre, et que pour juger à chaque fois de l'effet on la frotte souvent de couleur, comme on le décrira plus au long, quand on traitera de la gravure sur pierre.

Tous les acides ci-dessus désignés ont la propriété que nous avons déjà indiquée, avant que de donner une nouvelle rudesse à la pierre après sa préparation, ou même après des empreintes réitérées. Il paraît que la gomme se lie avec quelques points de la surface, de manière à résister plus fortement aux acides, et qu'elle les laisse plus facilement pénétrer dans d'autres endroits. Peut-être aussi que les vésicules qui proviennent de l'action des acides, et qui les empêchent un peu de pénétrer d'une manière uniforme, contribuent à cette rudesse. Cette circonstance paraît confirmée, puisqu'une pierre déjà soumise à l'action des acides, et préparée avec de la gomme, lorsqu'on la grave une seconde fois, en employant une eau-forte très-faible et très-claire, est beaucoup moins rude, que si l'on avait fait usage de celle d'un degré supérieur.

Cette observation se fait encore mieux sentir dans l'application de l'acide de citron, ou dans celle de la solution d'alun dans l'eau. On verse un peu de suc de citron ou de solution d'alun sur une pierre lithographique, bien polie et enduite d'eau-forte très-claire; on la prépare ensuite avec une solution de gomme, et enfin on l'essuie bien avec un chiffon propre. On laisse sécher la liqueur dessus, et on frotte cet endroit avec de l'encre grasse ou d'imprimerie; en enlevant cette couleur avec un chiffon mouillé, on verra que la pierre redeviendra blanche partout, excepté cependant dans l'endroit où le suc de citron ou l'alun avaient séjourné, cet endroit ayant pris le corps gras, comme si on l'avait touché avec de l'encre chimique. Il en est de même de l'application des autres acides, seulement le degré est un peu moindre. On décrira dans la suite son emploi pour diverses méthodes ; nous ajouterons encore les observations suivantes :

Il arrive souvent que la pierre, ou par la maladresse de l'opérateur, ou par suite d'une mauvaise couleur, ou enfin par la malpropreté des chiffons dont on se sert pour l'essuyer, etc., prend la couleur aux endroits où elle était préparée et propre. Cet inconvénient arrive surtout sur les bords, parce qu'ils sèchent plus tôt, et aussi à cause de leur tranchant. Il arrive encore qu'on les touche avec des mains sales, ou qu'on les frotte trop fort avec des chiffons secs et malpropres, c'est ce qui les expose à devenir gras.

Le mieux que l'on puisse faire dans ce cas, est de les polir avec la pierre-ponce, jusqu'à ce qu'on ait fait disparaître la crasse, et de les préparer de nouveau avec l'eau-forte, et ensuite avec la gomme.

On peut aussi tremper un chiffon de laine bien propre dans de l'eau-forte d'un degré supérieur, même sans mélange, et en faire disparaître ainsi la crasse qui se forme sur les bords ; mais il faut bien prendre garde de ne pas laisser pénétrer la moindre goutté dans le milieu du dessin, parce qu'il en serait endommagé, la couleur d'impression ne pouvant résister au mordant de l'eau-forte. L'inégalité provenant de l'acide étant enlevé par l'effet plus violent de l'eau-forte, il en résulte un nouveau poli.

Au reste, on doit user de beaucoup de précautions dans l'une et dans l'autre de ces méthodes, pour ne pas toucher fortement avec les mains grasses, avec un chiffon gras, ou frotter les bords salis ; car, comme on l'a déjà observé, les acides enlèvent la préparation précédente, et remettent la pierre dans son état naturel ; ils n'empêchent pas plus les corps gras de s'y attacher, que ne le ferait l'eau dont on aurait arrosé la pierre, surtout quand on y a frotté dessus avec force. Alors l'application de la gomme est absolument nécessaire pour qu'elle soit entièrement préparée après avoir subi l'action des acides.

On peut encore mêler la gomme avec l'eau-forte ; mais il faut renouveler tous les jours ce mélange, parce qu'autrement il perdrait beaucoup de sa force.

On doit faire bien attention aux observations suivantes :

1°. Quand un corps gras demeure trop long-temps sur une pierre, préparée, mais tout-à-fait dépourvue de gomme, il pénètre au travers de sa superficie, plus ou moins, à proportion de sa quantité et de sa fluidité. La pierre conserve, à la vérité, sa préparation à la surface, mais elle est plus sujette à se salir. Il vaut donc mieux, dans ce cas, laisser sur la pierre un faible degré de gomme, lequel empêchera la graisse d'y pénétrer.

2°. Attendu que la gomme ne prépare que la surface de la pierre, et que cette légère superficie s'enlève peu à peu par le frottement ; provenant de ce que l'on est souvent obligé de l'essuyer pendant l'impression ; il en résulte que cette préparation se perd à mesure que cette superficie s'use ; il faut renouveler de temps en temps l'enduit de gomme. Il suffira, pour éviter tous ces inconvéniens, de l'enduire deux fois par jour.

3°. C'est par la raison que la pierre est sujette à être endommagée dans sa surface, que l'on ne doit pas la frotter fortement avec un corps gras ; parce que la superficie préparée en serait offensée, et que la pierre s'imbiberait elle-même de ce corps gras.

4°. Quand une pierre lithographique préparée est entièrement dépourvue de gomme, et a séché pendant quelque temps, surtout quand elle a perdu, par l'action de l'impression, une partie de sa première préparation, elle est très-disposée à recevoir la couleur et à se salir. Je conseillerai donc, toutes les fois qu'on sera forcé de suspendre l'impression, d'enduire la planche d'une gomme très-claire; si on ne l'avait pas fait, et que l'on voulût se servir *de la pierre pour l'impression,* il faudrait faire attention de la mouiller d'une eau très-claire; il vaudra encore mieux employer, à cet effet, un corrosif très-faible, composé d'une partie d'eau-forte sur cinq cents parties d'eau, et ensuite l'enduire de gomme. On a souvent gâté entièrement des pierres, faute d'avoir pris cette précaution. La meilleure méthode de conservation des pierres lithographiques, quand on veut les employer souvent pour l'impression, est donc de les enduire de gomme; cela est même absolument nécessaire.

5°. La pierre ne peut recevoir la préparation de gomme que quand elle est parfaitement nette, ou qu'elle a subi l'action nécessaire du corrosif. Si donc la superficie de la pierre a reçu la moindre impression d'un corps gras, elle prendra la couleur, quelque forte que soit l'enduit de gomme qu'on lui donnera. C'est là-dessus que se fonde la méthode de transporter les gravures en taille-douce et les autres objets déjà imprimés, méthode dont nous parlerons dans la suite.

6°. Si la pierre est grasse à sa surface, mais qu'on enlève le corps gras par le moyen d'un acide, l'action de la gomme reprendra son effet, et la préparation sera parfaite, quand même le corps gras aurait pénétré très-profondément dans la pierre.

7°. Il ne suffit pas de se contenter de polir la pierre pour effectuer une préparation entière au moyen de la gomme. Lors donc qu'une pierre, parfaitement nette du reste, conservera, après avoir été polie, quelques places où la graisse aura pénétré, et qu'on l'aura enduite de gomme, elle prendra, néanmoins, peu à peu la couleur aux endroits impreignés de graisse, lorsqu'on la frottera souvent et en tous sens avec un chiffon trempé dans la couleur. Néanmoins, elle la prendra trop peu si la solution de gomme est épaisse; et à force d'être essuyée, elle reprendra entièrement la véritable préparation.

8°. Il suit des deux observations précédentes, que la couleur pénètre considérablement dans l'intérieur de la pierre par l'effet de l'impression. Si donc l'on veut faire usage d'une telle pierre pour de nouveaux ouvrages, et qu'on la fasse repolir, on aura besoin de beaucoup de temps pour faire disparaître entièrement toutes les traces de corps gras, et la pierre en sera considérablement usée et amincie; pour suppléer à cet inconvénient, on se contentera de la polir jusqu'à ce qu'elle soit entièrement unie. On la préparera ensuite fortement pour pouvoir s'en servir; car, autrement, il pourrait arriver que, par l'effet de l'impression, la superficie faiblement préparée fût enlevée, et que le dessin ou l'écriture précédemment gravés reparussent de nouveau. Dans ce cas, il ne serait pas aisé d'y apporter remède.

Quand la pierre est salie dans le milieu, le meilleur moyen à employer pour la nettoyer, est d'y verser quelques gouttes d'huile de térébenthine, autant d'eau gommée, et de la bien essuyer avec un chiffon de laine. On la nettoie ensuite avec une éponge mouillée; et on la noircit avec le cylindre d'impression : si elle ne perd pas la tache de cette manière, il faut avoir recours encore à une nouvelle préparation. Mais, comme chacune des méthodes exige un autre procédé, nous traiterons cet article à l'endroit convenable.

Quand le corps gras a pénétré très-avant dans un endroit où il ne devrait pas se trouver, il est toujours très-difficile de l'en extraire sans endommager les endroits voisins. La correction des dessins au crayon est surtout très-difficile, lorsque ces dessins sont déjà préparés et imprimés. On peut, à la vérité, quand la pierre est noircie avec la couleur préparée, gratter et enlever avec un instrument tranchant les points et traits où il y a des fautes; mais alors il est nécessaire de donner une nouvelle préparation aux endroits endommagés. Si l'on prend une eau corrosive faible, cela ne suffira pas. Si on la prend trop forte, on sera sujet à attaquer les traits fins, car il en résultera une rudesse qui facilitera tellement l'attachement de la couleur, qu'il sera possible que la pierre devienne toute noire aux endroits corrigés. Afin de lever cette difficulté, et de rendre une légère correction possible, j'ai fait différens essais pour découvrir une composition acide qui ait la propriété de ne pas rendre rude une pierre bien préparée, et cependant celle de lui redonner entièrement la préparation nécessaire.

J'ai trouvé cet avantage principalement dans l'acide phosphorique, surtout quand on y mêle de la noix de galle pilée bien fine.

Si on garde long-temps le phosphore dans l'eau, il finit par devenir acide, et prépare très-fortement la pierre. On obtient plus aisément son acide en faisant brûler le phosphore dans une tasse, et en recueillant la fumée. Cette préparation est, à la vérité, un peu coûteuse; mais, comme on n'en emploie pas beaucoup, puisqu'elle n'est destinée qu'à corriger quelques fautes, on doit, pour sa grande pureté, préférer l'acide ainsi préparé à tout autre.

Si l'on verse, sur une pierre proprement polie, quelques gouttes d'eau forte, ou d'un autre acide, elle sera préparée de cette manière. Il faut ensuite essuyer proprement cet acide, et frotter la pierre d'eau de savon ou d'une encre chimique, et la nettoyer, aussitôt qu'elle sera sèche, avec quelques gouttes d'huile de térébenthine ou des corps gras, dont on l'aura enduite. Si ensuite on l'imbibe d'eau, et qu'on y passe le cylindre pour lui faire prendre la couleur, elle la prendra partout, même aux endroits préparés par l'acide. Si l'on avait mêlé de la gomme dans l'acide, il en serait provenu le même résultat, quoique la pierre fût entièrement préparée aux endroits mouillés. Il arrive généralement de là, que la préparation communiquée à la pierre est de nouveau enlevée, soit par l'eau de savon ou par les alcalis, surtout quand ils sont acides, et que la pierre est rendue susceptible de recevoir l'impression des corps gras.

Il en est autrement quand on employe l'acide phosphorique ; il en résulte une préparation qui ne peut être enlevée entièrement qu'en frottant, à diverses reprises, la pierre avec l'eau de savon.

La préparation sera encore plus durable et acquerra plus de consistance, si l'on mêle de la noix de galle fine, délayée dans l'eau, parmi l'acide phosphorique. Elle donne même aux autres acides la propriété de résister davantage à l'effet du savon. La connaissance de cet effet m'a conduit à la manière de changer les formes saillantes en formes creuses ; c'est ce que je décrirai plus tard. C'est de même par l'acide phosphorique qu'on peut parvenir à la méthode lithographique, qui approche beaucoup de la manière grattée en cuivre, autrement appelée *gravure en manière noire*.

§. 3. *De la Gomme, comme principal moyen de préparation.*

Quand on mouille une pierre bien polie, avec quelques gouttes de gomme arabique délayée dans l'eau, la place que l'on a ainsi mouillée, ne prend point de couleur tant qu'elle est humide. Quand elle est sèche, la couleur, à la vérité, s'y attache ; mais, au moyen d'une éponge mouillée, on peut aisément l'essuyer et l'enlever de l'endroit préparé avec de la gomme. Il est clair par là, que la gomme suffit seule pour donner à la pierre la propriété de ne point prendre de couleur d'impression, et par conséquent pour la préparer. Cependant, cette préparation a plus de consistance si l'on commence par lui donner la préparation des acides.

Dans l'un et l'autre cas, la gomme ne pénètre que très-peu avant dans la superficie de la pierre; de manière que, pour peu que cette superficie très-mince soit enlevée, la pierre reprendra la couleur, si on l'en frotte lorsqu'elle sera sèche. C'est sur ces principes que se fonde la manière d'impression lithographique en formes creuses. Si l'on arrose donc une pierre bien polie d'une préparation acide, qu'on la prépare ensuite avec de la gomme, et qu'on l'essuie proprement, on peut alors l'enduire d'une couleur d'impression, ou de tout autre corps gras (en en exceptant néanmoins le savon ou les autres compositions alcaliques), sans danger qu'elle perde la préparation qu'elle a reçue. Plus l'enduit de gomme sera épais, et moins la graisse pénétrera dedans.

Dans l'impression même, où l'on tient la pierre humide, il est nécessaire de ne la frotter de gomme qu'au commencement; mais, comme la superficie préparée se perd par l'action souvent répétée d'essuyer, on est obligé, dans quelques manières, de mêler de la gomme même dans la couleur, ou dans l'eau dont on la mouille. Nous en dirons davantage sur cet objet en son lieu.

Nous ferons encore observer que la gomme du pays, telle que celle de cerisier et de prunier, etc., est propre, dans certaines années, à la préparation de la pierre lithographique, et que dans d'autres, elle est tout-à-fait impropre à cet usage, et qu'alors on ne peut même la délayer dans l'eau. Le suc de plusieurs plantes et de plusieurs fruits a aussi la même propriété, ainsi que le sucre, et généralement toutes les matières visqueuses, comprises dans le règne végétal et animal (par exemple, le blanc d'œuf); et ils ont à cet égard plus ou moins de rapprochement avec la gomme.

Néanmoins, on est plus sûr de parvenir à son but au moyen de la gomme arabique, et c'est pour cela qu'elle est préférable à toutes les autres.

§. 4. *De la demi-préparation.*

Je communique ici mes expériences sur un phénomène singulier, qui se présente souvent dans l'impression lithographique, et qui donne beaucoup de travail, surtout aux commençans.

C'est la préparation dite *imparfaite*, ou la demi-préparation, dont le résultat est que la pierre paraît avoir beaucoup de penchant à prendre la couleur, et cependant ne la prend qu'en partie, ou même ne la prend pas du tout. Mais pour répandre sur cette matière la clarté nécessaire, et la présenter dans l'ordre convenable, il est à propos de citer quelques exemples.

A. Si l'on trace avec l'encre chimique sur une pierre proprement polie, qu'on lui donne les deux préparations d'acides et de gomme, les endroits tracés prendront la couleur d'impression, et on pourra en tirer des exemplaires. Si, lorsque la pierre est noircie, on frotte dessus çà et là avec le doigt mouillé en appuyant fortement, on peut enlever la couleur du dessin, et cela d'autant plus aisément qu'elle y sera restée moins de temps; et encore plus aisément même, si la pierre lithographique est restée pendant un certain temps dans un lieu humide. Un endroit dont on a ainsi enlevé la couleur, la reprend ensuite avec difficulté quand on essaye de la renoircir avec le cylindre d'imprimerie, et cette difficulté augmente d'autant plus que le frottement a duré de temps, que la force qu'on y a employé a été grande, et la couleur d'impression épaisse. On aperçoit à la vérité, d'une manière distincte, les traces du corps gras. Et même, si l'on frotte çà et là avec un chiffon mouillé, auquel il s'est déjà attaché beaucoup de particules de couleur, et qu'on essuie les places avec ce chiffon, le dessin reparaîtra tout-à-fait noir. Mais aussitôt qu'on prendra le cylindre en main, et qu'on voudra s'en servir à le noircir, il enlevera de nouveau la couleur des endroits frottés; et, malgré qu'il y ait plusieurs moyens pour faire reprendre à la pierre la couleur nécessaire, ces procédés ne laissent pas que d'être très-difficiles, et souvent même impossibles.

J'entends par une pierre proprement polie, une pierre dont on ne s'est point encore servi, et qui ensuite a été polie avec du grès ou de la pierre ponce mouillés; sans qu'elle ait été salie par la plus petite impression de corps gras, ou par aucune préparation quelconque : ou celle dont on s'est servi, et qui a été impreignée d'un corps gras, mais qui ensuite a été polie de manière à ce qu'il *ne reste plus de trace de ce même corps gras.*

La superficie de la pierre est, dans ce cas, entièrement nettoyée de toute graisse, par le frottement d'un corps humide; et ce frottement l'a en même temps rendue un peu polie et glissante, ce qui forme une espèce de préparation; et quoique la graisse de l'encre ait pénétré dans l'intérieur de la pierre, néanmoins la surface, préparée par le frottement, présente un empêchement qui s'oppose à ce que la couleur d'impression puisse s'attacher au corps gras qui se trouve dans l'intérieur. Cependant, les endroits ainsi frottés ne sont qu'imparfaitement préparés, parce qu'ils montrent beaucoup de penchant à recevoir la couleur, et qu'on peut leur rendre entièrement cette propriété, comme on l'apprendra par la suite.

B. A cet exemple, se rattache en partie le cas où un dessin trop faible a été attaqué par l'action d'un acide trop fort, et en a souffert, sans cependant avoir été entièrement effacé; car, dans ce cas, la couleur est ordinairement enlevée par le cylindre, quand même elle se serait assez bien attachée en essuyant.

C. Une troisième espèce de préparation imparfaite, consiste en ce qu'une pierre montre du penchant à recevoir la couleur ou à maculer aux endroits préparés. Cela arrive souvent partiellement, mais souvent aussi sur toute la superficie. Dans ce dernier cas, *l'on dit ordinairement que la pierre a reçu une teinte.*

La raison de ce phénomène peut provenir, ou de ce qu'un corps gras qui était dans l'intérieur de la pierre, vient à se reproduire sur sa surface, ou de ce que la préparation a été en partie anéantie par un mauvais procédé.

Il se présente ici plusieurs nouvelles observations.

I°. On peut, par le simple frottement avec de l'eau claire, quand la matière dont on se sert pour opérer ce frottement est convenable, donner à la pierre une sorte de préparation, qui n'est à la vérité qu'imparfaite, mais qui peut être changée avec beaucoup de facilité en une préparation parfaite, comme on le démontrera plusieurs fois dans la suite de cet ouvrage.

Cette préparation imparfaite est plus ou moins sensible, à proportion que la pierre est plus ou moins attaquée par le corps dont on se sert pour frotter. La toile et le coton sont les matières qui produisent le moins d'effet. La laine et le poil des animaux, la soie ou le cuir mouillé en ont bien davantage. La couleur d'impression même, quand elle consiste en un vernis très-compact, ou qu'elle contient beaucoup de noir de fumée, exerce, à l'aide de l'eau et d'un fort frottement, la propriété de préparer et de polir la pierre. On la rend plus efficace encore en y mêlant du noir de Francfort ou du charbon pulvérisé, et en tenant la pierre bien humectée.

Cette propriété peut, à la vérité, être employée avec fruit pour produire des exemplaires bien nets, mais aussi elle peut être la suite d'un procédé maladroit. C'est pour cela qu'il est absolument nécessaire de se familiariser entièrement avec elle, et de s'instruire par différens essais; car je suis convaincu que la demi-préparation est la plus grande

(89)

difficulté qui arrête les lithographes commençans, et que c'est là principale raison qui empêche la réussite d'un très-grand nombre d'opérations.

II°. On parviendra à obtenir une demi-préparation plus prompte et plus durable, si l'eau renferme de la gomme, ou une matière qui en approche.

III°. On y parviendra encore plus promptement, si l'on emploie en même temps une faible préparation d'acides.

Il est vrai qu'une préparation plus forte rendrait l'apprêt de la pierre parfait; mais les autres places intactes en seraient attaquées, outre qu'il faut encore ici faire attention à ne pas rendre la pierre rude, ce qui arrive souvent, en voulant donner une seconde préparation avec des acides.

IV°. Vous donnerez également une demi-préparation, en frottant la pierre et en la polissant avec du grès et de la pierre ponce mouillés, ou en employant toute autre manière de la polir ; alors on peut aisément changer cette demi-préparation en une préparation entière, en se servant à cet effet de la gomme. Il est bon de remarquer ici qu'une pierre lithographique, quand on a enlevé la préparation par le frottement, peut, en la polissant légèrement avec de l'eau, recevoir la propriété contraire, c'est-à-dire, celle de prendre la couleur. On suppose, par exemple, qu'une pierre lithographique sur laquelle on a tracé des formes saillantes et que l'on a préparée, soit arrivée, par suite d'un mauvais procédé, à ne plus prendre de couleurs aux endroits tracés, il suffira alors de la frotter partout avec de l'eau et du sablé fin, ou de la nettoyer avec de l'huile de térébenthine, de manière à enlever de sa superficie toute la couleur d'impression. Vous la mettrez ensuite dans un vaisseau plein d'eau claire, après quoi vous la frotterez doucement et la polirez avec une pierre ponce bien nette, de façon à ne pas enlever le corps gras qui a pénétré intérieurement. De cette

12

manière, vous parviendrez aisément à lui faire prendre entièrement la couleur. En sorte que les exemplaires qu'on en tirera deviendront aussi beaux qu'au commencement de l'impression.

Qu'on prenne en effet un peu de la couleur ordinaire, mêlée de suie, qu'on l'étende sur une pierre, et qu'on en frotte un peu un chiffon propre, de toile ou de coton, qu'on passe doucement ensuite ce chiffon sur toute la surface de la pierre lithographique posée dans l'eau, l'on verra que cette couleur s'attachera peu à peu à tous les endroits tracés, quand même toute l'élévation du dessin, produite par l'action des acides, aurait été enlevée, et pour peu que le corps gras ait pénétré d'abord assez avant : ce qui, au reste, a ordinairement bientôt lieu par l'effet de l'impression. Aussitôt que la pierre aura parfaitement pris la couleur partout, au moyen d'un léger apprêt avec les acides et la gomme, elle sera parfaitement préparée, et alors elle recevra très-bien la couleur, même celle du cylindre d'impression.

Pour que cette expérience réussisse parfaitement, il faut surtout avoir attention qu'il ne se trouve point, en polissant, la moindre trace de couleur grasse, ni sur la pierre lithographique, ni sur la pierre ponce, parce qu'autrement l'action de polir, et le frottement qui en résulte, pourraient l'attacher aux endroits de la pierre qui doivent demeurer blancs. On doit de plus éviter, en frottant avec la couleur indiquée, d'appuyer trop fort, parce que les endroits d'où la gomme a été entièrement enlevée par l'eau, et qui, par conséquent, ont perdu une partie de leur apprêt, étant devenus susceptibles de recevoir la couleur, peuvent aisément se salir. Enfin, on doit faire attention que la pierre ne sèche pas avant qu'elle ne soit entièrement préparée par des acides et la gomme; car autrement elle pourrait aisément se salir entièrement, et devenir peu propre à toute espèce d'usage.

Le résultat de cette manipulation m'a conduit à l'expérience généralement démontrée, qu'en frottant doucement la pierre dans de l'eau claire, avec la couleur d'impression, à laquelle on fera bien d'ajouter du suif, on parviendra aisément à faire disparaître la demi-préparation, à lui donner la propriété de recevoir les corps gras, et à lui rendre ainsi une nouvelle vigueur aux endroits effacés. De même, un frottement plus fort, surtout avec du cuir, de la laine, ou une couleur épaisse, prépare la pierre qui se trouve dans l'eau, ou qui en est fortement humectée, et la rend incapable de recevoir l'impression du corps gras.

On emploiera donc avec avantage la première méthode pour faire revivre un dessin effacé, et l'autre pour enlever la crasse qui peut se former sur la pierre. Si la crasse s'est formée sur des places qui étaient auparavant tout-à-fait nettes et bien préparées, elle sera entièrement enlevée par cette méthode; mais si le corps gras qui est dans l'intérieur a seulement perdu sa préparation superficielle et a reparu, ce moyen ne sera qu'imparfait. Pour préparer la pierre, et donner à ce procédé la consistance requise, il sera nécessaire d'enduire ces places avec un léger apprêt d'acides et de gomme.

On voit aisément combien cette circonstance est importante, puisque, appliquant la même manipulation avec une différence de degrés, on produit des effets contraires. Je puis avancer qu'on ne peut être un parfait lithographe sans avoir acquis une entière connaissance, principalement sur ce sujet. C'est pour cela que je recommande sur ce point une attention particulière et une grande pratique.

V^e. On a déjà observé que toute espèce de préparation se perd par un second apprêt d'acides, et surtout par celui de l'alun et du citron.

Le Savon, les compositions alcaliques, et par conséquent aussi l'encre chimique, quand elle contient la quantité d'alcali suffisante, produisent le même effet.

VIe. Le repos des pierres lithographiques produit même des phénomènes importans, et souvent tout-à-fait opposés.

Quand les endroits effacés ne veulent plus prendre de couleur, et lorsqu'on verse de l'eau claire sur la pierre, elle s'en écarte aussi promptement que des places tout-à-fait grasses ; c'est le signe le plus certain qu'elles ont encore de la graisse, quoiqu'elle ne soit pas assez forte pour retenir comme il faut la couleur d'impression. En laissant cette pierre reposer pendant quelques jours, même quand elle est enduite de gomme, elle reprend souvent d'elle-même la couleur, quand on la noircit ensuite. Si, au contraire, une pierre lithographique a pris la crasse aux endroits bien préparés, l'on peut aisément l'enlever, en la frottant avec de l'huile de térébenthine et de l'eau gommée. Cependant, si cette crasse vient à reparaître, il suffira, après l'avoir nettoyée, de la noircir, de l'enduire de gomme, et de la laisser reposer ; elle perdra d'elle-même, au bout de quelques jours, la faculté de prendre la crasse.

La raison de ces deux phénomènes est celle-ci : dans le premier cas, le corps gras qui est dans l'intérieur s'introduit peu à peu sur la surface, qui n'est qu'à moitié préparée, et rétablit, pour ainsi dire, la communication interrompue avec la couleur d'impression ; et dans le second cas, la petite quantité de graisse qui n'est attachée qu'à la surface s'étend tellement dans l'intérieur, qu'elle perd tout son effet.

Ajoutez à cela, dans le dernier cas, que l'huile de lin et le vernis d'impression qu'on apprête en achevant de sécher à l'air, perd sa graisse et ne prend que peu ou point du tout la couleur. C'est cette observation qui m'a conduit à l'invention d'une composition de pierre artificielle ou du papier-pierre (*papirographie*), dont nous parlerons à la fin de cet ouvrage.

VIIe. Le frottement avec des corps secs et gras, par lequel la pierre lithographique à demi préparée prend entièrement la couleur, et celle qui l'est tout-à-fait, qui la reçoit partiellement, est en opposition avec celle qui provient du frottement avec un corps mouillé.

Comme toutes les propriétés de la pierre peuvent aussi-bien être employées pour parvenir au but proposé d'une bonne empreinte, comme on peut en faire une mauvaise et gâter le dessin, on peut, en employant à propos le frottement d'un corps gras et sec, faire revivre les endroits effacés, de même qu'on peut, en l'employant mal à propos, salir les endroits bien préparés. Nous traiterons par la suite plus au long ces deux articles.

§. 5. *Résumé du précédent.*

Comme la Lithographie consiste entièrement dans la préparation, il ne sera pas inutile, après ce que je viens de dire, d'exposer ici mes idées sur la manière dont on peut rendre ce procédé clair et palpable. Cela servira aussi de récapitulation pour la totalité.

1°. La pierre de chaux a, dans sa composition, une quantité innombrable de pores qui peuvent recevoir aussi-bien les corps gras que les substances aqueuses.

2°. Les unes et les autres peuvent, à la vérité, s'attacher aux parties proprement calcaires; mais on peut aussi les en séparer aisément, pour peu qu'on ne change point la nature de la pierre calcaire.

Ce qui a principalement lieu par l'acide sulfurique, le cristal de tartre, et l'acide phosphorique.

3°. L'eau s'évapore peu à peu des pores de la pierre, quand elle sèche, mais ni la gomme ni les autres substances visqueuses ne produisent cet effet.

4°. Les corps gras pénètrent toujours de plus en plus dans la pierre, et il n'y-a d'autre moyen de les en tirer entièrement, qu'en enlevant la matière calcaire, dans laquelle se trouvent les pores qui servent de réceptacle aux corps gras, soit en polissant la pierre, soit par l'action des acides.

5°. La couleur d'impression ne peut s'attacher à la pierre, aussi long-temps qu'une quantité suffisante d'humidité forme une séparation entre elle et cette pierre. En général, elle ne s'attache que faiblement aux parties proprement calcaires, et ne reçoit une forte attraction de la pierre, que quand ses pores sont remplis de graisse fortement liée avec eux, et avec laquelle la couleur d'impression se réunit volontiers, comme étant d'une même nature.

6°. Cette attraction plus forte, ou l'entière admission de la couleur, n'a donc lieu, que quand la couleur extérieure peut toucher et atteindre le corps gras qui est dans l'intérieur de la pierre; mais si celui-ci est plus avant dans cette pierre, en sorte que la communication entre le corps gras et la couleur soit interrompue à cause de la grandeur de l'intervalle, il devient plus difficile de la rétablir.

7°. La communication est interrompue en enlevant la couleur avec force et à l'aide d'un corps humide, ou par l'union avec la pierre, d'une matière qui resserre les pores.

8°. Plus les pores de la pierre sont rudes, aigus ou anguleux, plus la couleur trouve d'opposition : au commencement elle ne s'attache que mécaniquement à la surface; mais dans la suite, quand l'humidité qui empêche la couleur de se lier entièrement, et de pénétrer plus avant se dissipe, elle commence à s'introduire davantage et elle en remplit les pores. La couleur s'attache généralement en plus grande quantité aux places rudes; de là provient la raison pour laquelle, dans quelques méthodes, une pierre trop polie qui paraît tout-à-fait noire quand on l'a empreinte de noir, ne fournit pas cependant une épreuve bien marquée. C'est aussi pourquoi les empreintes des pierres molles sont ordinairement plus noires, surtout quand l'impression exige une couleur plus claire.

9°. L'effet des acides est en partie de polir davantage la surface, et en partie de resserrer et de remplir les pores : ces deux effets rendent la pierre moins susceptible de recevoir la couleur.

10°. Si, au contraire, la pierre est déjà préparée et polie, on peut, par l'action des acides, la rendre rude et susceptible de recevoir la couleur. On peut, par cette même action, détruire la superficie préparée, et rétablir une communication avec le corps gras qui est contenu dans l'intérieur. Ce qui dépend de la manière dont on emploiera ce procédé.

Cette explication suffisant généralement, nous expliquerons le tout plus clairement quand il sera question des diverses manières, et de la manipulation de chacune.

CHAPITRE IV.

DES INSTRUMENS ET OUTILS NÉCESSAIRES.

On emploie, pour les procédés lithographiques, différens vases et divers instrumens. Je ne parlerai ici que de ceux qui ont été inventés presque exclusivement pour cet objet.

§. 1er. *Des Plumes en acier.*

Un des instrumens les plus nécessaires à la Lithographie, est la plume en acier, pour écrire et dessiner sur la pierre. Quelque simple que soit au fond la manière de la confectionner, elle exige cependant beaucoup d'attention et d'adresse. C'est de la bonté de la taille que dépend en grande partie la beauté de l'écriture et du dessin lithographique. Le plus habile artiste ne peut, à l'aide de l'encre chimique, rien produire d'achevé, si sa plume n'est pas bien taillée et à sa main.

Il est donc nécessaire d'apprendre la manière de confectionner soi-même et de tailler ces sortes de plumes, parce que, indépendamment de la dépense, on pourrait difficilement s'en procurer qui fussent taillées à la main et à l'usage de l'artiste, si on les faisait faire chez un ouvrier en acier. On peut, à la vérité, se servir assez bien des plumes d'acier ordinaires, telles qu'on les trouve toutes faites dans les magasins de papeterie, pour des écritures et des dessins un peu grossiers; mais on est obligé de se servir de plumes beaucoup plus minces, pour les écritures et les dessins d'une plus grande finesse.

On les confectionne de la manière suivante:

Prenez un ressort de montre, qui ne soit ni trop étroit, ni trop large (sa meilleure largeur est d'une ligne et demie jusqu'à deux), nettoyez-le de toute graisse, en le frottant avec du sable ou de la craie pilée. Mettez-le dans un vase de verre ou de porcelaine, et versez dessus de l'eau-forte, à laquelle vous mêlerez autant d'eau, le tout en quantité suffisante pour couvrir entièrement le ressort. L'eau-forte commencera aussitôt à agir, et vous la laisserez mordre jusqu'à ce que le ressort ait perdu environ les trois quarts de son épaisseur, et soit devenu aussi souple qu'une bande semblable de papier à écrire, de moyenne qualité. Pendant l'action du corrosif on doit, de temps en temps, retirer le ressort et le sécher avec du papier brouillard. Ce qui sert à rendre l'action du corrosif plus uniforme.

L'acier dont est composé cette sorte de ressorts, est rarement partout le même, et j'ai observé quelquefois qu'il n'éprouvait pas l'action du corrosif d'une manière uniforme, et qu'il était troué en plusieurs endroits avant d'avoir obtenu l'effet proposé. Mais j'ai reconnu que cela dépendait principalement de la nature de l'eau-forte, par la raison que je parvins à polir les mêmes ressorts d'une manière uniforme en prenant l'eau-forte chez un autre marchand.

Le corrosif a mal opéré sur le ressort, si l'on trouve dessus une quantité d'élévations ou bien d'enfoncemens et de trous. Le premier paraît provenir de ce que le ressort n'est pas suffisamment nettoyé; le dernier, de la qualité de l'eau-forte.

On peut aussi employer, pour amincir les ressorts de montre, l'acide muriatique, ou l'huile de vitriol délayée dans l'eau.

Celui qui a une main très-légère peut rendre ses plumes très-minces en employant le corrosif, et pourra, par ce moyen, tracer des dessins plus fins. Mais il faut qu'elles soient un peu plus fermes pour une main plus lourde, parce que autrement, les traits qu'on en tirerait seraient *tremblés.*

Quand les ressorts ont pris le degré d'épaisseur convenable, vous les retirez du corrosif, les séchez bien, et les nettoyez de nouveau avec du sable fin, pour qu'ils ne se rouillent pas. On les coupe ensuite avec une bonne paire de ciseaux d'acier, en morceaux de deux pouces de longueur. Il faut alors leur donner une forme demi-ronde et creuse : cela s'opère en posant ces morceaux d'acier sur une pierre unie, et les frappant sur toute leur longueur avec un petit marteau d'horloger, dont le côté le plus large finisse en s'étrécissant et s'amincissant, et soit pourtant bien arrondi. L'on continue ainsi jusqu'à ce que le ressort prenne la forme creuse : on y parviendra plus aisément en mettant, sur la pierre, une ou deux feuilles de papier. On peut aussi, au moyen d'une lime, faire dans une pierre une petite rigole à demi-ronde, on y pose le petit morceau de ressort, on verse dessus une goutte d'huile d'olive, et on le polit avec un instrument d'acier, semblable à un brunissoir de graveur en taille-douce, bien arrondi, en appuyant çà et là de la manière convenable. On parviendra ainsi à faire prendre à la plume la forme de la rigole, et elle s'arrondira. Il est indifférent de quelle méthode on se sert à cet égard, toutes demandent également de la pratique. On doit seulement observer que le degré de rondeur dépend aussi de la main du dessinateur, et que l'un trouve la plume meilleure quand elle est moins creuse, tandis que l'autre écrit mieux avec une qui l'est davantage.

Moins la plume est courbée, plus, à l'usage, elle ressemble à un pinceau; mais les deux pointes s'ouvrent moins quand on appuie un peu plus dessus. Au contraire, celle qui est plus courbée est plus dure, et les pointes s'ouvrent quand on appuie dessus. C'est aussi par des essais et par la pratique, qu'on doit apprendre à connaître la meilleure espèce.

Quand on a courbé la plume, il faut la couper. Au moyen d'une paire de ciseaux du meilleur acier, bien aiguisée, on y fait une fente d'environ une ligne de longueur, dans le milieu d'un de ses bouts. Alors on ôte peu à peu assez de matière des deux parties du bec séparées par cette fente, pour donner à la plume la forme nécessaire, et rendre les deux pointes assez fines. Il ne faut pas trop couper à la fois, parce que la partie qui se trouve vers le milieu pourrait aisément se courber, et qu'alors il faudrait la redresser, ce qui exigerait une adresse particulière. Il est bon de faire cette opération en commençant par le bas, ou bien de la pointe, au corps de la plume.

Une plume bien taillée doit avoir ses deux pointes très-égales, se toucher entièrement vers le bout, et poser en même temps sur la pierre, dans la position que prend la main; on peut parvenir à ce but au moyen de la coupe seule, mais néanmoins on peut s'aider en employant une pierre à aiguiser d'un grain très-fin.

Une plume nouvellement taillée est quelquefois trop rude, et attaque la pierre, ce qui introduit de la poussière à la pointe, et nuit au dessin. Cela se passe ordinairement en faisant quelques traits sur la pierre; la meilleure plume se gâte à chaque instant quand les commençans s'en servent pour écrire, parce qu'ils lui font prendre de la courbure vers la pointe. Alors on a besoin de les redresser; mais il faut pour cela de la pratique et du jugement. On ne peut décrire ce procédé, parce que l'espèce de courbure est variée de mille manières.

La seule remarque à faire, est que les deux points doivent, à la vérité, se toucher vers les extrémités, mais que plus haut elles ne doivent pas se serrer et se nuire dans leur mouvement, parce qu'autrement, à chaque trait, une pointe se mettrait derrière l'autre. Il est même quelquefois bon, quand on le peut, de laisser un petit jour à travers la fente à partir de la pointe. Quelques-uns même, par cette raison, en coupent un peu dans le milieu, ce qui n'est pas aisé, exige une grande adresse, et une excellente paire de ciseaux, quand on ne veut pas faire une trop grande ouverture, qui gâterait toute la taille. Pour tirer des lignes on peut se servir d'un tire-ligne, destiné à cet usage, que l'on peut serrer à vis plus ou moins pour peu que ses pointes soient de bon acier, afin qu'on puisse les aiguiser bien fines et bien minces. Mais néanmoins, dans beaucoup d'ouvrages qui consistent en traits croisés, il vaut mieux se servir de plumes d'acier plus solides, et telles que je viens de les décrire.

Il arrive quelquefois qu'une ordure ou un peu de poussière s'attachent à la pointe de la plume, alors elle cessera aussitôt de marquer, surtout quand il s'agira de tracer des lignes fines, où elle ne donnera pas d'encre en assez grande quantité. Elle peut, par la même raison, tracer des lignes beaucoup plus grosses, ce qui serait une grande faute dans de semblables ouvrages. En général, de tous les ouvrages à la plume, le plus difficile est de tirer des lignes bien fines et bien égales avec la règle. J'y ai le mieux réussi en me servant d'une plume d'acier un peu plus ferme, que j'ai coupée auparavant, ou aiguisée de manière que ses deux pointes touchaient en même temps la pierre, d'après leur position, qui était celle à laquelle j'étais accoutumé de tenir ma plume pour tirer des lignes. Il est clair qu'on tient la plume de côté et obliquement par rapport à la règle, et non pas perpendiculairement sur sa direction. Il est bon que l'on puisse voir un peu au travers la fente parce que la circulation de l'encre en est facilitée.

§. 2. *Des Pinceaux.*

Dans la Lithographie on se sert du pinceau pour différens usages, tels que pour faire un fond, essuyer la poussière sur les pierres, et les préparer, etc., mais il est question ici principalement des petits pinceaux dont on a besoin pour tracer les écritures et les dessins. On prend à cet usage la meilleure et la plus petite espèce de pinceaux, dont on se sert pour peindre en miniature. Il est nécessaire de les préparer avant de s'en servir.

Si l'on veut que le pinceau fasse des traits plus forts en appuyant plus fortement, la manière dont ils sont ordinairement préparés, et par laquelle tous les poils se terminent en une seule pointe fine, sera suffisante; mais les traits d'une égale grosseur sont difficiles à faire sur-le-champ avec de tels pinceaux.

Pour parvenir à ce but, prenez le pinceau, tenez-le sur la table, et séparez les poils avec un couteau, dans leur longueur : alors vous les couperez un peu de chaque côté, environ de la largeur d'une demi-ligne, puis vous tournerez le pinceau d'un autre côté, et le séparant encore une fois, vous couperez les poils des deux côtés; en continuant ce procédé jusqu'à ce qu'il ne reste dans le milieu que dix à douze poils

dans toute leur longueur, et alors vous les couperez également à l'extrémité de leurs pointes.

Les poils que l'on laisse intacts ne doivent pas être tout-à-fait ceux
du milieu, pour que le pinceau soit parfaitement bon ; il ne faut pas
non plus qu'ils s'écartent trop les uns des autres, afin qu'ils s'unissent
bien quand on les trempera dans l'encre, ni qu'ils soient trop serrés
l'un contre l'autre, afin que l'encre puisse couler aisément au travers.
On peut, à l'aide d'un semblable pinceau, exécuter aisément des dessins
très-beaux, et qui ressemblent aux gravures en taille-douce.

On se sert de pinceaux plus gros, et auxquels on a laissé une plus
grande quantité de poils, pour faire des traits plus grossiers.

§. 3. *Des Pointes.*

Elles servent, dans les formes creuses, à dessiner sur la pierre, et
doivent être faites de l'acier le plus fin et le mieux trempé. De bons
burins, que l'on arrondit, sont les plus propres à cet usage. On se
sert aussi à Munich de petites vrilles d'horloger, à cinq angles, collées
entre deux morceaux de bois qu'on arrondit en forme de crayon, et
que l'on coupe à l'extrémité, de manière qu'on ne peut apercevoir
qu'un peu de la pointe. On a besoin de pointes un peu plus fortes pour
les traits plus larges qui exigent plus de force.

Il est bon d'arrondir entièrement les pointes en les aiguisant pour
faire des traits fins, surtout quand on veut les tourner facilement en
tous sens, comme, par exemple, pour le feuillé du paysage.

§. 4. *De la Machine à dessiner, ou Pantographe.*

Pour transporter très-exactement, et en sens inverse, les dessins sur la pierre, ce qui est nécessaire, surtout, pour les cartes de géographie et les plans, on se sert d'un pantographe, en ayant soin que la pierre soit renversée et assurée dans sa hauteur. La pointe qui dessine est alors tout-à-fait en sens inverse de celle dont on se sert à la main, et en copiant exactement par le bas les lignes de l'original, il se forme au haut de la pierre une copie fidèle, mais opposée et en sens inverse. On peut commander de telles machines à dessiner chez MM. Libherr et Compagnie, à Munich.

Cet habile mécanicien confectionne aussi une espèce de cicogne d'une invention particulière, avec laquelle on peut transporter les dessins sur la pierre aussi-bien dans leur vrai sens qu'en sens inverse, et dans la proportion qu'on veut leur donner. On peut se procurer chez lui des plans de ces machines.

§. 5. *Des autres Instrumens.*

Ils consistent en une table à polir, une caisse aux acides, quelques règles; une table à écrire, quelques pointes pour faire les notes, et des pattes pour ceux qui veulent imprimer des œuvres de musique, une petite brosse pour la manière *par injection,* plusieurs cylindres et tampons pour transporter la couleur, et enfin quelques presses pour mouiller et apprêter le papier.

Une table à polir les pierres : toutes les tables solides, à la vérité, sont bonnes pour cela; cependant il vaut mieux s'en faire faire une destinée particulièrement à cet usage, qui soit en état, par son épaisseur et sa solidité, de résister à la force qu'on emploie nécessairement dans ce procédé. Il faut la disposer de manière à pouvoir y bien fixer les pierres. Si ce travail se fait dans une chambre, il faut, pour la propreté, que cette table ait de la pente vers le milieu, et qu'il y ait un trou pratiqué par où l'eau s'écoule et tombe dans un vase placé au-dessous. On garnit la table de petites baguettes sur les côtés, afin que le sable fin et l'ordure ne salissent pas l'appartement.

La caisse aux acides est une caisse carrée, bien goudronnée, dont le fond est aussi un peu creusé vers le milieu, afin que l'eau forte ou les acides s'y réunissent et puissent s'écouler par un trou pratiqué à cet effet, et tomber aussi dans un vase placé dessous la caisse, et dont on puisse les puiser pour en arroser plusieurs fois la pierre.

Il faut que cette caisse soit assez grande pour contenir commodément la pierre, qui ne doit pas toucher au fond, mais reposer sur deux petites tringles de bois.

On a besoin, outre les règles ordinaires, d'une grande règle de la longueur de trois à quatre pieds sur cinq pouces de largeur, et de l'épaisseur, d'un côté, d'un demi-pouce, et de l'autre, de deux lignes seulement. Il doit y avoir une baguette de poirier bien unie sur ce dernier côté ; cette règle peut encore servir à tracer des lignes, quoique son véritable usage soit pour poser les mains dessus quand on dessine sur la pierre, surtout dans les cas où l'on ne doit pas toucher la pierre ni avec la main, ni avec les bras. Celui qui a une fois l'habitude de dessiner sur la pierre du haut de la règle en bas, pourra juger de la facilité que cela lui procure.

Si la table est disposée de manière qu'il y ait des baguettes sur les côtés, assez fortes pour que la règle ne touche point la pierre, et qu'elle n'en soit éloignée que de deux lignes, ni plus ni moins, on n'a pas besoin d'autres *supports ;* autrement, on a deux de ces baguettes, que l'on place près de la pierre quand on travaille, afin de poser la règle dessus.

Une table fabriquée ainsi a encore l'avantage de pouvoir avoir une cible mouvante au milieu, sur laquelle on pose la pierre que l'on peut, de cette manière, faire mouvoir et tourner à volonté, ce qui, sans cela, serait difficile, surtout pour les pierres pesantes.

L'instrument à notes (*Noten-Tupfer*), est un petit tuyau de cuivre ou d'argent, ayant au bas la forme des notes de musique, et qui peut contenir une quantité d'encre chimique suffisante pour faire environ vingt corps de notes sans être obligé d'en remettre. Afin qu'il ne prenne pas plus d'encre qu'il ne faut, ce qui emplirait le corps de la note, et l'étendrait trop, on pratique, dans le milieu de sa cavité, un fil d'archal bien fin, qui laisse assez d'espace pour recevoir l'encre. Ces petits tuyaux doivent être très-polis, bien unis, et égaux, ainsi que le fil d'archal qui passe au travers.

Il faut aussi être doué de beaucoup d'adresse, sans quoi on serait exposé à faire des marques inégales.

On peut, au lieu de cet instrument, se servir d'un petit morceau de bois, mais alors il faut à chaque fois le tremper dans l'encre ; et, afin de ne pas l'enfoncer trop, on prendra un peu d'encre, qu'on étendra sur une pierre, et l'on trempera ainsi le morceau de bois. On commence toujours par l'enfoncer de trois lignes dans l'encre, afin qu'elle s'introduise à cette hauteur, après quoi on se contentera de la toucher légèrement, avant de le poser sur la pierre. De cette façon les corps de notes se font d'une manière très-uniforme. Les commençans travaillent plus aisément avec cette espèce de marqueur (*Tupfer*) ; mais l'on travaille plus vite avec la seconde, et l'on fait des marques plus égales. Je n'ai rien à dire de la patte, si non qu'elle doit être d'acier et unie à ses extrémités ; elle doit toucher la pierre sur tous ses points, et être bien polie. Cet instrument sert à tirer les cinq lignes des notes. J'ai déjà parlé des règles servant aux lignes simples. Pour former les croches, ou les traits plus larges des notes, on peut faire usage de plumes plus larges, ou de plumes en acier, taillées en gros. Le mieux, cependant, est de faire usage d'une espèce de tire-lignes à trois branches.

Nous dirons à quoi servira la petite brosse, quand il sera question de la manière à injection.

Les cylindres à couleur et les tampons servent à donner la couleur. Ces derniers sont comme les tampons ordinaires d'imprimerie, d'un cuir mou, rembourrés de crins. Mais les premiers sont des cylindres en bois avec des anses d'une longueur convenable, et de l'épaisseur de quatre à cinq pouces. On les entoure de flanelle en double ou en triple, et on les recouvre très-exactement de cuir. On prend ordinairement pour cela de la peau de mouton, dont on n'a pas entièrement extrait l'huile de poisson. Le cuir de veau corroyé en blanc est bon, et encore plus solide. La peau de chien est regardée comme ce qu'il y a de meilleur.

Quelques imprimeurs se servent aussi de peau de veau, fine et corroyée en rouge, et la tournent à l'envers. Il ne faut pas coudre la peau avec du fil, mais avec de la soie, parce qu'autrement la couture salirait la pierre, et que le fil n'enlève pas à beaucoup près la couleur de la pierre aussi-bien que le cuir ou la soie. On mouille le cuir quand on recouvre le cylindre.

Il faut avoir une assez bonne provision de ces cylindres, parce qu'à l'usage ils sont sujets *à prendre l'eau,* et qu'alors ils perdent de leur élasticité, et ne peuvent plus fournir de bons exemplaires. C'est pourquoi il faut en changer de temps en temps, et en reprendre de plus secs.

Il ne faut pas que les anses des cylindres soient mobiles, parce qu'ils roulent trop aisément sur la pierre, et qu'alors l'on n'a pas la facilité d'étendre comme il faut la couleur. Néanmoins, pour ne pas se faire d'ampoules aux mains, on pratique de petites boîtes d'un cuir épais.

On peut, dans ce procédé, tenir le cylindre ou plus fortement, ou plus légèrement, à volonté, et par là, donner une couche de couleur plus forte, ou l'étendre davantage, et l'égaliser dans les endroits où il y en aurait trop. Nous reviendrons sur ce sujet quand il sera question de la manière à formes saillantes.

Les presses à papier sont nécessaires, tant pour donner au papier une égale humidité, que pour donner l'apprêt nécessaire à celui qui est imprimé. On en verra des modèles chez les imprimeurs, ainsi que chez les relieurs.

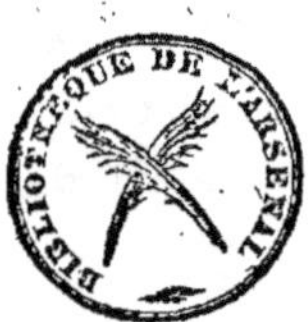

CHAPITRE V.

DU PAPIER.

Il y a principalement trois sortes de papier qu'on emploie dans la Lithographie, à différens usages, savoir :

A. Le papier transparent, huilé ou vernis.

B. Le papier à enveloppe ou brouillard.

C. Le papier proprement dit à imprimer.

§. 1er. *Du Papier transparent, et de la manière de transporter les contours sur la pierre.*

Le papier huilé sert à copier exactement les dessins en les calquant, afin de pouvoir les transporter ensuite sur la pierre, par le moyen de l'impression ou du dessin ; pour qu'il soit bon, il faut qu'il ait les propriétés suivantes :

1°. Quand on le pose sur l'original que l'on veut copier, il ne faut pas qu'il puisse le salir ; il faut donc qu'il soit parfaitement sec.

2°. Il faut qu'il soit transparent comme le verre, afin que l'on puisse parfaitement voir le dessin ou la peinture, ce qui est très-nécessaire pour l'exactitude de la copie.

3°. La pointe, l'encre ou le crayon dont on se sert pour calquer doivent bien marquer, et les traits doivent y paraître distinctement. Le meilleur papier est celui qui paraît le plus propre aux ouvrages auquel on le destine, soit en se servant d'un pinceau fin et de l'encre de la Chine, ou pour transporter, sur-le-champ, le dessin sur la pierre lithographique, au moyen de l'encre chimique en liqueur.

Le papier dit *papier naturel à calquer*, et presque tous les papiers qui sont transparens par le simple effet de l'huile sans préparation, remplissent à peu près cet objet. Mais le papier vernis qui est beaucoup plus transparent, doit être lavé d'abord avec du lait, ensuite séché, afin qu'il prenne bien la couleur, et que l'on puisse y dessiner aisément les traits les plus fins.

4°. Enfin, un bon papier à calquer doit être très-fin, très-doux, très-souple, et cependant ne pas être cassant. Il y a une espèce de papier vernis transparent qui se casse au moindre pli, ce qui rend difficile le transport du dessin sur la pierre, au moyen de la pointe à calquer, parce qu'il se forme des fentes dans le papier presque à tous les traits, et que les lignes et les contours n'ont point la finesse requise.

On peut apprêter de bon papier et très-transparent, en s'y prenant de la manière suivante :

On prend le papier à lettre le plus fin, ou du papier vélin, on l'imbibe d'huile de noix ou de pavot, dans laquelle on a mêlé auparavant un peu *de sucre de Saturne pilé,* afin d'en faciliter la dissécation. Quand la feuille est bien imbibée d'huile, on la sèche un peu avec du papier brouillard, et on la suspend ensuite pour la faire sécher entièrement. On peut ordinairement s'en servir dans l'espace de quelques jours. Ce papier ressemble assez, par son transparent, à celui que l'on se procure chez les marchands papetiers, sous le nom de papier à calquer, mais il est bien meilleur marché. On obtient un papier plus transparent encore en apprêtant un vernis cuit dont on l'imbibe, au lieu d'huile. Le sucre de Saturne sert également dans ce procédé à le faire sécher plus aisément. On peut encore délayer le vernis avec de l'huile de térébenthine, afin d'en faciliter l'usage, et que le papier s'en imbibe plus aisément. Si l'on veut confectionner à la fois une plus grande quantité de ce papier, on en pose une feuille sur l'autre, et on les enduit de vernis.

On couvre ensuite tout le papier d'une pierre ou d'une planche, et on le laisse pendant quelque temps en cet état, afin qu'il s'imbibe du vernis également. On suspend ensuite les feuilles, chacune à part, afin de les faire sécher. On ne doit pas ménager le vernis pour les rendre transparentes; néanmoins le trop deviendrait nuisible. Il faut encore faire attention que des gouttes ne suffisent pas, et qu'il faut l'étendre d'une manière uniforme sur les feuilles, au moyen d'un pinceau, avant de les suspendre.

Le papier serpente qu'on pose ordinairement entre les gravures, pour empêcher qu'elles ne se maculent, surtout quand l'impression est fraîche, est encore meilleur pour vernir, parce qu'il reste plus fin. Il faut surtout qu'il soit très-uni, et qu'il n'ait pas de trous. Il est fort à propos qu'il ait une très-grande finesse, pour que les traits que l'on trace ensuite sur la pierre avec la pointe à calquer, ne soient point trop forts, mais qu'ils soient au contraire aussi déliés que possible.

On peut aussi, au lieu d'employer le vernis d'huile de pavot ou de noix, prendre de la térébenthine de Venise, que l'on délaye avec le double d'essence de térébenthine. Un papier vernissé ainsi est ordinairement sec en deux fois vingt-quatre heures. Néanmoins, il ne faut pas en préparer une trop grande quantité, parce qu'au bout d'un certain temps, il se coupe et se casse aisément.

Il arrive quelquefois néanmoins, malgré que le papier soit très-transparent, que de certains dessins tracés très-légèrement, principalement lorsqu'ils sont colorés, ne paraissent pas assez distinctement. On peut alors, en plaçant le dessin et le calque sur une vitre, repasser ainsi sur les objets trop faibles; mais cette manière de dessiner est très-incommode, et on ne la peut continuer long-temps. Afin donc de réunir l'avantage d'un jour qui rend les objets plus distincts, avec la commodité nécessaire, je conseillerai plutôt de faire faire une planche à calquer, dans le milieu de laquelle est un verre qui doit réunir la force à la netteté. On pose le dessin dessus, et l'on place dessous le verre une glace qui rejette d'en-bas et par derrière, le jour sur ce dessin. On doit former, par le haut, une ombre légère, qui, frappant un peu sur le haut du dessin, fait que le jour qui s'insinue par derrière a plus d'effet.

Quand le dessin est exactement copié sur la feuille à calquer, on la colore très-légèrement et très-uniment par derrière avec du crayon rouge, ou dans quelques cas, avec de la mine de plomb et de la sanguine raclée. On l'attache ensuite par les coins sur la pierre lithographique, avec de la cire à coller, et l'on calque ainsi, avec une pointe d'acier bien arrondie et bien polie, tous les traits déjà tracés, en appuyant légèrement sur ces traits, ce qui fait détacher la couleur qui est derrière le calque, laquelle alors s'attache à la pierre et lui transmet tous les contours du dessin. Si la pointe était trop coupante, elle endommagerait le papier, et souvent même la pierre, ou au moins l'apprêt qui est sur sa surface.

Il est donc nécessaire d'étendre la couleur très-légèrement sur le papier, et aussi de l'essuyer avec un linge fin, en sorte qu'elle ne forme pas de trop gros traits.

On peut colorer le dos du papier, ou bien le côté sur lequel on a tracé. Cela dépend du sens qu'on veut donner à son sujet. Si on veut qu'il vienne à l'impression du sens de l'original, on colorera le côté où l'on a tracé, pour le décalquer ensuite à l'inverse sur la pierre, en suivant les traits que l'on aperçoit au travers du papier, et du côté opposé à celui qu'on a frotté de sanguine et de mine de plomb.

Il est clair que l'on ne doit copier que les contours et une légère indication des formes intérieures, et non chaque trait des ombres : la copie des détails ne ferait qu'embrouiller l'ensemble, et y jeter de la confusion. En général, un habile dessinateur n'a besoin que des principaux traits, pour copier une figure avec la plus grande exactitude.

Il est à propos, dans quelques circonstances, de transporter tout d'un coup le dessin du calque sur la pierre, sans en marquer les traits au moyen de la pointe à calquer; dans ce cas, on ne colore pas le dos du dessin avec le crayon rouge, et on se contente de poser le papier, tantôt à sec et tantôt après l'avoir mouillé, sur la pierre que l'on a préparée à cet effet; après quoi on le met en presse.

Si le dessin a été fait avec l'encre chimique, servant à transporter, et à laquelle, au moyen du noir de fumée ou du cinabre, on donne à volonté la couleur noire ou rouge, elle donnera son empreinte à la pierre au moyen de l'impression. Ce procédé peut avoir lieu lorsque la pierre est propre et préparée pour les dessins à la plume, soit que le dessin ait été fait avec du crayon rouge (sec ou mouillé) ou avec de la mine de plomb. Même l'encre ordinaire, préparée avec de la noix de galle et du vitriol de fer, peut se transporter sur la pierre pour peu qu'elle contienne un peu de sucre ou de gomme, en observant néanmoins que la pierre soit bien humectée et la presse bien tendue.

Quand le transport a eu lieu, il faut, lorsque l'on opère avec la plume, nettoyer la pierre du trop de couleur, qui nuirait au dessin véritable, qu'on doit ensuite entreprendre, en la frottant légèrement avec du sable fin. Cela n'a pas lieu dans d'autres manières. La surabondance de couleur qui pourrait s'être attachée à la pierre au moyen du calque à la pointe, s'enlève en l'essuyant avec un pinceau léger.

Quand on veut, en faisant usage du transport, avoir un dessin dont l'exemplaire tiré de la pierre, soit en sens inverse de l'original, et qui représente celui-ci comme si on le considérait dans un miroir, il faut le calquer sur un autre papier, et au moyen de l'impression, on le transportera ensuite sur la pierre.

Je finis par remarquer que dans les ouvrages plus délicats, on peut au lieu de papier vernis, se servir *de la pellicule de batteur d'or,* et que les petites épingles sont ce qu'il y a de mieux pour attacher le papier à calquer sur le dessin original.

§. 2. *Du papier à enveloppe,* dit *Maculature.*

On fait quelquefois usage de ce papier pour nettoyer les pierres lithographiques, principalement pour servir de hausse pendant l'impression.

Quand le papier à imprimer doit l'être des deux côtés, comme pour les notes, les tables, etc., ordinairement le papier de hausse prend un peu de la première impression, et si l'on voulait s'en servir sur-le-champ, il maculerait et redonnerait cette couleur à la feuille suivante, et par conséquent salirait le travail. Pour éviter cet inconvénient, il faut, à chaque épreuve, prendre une nouvelle feuille de papier pour servir de hausse.

Ce papier de hausse ne doit pas être rude; dans ce cas, il

occasionerait une inégalité, ou même des trous dans le cuir qui se trouve au chassis, ou au racle, par lequel l'impression a lieu.

On doit avoir une assez grande quantité de ces feuilles, pour en prendre de nouvelles, jusqu'à ce que les premières soient séchées comme il faut, et ne communiquent plus de couleur. On doit donc les suspendre à mesure qu'on s'en sert, et n'en mettre que trois ou quatre l'une sur l'autre. De cette manière, l'air pourra les mieux sécher et beaucoup plus promptement. On a besoin, pour ce procédé, aussi bien que pour celui de faire sécher les impressions, d'un endroit où l'on puisse les suspendre. On pose à cet effet des traverses en bois, ou bien l'on tend des cordes éloignées d'environ un pied du plafond, et d'un pied entre elles, et l'on s'en sert à suspendre les feuilles, à l'aide d'une perche faite pour cet usage, telle que l'on en trouve dans toutes les imprimeries.

§. 3. *Du Papier à imprimer.*

Toutes les espèces de papier ne conviennent pas également à la Lithographie, mais cependant elles ne diffèrent que très-peu de celles de l'imprimerie des livres, ou de celle en taille-douce. Le papier qui fournit de bons exemplaires dans ces deux genres d'impression, convient aussi à la Lithographie, pour peu qu'il ne soit pas rempli d'ordures, de grains de sable, ou d'autres objets qui forment une élévation marquante sur sa superficie. De telles inégalités, lorsqu'elles sont considérables, font un effet nuisible, non-seulement sur l'impression, mais encore sur le cuir tendu sur le chassis, ainsi que sur le racle. Si le racle est en bois, le cuir en souffre moins, mais il en résulte un enfoncement dans le racle qu'il faut nécessairement rendre uni en ayant soin de le bien rabotter. Sans cette précaution, à chaque

nouvelle impression on aurait une bande, plus ou moins large, qui ne serait que mal ou même point du tout marquée, et qui prendrait toute la
longueur de l'imprimé. Si le racle était en métal, on courrait risque
de trouer le cuir; la pierre elle-même pourrait être endommagée, si le
papier contenait des particules très-dures. Il est donc à propos de considérer rapidement chaque feuille à la lumière, soit lorsque l'on mouille le
papier, ou que l'on s'en serve pour l'impression, afin de pouvoir en détacher,
avec un petit couteau pointu, les plus fortes ordures qu'on y remarque.

En général, le papier épais bien doux et bien uni, mais sans colle
ou à demi-colle, est regardé comme le meilleur pour l'impression en
taille-douce : ce qui peut bien s'appliquer également à la Lithographie.
On ne doit pas imaginer pourtant que, comme dans la taille-douce, on
ne puisse tirer également de bons exemplaires en se servant de papier collé.
J'ai souvent vu des exemplaires tirés sur du papier collé, qui étaient ex-
cellens et même meilleurs que ceux qu'on avait tirés en même temps sur
du papier sans colle; cela dépend surtout de la manière de mouiller le papier, de celle dont il est fabriqué, et principalement de l'espèce de colle
qu'on emploie. Quand le papier est très-collé, il faut le tremper beaucoup
plus long-temps.

J'ai tiré, avec le meilleur papier vélin anglais, et bien collé, des exemplaires bien plus noirs que ceux que j'obtenais en employant à cet effet
d'excellent papier suisse à taille-douce, en sorte que je n'avais besoin que
de la moitié de la couleur, parce que les imprimés auraient été sans
cela trop fortement colorés. Je n'ai pu au contraire, malgré tous mes
soins, tirer que des exemplaires imparfaits sur du papier vélin anglais,
qui n'était que trop bien collé, et dont la couleur était un peu bleuâtre.
Ce même papier était très-difficile à humecter. Il fallait frotter chaque
feuille à part avec de l'eau, la retourner souvent, et la mettre au
milieu d'autres pour égaliser une grande quantité de plis survenus en

la mouillant. J'éprouvai d'aussi grandes difficultés à me servir de quelques espèces d'excellent papier de Hollande, parce qu'il ne prenait pas volontiers la couleur. Si néanmoins l'on parvient à donner à ce papier, en le mouillant, le degré nécessaire d'humidité, et si la couleur répond à cette préparation, on pourra l'employer avec succès.

Je dois citer ici une circonstance qui pourrait rendre inutiles tous les efforts et les soins d'un lithographe inexpérimenté, s'il lui arrivait de se servir pour l'impression d'une espèce de papier, qui est à la vérité très-beau, très-solide et très-bien collé, quoiqu'un peu rude, mais dont l'odeur approche de celle du miel et de l'urine. Il porte quelquefois le nom de Kühnel frères, et sort d'une fabrique française. Ce papier a la propriété d'enlever l'apprêt de la pierre, et par conséquent de la salir. J'espère, avec le temps, trouver un remède à cet inconvénient, dont il faudrait se servir ou dans la couleur, ou dans l'eau avec laquelle on humecte la pierre, ou bien en mouillant le papier. Je n'ai pas eu, jusqu'ici, de preuves suffisantes de l'efficacité de ce remède ; mais, quant à la propriété que je viens de citer, elle est confirmée non-seulement par ma propre expérience, mais encore par celle de tous les lithographes de la Bavière ; et l'on ne peut employer cette sorte de papier que pour l'impression sèche, dans laquelle on n'a pas besoin de le mouiller.

On dit que cette propriété de salir la pierre, provient d'une blanchisserie chimique ; d'autres l'attribuent à une espèce particulière de colle. Peut-être que ces deux raisons ensemble produisent cet effet. Il a également lieu dans l'usage de différentes espèces de papiers colorés, lorsqu'il entre beaucoup d'alun dans les couleurs de ces papiers, ou qu'elles sont mêlées de savon, d'alcali, ou seulement rendues unies par le savon. Au reste, il est aisé d'éclaircir ce fait, en faisant attention à ce que nous avons dit sur la préparation des pierres lithographiques, et sur les moyens d'enlever ces taches et de les faire disparaître.

(115)

§. 4. *De la manière de mouiller le Papier.*

On peut, à la vérité tirer des exemplaires avec du papier sec ; souvent même cela est indispensable dans de certains ouvrages, pour n'en pas gâter l'apprêt, tels que les têtes de registres, de lettres, etc., dont on fait usage dans les chancelleries du Gouvernement. Mais en général, le papier d'imprimerie dont on se sert, tant pour l'impression ordinaire des livres, que pour l'impression de taille-douce et pour la Lithographie, doit être mouillé, c'est-à-dire, humecté, afin de le rendre plus doux et plus mou, et de lui faire prendre plus aisément la couleur.

D'après ce que nous avons dit jusqu'à présent sur l'impression chimique, où nous avons établi que l'humidité était contraire à la réception de la couleur, on serait tenté de croire que l'humidité du papier empêcherait plutôt qu'elle ne favoriserait cette réception. L'expérience prouve le contraire, attendu qu'un papier mouillé ou humecté prend beaucoup plus volontiers la couleur que lorsqu'il est parfaitement sec.

Il ne s'ensuit pas de là que le papier mouillé fasse ici une exception à la règle générale; au contraire, si l'on y fait bien attention, tout ce que nous avons dit auparavant de la pierre lithographique se trouve également confirmé dans cet exemple.

Le papier entièrement net, surtout quand il n'est pas collé, si on le mouille entièrement avec de l'eau et qu'on l'en imbibe parfaitement, ne prend pas plus la couleur qu'une pierre préparée; mais là, comme ici, l'eau seule ne suffit pas à une entière préparation. Si l'on presse fortement, l'eau est aisément chassée des parties composant le papier; les endroits sujets à l'action de la presse se trouvent de nouveau par là dans un état qui approche de la sécheresse; alors la couleur s'y attache aisément, parce que l'obstacle est levé et que l'action de la presse contribue à faire attacher la couleur.

On doit imaginer aisément que, quand la pression n'est pas assez forte pour chasser suffisamment l'eau des places qui doivent recevoir l'impression, l'eau oppose alors sa résistance accoutumée, et que, dans ce cas, l'impression n'est qu'imparfaite. Plus la couleur d'imprimerie est ferme, et plus l'humidité offre de résistance, et plus aussi la presse doit être fortement tendue.

En général, l'expérience réitérée m'a fait faire les remarques suivantes:

Ire. Tout papier qui n'est pas sali par le contact des corps gras, peut, au moyen de l'eau, recevoir une préparation semblable à celle de la pierre lithographique. Dans ce cas, il ne prend pas la couleur. Le papier bien net entièrement sans colle, n'a besoin pour cette préparation que d'eau seule. Néanmoins, elle acquiert bien plus de consistance et de vertu au moyen des substances gluantes, gommeuses et acides. *Du papier imprimé sans colle, que l'on trempe dans leau et qu'on pose ensuite sur une pierre lithographique, en le frottant avec la couleur à l'huile, fera prendre cette couleur à tous les endroits soumis à l'action de la presse; et le papier lui-même restera blanc.*

IIe. Mais, afin que le papier ne perde pas l'apprêt qu'il aura reçu de cette manière, ce qui lui ferait aussitôt prendre la couleur, il faut éviter toute pression trop forte.

IIIe. Il est en outre nécessaire que la couleur à l'huile soit très-coulante, parce que, si elle était plus ferme, elle s'attacherait aux fibres du papier et les déchirerait.

En appliquant ces expériences à la théorie de l'impression, on obtiendra les conséquences suivantes :

A. Que le papier destiné à l'impression ne doit pas être trop mouillé, parce qu'autrement la plus forte pression ne suffirait pas pour chasser suffisamment l'eau.

B. Que du papier trop mouillé est sujet à rester attaché à la pierre aux endroits imprimés; qu'alors en voulant le retirer on est exposé à le déchirer, ce qui gâte en partie et quelquefois tout-à-fait l'impression.

C'est ce qui arrive d'autant plus aisément, quand la presse n'est pas assez tendue. Lors même que le racle qui effectue l'impression, où que la pierre elle-même n'est pas assez égale et unie, le papier, lorsqu'il est trop humecté, est sujet à se déchirer aux endroits qui ont été moins comprimés, parce que l'eau n'en a pas été suffisamment extraite. Par conséquent, ce papier reste mou et aisé à déchirer, parce que la pression est néanmoins assez forte pour s'accrocher à une grande partie des fibres du papier.

C. Lorsque la couleur est très-ferme, il faut mouiller très-peu le papier, de peur de le déchirer et pour ne pas présenter trop d'obstacle à la réception de la couleur.

D. Du papier trop mouillé s'étend pendant l'impression, et est cause que *le caractère s'élargit et n'est point net.* La couleur ne pouvant pénétrer dans l'intérieur du papier, à cause de la trop grande humidité, elle s'écrase, surtout dans la manière à formes creuses, et quand la pierre est fortement colorée, ce qui rend l'impression encore plus incorrecte.

E. La qualité de l'eau ne fait point de différence considérable pour mouiller le papier, pour peu qu'elle ne soit pas mal-propre ou pourrie; car dans ce cas elle infecterait le papier, et le rendrait sujet à la putréfaction.

F. La pratique et l'expérience apprennent le degré d'humidité que l'on doit donner au papier; car les différentes espèces, les diverses natures de colles seules peuvent le déterminer.

En général, on peut calculer qu'on doit compter huit feuilles sèches sur une mouillée, pour le papier collé, et dix ou douze sèches sur une mouillée, pour le papier sans collé.

La meilleure méthode pour mouiller le papier, est celle qui suit :

On pose, sur une planche horizontale, deux ou trois feuilles de papier sèches, ensuite on en trempe une dans l'eau, qu'on laisse un peu écouler, et l'on place cette feuille ainsi mouillée, en usant de la même précaution, sur celles qui sont déjà sur la planche. On pose dessus huit ou dix autres feuilles sèches, puis sur celles-ci, une feuille passée dans l'eau, ensuite huit autres sèches, et l'on continue ainsi jusqu'à ce que le papier d'impression soit à sa fin. Alors, on pose une planche horizontale sur ces feuilles, de même grandeur, et on place par-dessus une pierre lithographique d'un poids moyen. Au bout d'une demi-heure, on augmente le poids de plusieurs centaines de livres. On comprime alors fortement le papier au moyen d'une vis, dans une presse destinée à cet usage. On le laisse au moins douze heures en cet état. Alors il est presque toujours propre à l'impression. Il faut le mouiller davantage quand on en veut faire usage pour l'*aqua tinta*; et on prend une feuille mouillée pour six de sèches.

Du papier fortement collé est plus difficile à humecter, alors on doit passer une éponge mouillée sur chaque feuille, ou au moins sur la deuxième.

Il est quelquefois nécessaire de retourner le papier humecté pour faire disparaître les plis qui s'y forment, ce qu'on peut faire en le partageant en deux parts, et en posant quelques feuilles de la première part sur d'autres de la seconde, ce qui change les points de contact et fait disparaître les plis.

On peut faire usage pour certain papier, surtout pour celui qui n'est

(119)

pas collé, de la méthode des imprimeurs, qui est de passer toute une
rame dans l'eau, et de la retourner en deux parts. On peut facilement apprendre cette méthode dans leurs ateliers. Au reste on a besoin de
beaucoup de pratique pour cela, autrement le papier pourrait être très-
inégal ou trop mouillé.

Il est nécessaire, pour que l'humidité soit parfaitement partagée,
que le papier mouillé repose le temps suffisant. Mais il ne doit pas reposer trop long-temps, parce qu'autrement il se pourrirait et prendrait
des taches, et qu'en outre il perdrait beaucoup de sa consistance et de
sa force.

Quand on laisse reposer du papier mouillé pendant plusieurs heures,
sans avoir mis un poids dessus, les côtés sont sujets à trop sécher, surtout quand il fait chaud ; ce qui entraîne l'inconvénient de le faire
plier quand on l'imprime. On ne peut y remédier autrement qu'en
mouillant de nouveau les côtés. La raison en est que le papier n'est pas
si grand lorsqu'il est sec qu'étant mouillé : c'est pour cela que ses
côtés secs forment, pour ainsi dire, un bord ou un encadrement, qui
est trop étroit pour la partie intérieure mouillée.

Dans les méthodes où l'on doit employer plusieurs pierres pour l'impression, surtout quand le format est grand, on ne fait usage que de papier tout-à-fait sec, parce qu'autrement les points ne se rapporteraient
pas exactement. On peut, à la vérité, en prenant beaucoup de précautions, et en mettant le papier mouillé entre des feuilles également
mouillées, lui conserver, à peu de chose près, une égale largeur; mais
cela demande trop d'habitude et d'attention, pour que ce procédé soit
pratiquable, surtout pour des commençans.

En général, dans toutes les manières d'impressions lithographiques,
on peut tirer de très-bons exemplaires avec du papier sec, lorsqu'il
est sans colle, excepté celles où l'on emploie l'*aqua tinta*. Mais pour

cela il faut que la presse soit tendue deux ou trois fois plus fort, ce qui rend l'impression difficile, et fait courir le risque de casser les pierres, surtout si elles n'ont pas l'épaisseur suffisante.

CHAPITRE VI.

DES PRESSES.

On aurait besoin d'un volume presque aussi considérable que celui-ci, si l'on voulait décrire clairement toutes les presses lithographiques dont on s'est servi jusqu'à présent. Si l'on y joignait plusieurs figures, que nécessiterait cette description, cela augmenterait trop, sans même procurer d'utilité, le prix de ce livre, destiné spécialement à l'instruction du procédé lithographique.

J'ai acquis l'expérience qu'il est très-rare de trouver un habile ouvrier mécanicien qui imite exactement une machine, malgré la meilleure description qu'on puisse lui en faire, et quelque fidèle que soit le dessin qu'on lui donne.

Je conseille donc à tous ceux qui veulent exercer la Lithographie, de faire venir des modèles de Munich, ou de tout autre endroit où l'on exerce cet art avec succès. Je me charge même d'en faire faire de parfaitement exacts pour le prix de quarante francs, qui doivent être envoyés avec la commission.

Désirant cependant rendre ce livre aussi complet d'instruction que possible, je vais m'efforcer de décrire en peu de mots les presses lithographiques qui réunissent le plus d'avantages.

Il n'a pas encore existé, jusqu'à présent, d'imprimerie lithographique assez parfaite, pour ne rien laisser à souhaiter. Celle dont j'ai soumis le plan à l'Académie Royale des Sciences de Munich, et où la machine

elle-même fait la fonction de noircir, peut très-aisément être mise en mouvement par l'eau, ce qui épargne le nombre d'hommes nécessaires à sa
manutention. Mais elle n'a pas encore été exécutée en grand, et c'est
pour cela qu'on ne peut en apprécier le mérite avec exactitude.

Un des principaux défauts de la Lithographie, d'après ma propre conviction, est que la beauté et même la quantité des exemplaires dépendent
principalement de l'habileté et de l'attention de l'imprimeur.

Il est sans doute nécessaire pour cela d'avoir une bonne presse ; mais la
meilleure n'empêchera pas un ouvrier négligent et malhabile de ne faire
que des ouvrages imparfaits, ce qui prouve que la Lithographie est, à
cet égard, plus difficile pour l'impression que toutes les autres méthodes.
Je ne croirai qu'elle aura fait de grands progrès, et qu'elle approche
de son plus haut degré de perfection, que lorsque je verrai qu'elle
ne dépendra que le moins possible de la manutention, surtout quand
je serai convaincu qu'à l'aide d'une bonne machine on pourra obtenir
de bons exemplaires, sans que l'habileté de l'ouvrier en décide.

C'est pour cela que je suis résolu de réaliser dans peu mes idées à
cet égard, et alors je ne manquerai pas d'informer les amis de cet
art du succès que j'aurai obtenu.

§. 1er. *Des qualités d'une bonne Presse.*

C'est une remarque déjà souvent confirmée, que les écritures, mais
surtout les dessins, ont un meilleur aspect sur la pierre que sur l'exemplaire qu'on en tire, même en employant de beau papier. Cela peut
provenir en partie de la couleur de la pierre, qui adoucit le dessin trop
dur, et donne plus de douceur à l'ensemble ; car une bonne épreuve
tirée sur du papier jaunâtre de la couleur de la pierre, ressemblera
beaucoup au dessin tel qu'il se présente sur la planche. Mais cette faute

vient en grande partie de ce que la couleur ne se transmet pas sur le papier avec la même vigueur et la même netteté qu'elle a sur la pierre. Des exemplaires très-beaux prouvent pourtant que l'on peut parvenir à ce degré de perfection.

Si la pierre est bien dessinée et bien préparée, elle prendra nettement la couleur. Mais il peut arriver que l'imprimeur en donne trop ou trop peu ; la couleur elle-même peut être trop dure ou trop molle, sans qu'on puisse le reconnaître exactement sur la pierre avant l'impression. Lors même qu'elle est noircie comme il faut, le papier d'impression peut mal prendre la couleur et être trop sec ou trop mouillé. Toutes ces circonstances ont une influence majeure sur la réussite de l'impression.

L'on ne peut donc adopter, comme règle générale, que l'on doive prendre beaucoup ou peu de couleur, etc., parce que la mesure varie suivant les différentes méthodes de Lithographie auxquelles on l'emploie. En général, j'ai observé par expérience que le plus ou moins de beauté des exemplaires dépendait en grande partie de la presse. Dans la plupart des presses lithographiques, la pression se fait par ce que l'on appelle le racle. C'est une baguette mince de bois dure, presque toujours en érable, en poirier ou en buis. Elle n'a, du côté destiné à imprimer, qu'une ligne d'épaisseur ; elle est comprimée, par le mécanisme de la presse, sur le papier posé sur la pierre et garni par une enveloppe de papier brouillard, ainsi que d'un cuir fortement tendu. Par le moyen de cette pression, la couleur s'imprime sur le papier dans toute la longueur de la baguette, mais seulement de la largeur d'une ligne. Le racle parcourt ensuite assez rapidement toute l'étendue de la pierre, ou bien il reste immobile, et l'on tire la pierre à mesure sous le racle, de manière que dans l'un et l'autre cas il communique à la pierre la couleur d'impression, dans toute sa propre longueur, et dans la largeur du papier.

On voit aisément ici que, dans ce genre de presse à racle, l'impression ne s'opère pas tout d'un coup et d'aplomb, comme dans les imprimeries ordinaires, mais successivement, comme dans l'imprimerie en
taille-douce, avec la différence pourtant que, dans la presse en taille-
douce, il y a un cylindre qui roule sur la planche, et que dans la presse
à racle c'est lui que l'on tire dessus peu à peu.

Il en résulte que le racle comprimant avec une grande force, et
souvent avec un poids de plus de six mille livres, le cuir qui couvre
la pierre et le papier d'impression, il occasione, par son mouvement
progressif sur ce cuir avec une aussi forte pression, un frottement très-
considérable; en sorte que, malgré que le cuir soit très-tendu sur le
chassis, et que, pour qu'il devienne plus lisse, on le frotte avec de
la graisse, cela n'empêche pas qu'il ne prête et ne s'étende considérablement, à mesure qu'il subit l'action du racle. Cette extension se
communique en même temps au papier posé sur la planche. Il est cause
qu'il en éprouve un dérangement, et que le dessin est plus ou moins
écrasé dans toute la direction que parcourt le racle.

Quand, cependant, le cuir est très-bon et fortement tendu, et lorsqu'on a soin de le bien graisser, surtout de ne pas trop mouiller le
papier d'impression, ainsi que celui qui lui sert d'enveloppe, cette
extension est si faible dans l'ensemble, qu'on ne peut la remarquer
que très-peu, ou même point du tout, dans les écrits, ou dans les
dessins dont les traits sont un peu écartés les uns des autres; mais, dans
ceux où ils sont plus serrés, où l'on a peine à apercevoir leur distance,
la moindre hésitation dans le mouvement suffit pour remplir les intervalles, ce qui donne des exemplaires noircis, sales et confus.

Le chassis à beaucoup de ressemblance avec celui de l'imprimerie
ordinaire; il est garni en dedans d'un second petit encadrement, auquel
le papier est attaché, quand on le renverse sur la pierre, comme chez les

imprimeurs en lettres, par le moyen de petits ressorts ou de cordons. Lorsqu'on ferme le cadre, quand il repose sur la pierre, le papier ne doit pas toucher dessus, de peur qu'il ne se salisse : mais il doit en être éloigné d'un demi-pouce au moins. Ce n'est que lorsque l'on pose le racle sur le cuir, que celui-ci doit céder avec le papier qu'il recouvre, et toucher la pierre aux endroits où le racle les comprime. Vers la fin, le cuir se relève, jusqu'à ce que l'impression soit terminée, et que cette partie soit également empreinte sur la pierre.

Sans cette précaution, le papier touchant partout la pierre, au moment où l'on ferme le chassis, l'impression en serait ou salie, ou doublée. On peut remédier à ce mal, en tendant soigneusement, et graissant bien le cuir, en évitant également de tendre trop la presse, ainsi que de ne pas trop mouiller le papier, ayant soin de changer souvent celui qu'on met dessous, et surtout aussi, par la précaution de mettre un taffetas entre deux feuilles, pour servir de hausse. Par ces diverses précautions, on empêche le papier de se coller au cuir, et l'écriture, ou le dessin, cesse de s'écraser autant. Néanmoins, on doit avoir l'attention de changer soigneusement le taffetas, quand l'ancien est humide, jusqu'à ce qu'il soit séché de nouveau, en conservant le racle horizontal avec la surface de la pierre, et en ayant soin de le raboter lorsqu'il est nécessaire ; il faut se garder de serrer trop fortement la pierre, pour tirer de bons exemplaires : cette précaution diminue considérablement l'extension du caractère. J'ai remarqué, en outre, que certains racles prenaient un poli plus fin que d'autres, quoique étant de la même qualité de bois : je recommande donc aussi l'attention sur ce point.

Outre l'inconvénient d'écraser, le racle a encore un autre défaut : c'est celui d'être sujet à s'entamer et se courber, pour peu que le papier contienne des ordures. Quand l'inégalité, qu'occasionent ces sortes d'accidens dans le racle, est un peu considérable, on ne peut plus tirer d'exemplaires d'une grande netteté, parce qu'il se forme sur toute la hauteur de l'impression une bande qui est moins empreinte que le reste. Lors donc qu'on remarque ce défaut dans un exemplaire, il faut aussitôt ôter le racle, le raboter pour le rendre uni, et l'ajuster de manière qu'il soit parfaitement horizontal avec la pierre.

Dans les objets d'arts, pour lesquels on prend ordinairement de très-beau papier, cette circonstance n'a pas souvent lieu; mais, bien plus souvent, dans des ouvrages pour lesquels on se sert d'un papier d'imprimerie de moindre qualité. J'ai cherché à remédier à cet inconvénient, en faisant faire un racle de métal; mais, comme il glisse encore moins sur le cuir, et que, par conséquent, il occasione un plus grand frottement, par l'extension qui en résulte, j'ai mis une bande de fort papier sur un racle de ce genre, qui soutenait le tirage d'environ trois cents d'impression, jusqu'à ce qu'il fût entièrement usé. Alors, on n'avait besoin que de l'avancer un peu, en sorte que je pouvais me servir d'un morceau de papier de la longueur du racle, et de six pouces de largeur, pour tirer quelques milliers d'exemplaires.

L'impression est plus forte quand on emploie un racle de métal, parce qu'il ne cède pas comme le bois. Mais l'inconvénient de cette méthode est qu'on ne peut pas facilement imprimer sur une pierre qui n'est pas tout-à-fait unie, et qui ne correspond pas parfaitement avec le racle. En cas de besoin on peut en ajuster un en bois, à la pierre, en le grattant un peu à l'endroit qui a trop de pression, ce qui en redonne à ceux qui n'en ont pas assez, et qui, par cette raison, sont incorrects.

D'après ce que j'ai dit dans ce paragraphe, il résulte qu'une bonne presse lithographique doit principalement avoir les deux propriétés suivantes; savoir :

1°. Elle ne doit en aucune manière, pendant l'impression, étendre, ou élargir le papier sur la pierre.

2°. Il faut qu'elle livre des exemplaires également parfaits et sans places ou bandes altérées.

Toutes les autres propriétés lui sont communes avec les autres presses.

3°. Il faut qu'elle soit assez forte pour communiquer la pression nécessaire.

4°. Il faut avec cette force, qu'elle réunisse la plus grande promptitude possible.

5°. Qu'elle soit propre à la manutention, en ne fatiguant pas trop les ouvriers.

Toutes ces propriétés réunies n'ont pu encore se trouver dans aucune des presses dont on s'est servi jusqu'à présent pour la lithographie. Autant que nous l'avons pu, nous avons dû nous contenter d'approcher de la perfection dans les différens points, et suivant les divers ouvrages qui se sont présentés ; cependant, nous espérons que l'avenir nous procurera les moyens de remédier à ces inconvéniens, si la lithographie, par ses succès, parvient un jour à mériter l'attention des mécaniciens les plus habiles. Cet instant sera hâté, lorsqu'ils le voudront bien, devenant plus familiers par leurs observations, avec ce qui constitue l'existence de la lithographie.

La plupart des propriétaires d'imprimerie ont essayé d'inventer une bonne presse à laquelle chacun d'eux a donné une construction conforme à ses idées. Néanmoins, toutes se réduisent à l'espèce d'impression où l'on emploie le raclé ou le cylindre.

J'ai moi-même fait déjà plusieurs plans : beaucoup étaient très-praticables, et avaient sur quelques points la préférence sur les autres, soit en force ou en commodité, etc. Mais cette supériorité était ordinairement contrebalancée par quelque défaut. La meilleure des presses dont on s'est servi jusqu'à présent est, à mon avis, la suivante :

§. 2, *De la Presse à rouleaux.*

Lorsque le professeur Mitterer, de Munich, fonda un institut lithographique pour son école des jours de fête, il inventa la presse dite à rouleaux, ou à étoile, qui reçut à la vérité quelques changemens peu considérables, faits par d'autres personnes, mais qui ne fut cependant que très-peu améliorée dans l'essentiel, et fut adoptée dans la plupart des imprimeries lithographiques qui ont été établies depuis, surtout dans les pays étrangers. Le principal objet de perfection a été donné à cette presse par M. Mitterer lui-même; et c'est aussi avec cette addition qui contribue à la rendre plus commode, que je vais la décrire :

La figure 1re. de la table où se trouve le dessin de la presse, représente cette machine à imprimer, dans le moment où l'impression a eu lieu. Dans le milieu de la machine se trouve un cylindre de dix ou douze pouces d'épaisseur, et aussi long que toute la largeur de la presse. Il a de forts pivots de fer, ou des axes qui se meuvent dans *des gonds de cuivre bien graissés.* Au-dessus du cylindre est une planche à laquelle est attaché la pierre avec le chassis. Le racle tient à un fort levier, qui est soutenu en l'air par un contrepoids. Quand la pierre est noircie, le papier posé dans le chassis est contenu à la manière de l'imprimerie ordinaire, en fermant le petit encadrement qui se trouve en-dedans. On ferme également le chassis par-dessus la pierre lithographique, en prenant la précaution nécessaire, et on abat dessus le racle avec son levier. Celui-ci saisit, au moyen d'un fort crochet en fer, une avance qui est en connexion avec le marche-pied, de manière que par celui-ci le levier peut être tendu avec le degré de force nécessaire, et qu'alors, en faisant tourner le cylindre à poignée, ou le couloir, au moyen de deux barres dont on se sert au lieu de manivelle, on tire le chassis sous le racle autant que l'exige l'impression. A cette fin, on a attaché à celle-ci deux fortes courroies, ou des sangles, qui se roulent sur le cylindre à poignée en tournant les deux barres, et attirent ainsi le chassis. En tendant légèrement la presse, un ouvrier peut aisément tirer seul la pierre lithographique sous le racle. Pour faciliter ce procédé, dans le cas d'une plus forte tension, on a pratiqué de l'autre côté une seconde barre, afin que le noircisseur puisse prêter la main à son camarade.

Il faut, dans cette espèce de presse, faire bien attention aux mesures à prendre, et que j'ai déjà indiquées, tant pour l'égalité du frottement, que pour la tension du cuir, etc., afin d'éviter, autant que possible, toutes les fautes d'impression.

ARTICLE SECOND.

DE TOUTES LES DIFFÉRENTES MANIÈRES DE LA LITHOGRAPHIE EN PARTICULIER.

Il n'y a proprement dit que deux manières principales dans la Lithographie, la manière en relief et la manière creusée.

Dans la première, les parties grasses du dessin n'ayant point été attaquées lorsque la pierre a été passée à l'eau-forte, ou par un autre mordant, sont restées intactes; tandis que le reste de la surface de la pierre a été plus ou moins dissoute et rongée. C'est ce qui fait que les places marquées de graisse se trouvent ensuite en relief, et comme si elles étaient sorties de la pierre.

Dans la seconde manière, les traits ou points du dessin ou de l'écrit, qui doivent être marqués, sont gravés dans l'épaisseur de la pierre, par un instrument en acier et aigu; ou par l'eau-forte. Chacune de ces manières a donc *son caractère particulier*.

La manière en relief est beaucoup plus prompte, et donne aussi une plus grande quantité d'exemplaires que l'autre. Elle est aussi (surtout pour le genre crayonné) très-aisée à manier pour l'artiste. La manière en creux réunit plus de finesse et de force; et dans beaucoup de cas, la facilité avec laquelle on l'exécute lui mérite la préférence de l'artiste.

En général, on ne saurait dire laquelle des deux est préférable, et ce n'est que la nature de l'objet qu'on veut tracer qui peut en décider.

CHAPITRE PREMIER.

MANIÈRE EN RELIEF.

A cette manière appartiennent principalement : *a* les dessins à la plume et au pinceau; *b* les dessins au crayon; *c* la transportation; *d* la manière à la taille de bois; *e* une espèce d'aquatinta, ou la manière noire; *f* la manière d'interjection.

§. 1ᵉʳ. *Des Dessins à la plume et au pinceau.*

Cette manière est une des plus avantageuses, et peut-être la plus favorable à la Lithographie, parce qu'elle revient le plus souvent. On peut l'employer avec succès, non-seulement pour toutes sortes d'écrits, où, dans beaucoup de cas, elle surpasse l'imprimerie; mais aussi, pour une foule de dessins qui n'ont pas besoin de la perfection nécessaire à une gravure faite par un des meilleurs maîtres. La facilité du travail, la vitesse de l'exécution, et la quantité presque innombrable d'exemplaires qu'on peut en tirer, militent beaucoup en faveur de cette manière. Il y a même toute probabilité qu'avec le temps, et lorsque de véritables artistes se seront familiarisés avec elle, on s'en servira pour les chefs-d'œuvres des arts.

Un connaisseur impartial, et en état de juger la partie essentielle de cette découverte, pourra s'assurer de la netteté, de la force et de la finesse des traits qu'un artiste peut produire, en examinant le paysage qui est dans le supplément, lequel a été dessiné à la plume sur la pierre, par mon frère Clément. Malgré tous les avantages de cette manière, on ne s'en est servi généralement jusqu'à ce jour que pour des écrits et de la musique, et il est difficile de lui faire des partisans et des disciples. Une circonstance qui paraît peu importante en elle-même, et qui a toujours fait reculer les artistes, en est cause.

C'est que depuis l'existence de la Lithographie, je n'ai encore trouvé que deux personnes qui, dès le premier jour, aient su se familiariser avec les propriétés de la plume d'acier, dont l'usage est nécessaire pour dessiner sur la pierre, et qui aient su tout de suite tracer avec elle. Tous les autres avaient plus ou moins de peine à vaincre cet obstacle de peu d'importance, et qui ne réclame l'attention et la patience de l'artiste que pendant quelques jours.

J'ai déjà parlé, dans la première partie de cet ouvrage, de la préparation nécessaire pour la plume d'acier ; et je puis, sans m'arrêter, passer à la description des autres procédés :

Pour les dessins à la plume, il n'est pas nécessaire d'être très-difficile dans le choix des carreaux de pierre, parce que les pierres les plus médiocres et les moins parfaites peuvent plutôt servir pour cette manière que pour les autres. Cependant, il faut toujours choisir les pierres les plus nettes et les plus dures.

Si elles ont déjà servi à d'autres ouvrages, et que la graisse de la couleur y ait, comme de coutume, pénétré très-avant, il ne faut pas, malgré cela, les polir assez pour que toutes les traces disparaissent ; mais seulement jusqu'à ce que les reliefs et les creux du premier dessin soient effacés. Il est indifférent de les polir avec du sable ou de la pierre ponce, pourvu qu'elles soient aussi douces et aussi fines qu'il le faut pour n'y plus sentir aucune inégalité ; car, plus la pierre est unie et fine, plus il est facile d'y dessiner avec la plume.

Pour bien dessiner sur la pierre avec l'encre chimique, il faut y faire encore une préparation après qu'elle aura été émoulée, afin d'empêcher que l'encre ne coule et ne s'étende trop abondamment. On fait dissoudre

une partie de suif dans trois parties d'huile de térébenthine, on passe
vite ce mélange sur la pierre, qui est bien émoulée et bien sèche, et
on l'essuie ensuite le plus habilement possible avec un linge propre ou
du papier brouillard, assez fort pour que la graisse qu'on vient de mettre
sur la pierre s'enlève presque totalement, et qu'il n'en reste qu'une
faible couche, que l'eau-forte pénètre et ronge facilement lorsqu'on la
prépare. On fera cette opération au moins une heure avant que de se
mettre à dessiner, tant pour éviter l'odeur forte de la térébenthine,
qui pourrait occasioner des maux de tête, que par la difficulté de dessiner sur la pierre, après y avoir passé l'huile de térébenthine. Une
préparation faite plus tôt, et même quelques mois à l'avance, ne serait
pas nuisible. Il ne faut, dans ce cas, qu'ôter la poussière de dessus la
planche, en se servant d'un linge propre ou d'un pinceau, avant que
de se mettre à dessiner; et avoir la même précaution tous les jours, et
même plusieurs fois pendant qu'on travaille, parce que, sans cela, la
poussière, en se mettant au bout de la plume, serait très-préjudiciable.

Il y a une seconde manière de donner une faible couche de graisse
à la pierre, c'est celle dont je me sers le plus volontiers, parce qu'elle
me procure en même temps la certitude que mon carreau ne conserve
point une préparation cachée. Cet inconvénient peut arriver très-
facilement, par la malpropreté de l'ouvrier chargé de l'émouler, surtout
quand beaucoup de pierres dont on s'est déjà servi doivent être émoulées
de nouveau, et qu'elles ont eu une couche de gomme. Il arrive souvent aussi que cette dernière se mêle à l'eau pendant qu'on unit les
pierres, et qu'elle les prépare en partie.

Je prends une forte eau de savon, je la passe partout sur la pierre,
que j'essuie ensuite aussi-bien que possible. Mais comme il pourrait arriver
que cette couche de savon contenant trop d'alcali, devienne nuisible à
la délicatesse du dessin qu'on va tracer : je secoue, pour l'enlever,

quelques gouttes d'eau propre sur toute ma pierre, et je l'essuie encore une fois. Alors, la graisse du savon s'est attachée à la pierre, et en même temps s'est dégagée de l'alcali. Il faut surtout que l'eau de savon ne soit pas trop légère, parce qu'alors elle tomberait tout de suite, et laisserait beaucoup de graisse sur la pierre, ce qui pourrait empêcher le mordant de l'attaquer, de l'enlever comme il faut; et causerait la perte entière du dessin. Pour plus de sûreté, je conseille aux commençans, lorsqu'ils auront passé leur pierre à l'eau de savon, et qu'elle sera bien essuyée, d'y mettre encore une fois le mélange d'huile de térébenthine et de suif, et de l'essuyer bien vite. Ils pourront alors être assurés que la pierre sera parfaitement préparée pour le dessin.

Il ne faut pas croire que cette préparation ne soit pas très-importante, car de nombreuses expériences m'ont donné la certitude que la facilité de faire des traits et des points délicats et durables, dépend moins de la composition de l'encre en elle-même, que de la superficie de la pierre, qui doit être entièrement exempte d'acides, de viscosités, et pourvue d'une certaine quantité de graisse.

La pierre étant ainsi préparée, on peut y tracer son esquisse avec un crayon de mine de plomb, ou de la rubrique; en ayant soin d'ôter le superflu du crayon ou de la rubrique qui aurait pu s'attacher à la pierre lorsqu'on a tracé son esquisse. Ce superflu pouvant être désagréable lorsqu'on met son dessin au net avec l'encre chimique, on peut l'enlever légèrement avec un linge ou un pinceau, de même quand les esquisses et les calques ont été faits de la matière indiquée. Si c'est en transportant que l'esquisse a été faite sur la pierre, alors il faut, sans cependant nuire au dessin, enlever la graisse que cela a produit, en la frottant légèrement avec du sable fin et sec. Sans cette précaution, il serait difficile de suivre avec régularité les traces du dessin, ainsi que tous les traits que par exactitude on a marqués en mettant sa composition en place, lesquels ne doivent point paraître dans l'impression, et qu'une trop grande abondance de graisse ferait résister au mordant, et les rendrait visibles chaque fois.

Cette manière de faire transporter, par le moyen de l'encre molle, le plan d'un dessin sur le papier, et de calquer ensuite ce dessin sur la pierre, assure, dans beaucoup de cas, des avantages si marqués, qu'elle vaut bien la peine qu'on s'y exerce. Mais il faut, ainsi que je l'ai déjà dit, faire bien attention d'enlever ce qui serait superflu. Les personnes qui pourraient craindre de trop effacer le dessin qu'elles viennent de calquer en le frottant avec du sable, atteindront leur but en imprimant plusieurs fois leur dessin sur des maculatures ; la force de la presse enlevera passablement le superflu. On peut aussi, avant d'imprimer le dessin sur la pierre même, l'imprimer sur du papier ; cela le rend plus faible, et lui fait laisser moins de graisse sur la pierre.

Il arrive quelquefois qu'on désire recommencer un dessin à la plume qui a déjà été imprimé ; il est bien agréable alors d'en avoir une copie exacte sur la pierre, et de n'avoir plus qu'à en suivre les traits avec l'encre chimique. Il faut alors toujours observer la même chose touchant le superflu de la graisse, soit que ce transport soit celui d'un dessin qui vient d'être imprimé, et par conséquent encore tout frais, ou qu'il soit ancien et rafraîchi, selon la recette que je donnerai.

J'ai déjà dit que le dessin et l'écriture sur la pierre, au moyen de l'encre chimique et de la plume d'acier, demandaient de l'exercice ; ainsi je n'en dirai pas davantage à ce sujet.

Mais si le dessin et l'écrit ont été bien exécutés sur la pierre, avec l'une des encres chimiques dont j'ai fait mention dans la première partie, qu'on ait bien repassé le tout pour s'assurer que rien n'a été oublié, et que tous les défauts sont corrigés : alors on peut s'occuper à donner le mordant et la préparation nécessaires à la pierre. Il faut cependant que tout ce qui est dessiné soit parfaitement sec pour résister à l'eau-forte.

Les premières places qu'on a terminées sont ordinairement sèches long-temps avant que l'ouvrage soit fini; mais les dernières demandent toujours un peu de temps pour sécher. Un œil exercé reconnaît facilement le degré de sécheresse nécessaire à l'éclat que jettent les traits. Il est vrai cependant que cet éclat est différent selon les diverses compositions d'encres; mais il est toujours beaucoup moins brillant lorsque l'encre est bien sèche, que quand elle est mouillée. Une planche ainsi dessinée peut rester sans mordant des années entières, sans que cela lui soit préjudiciable en rien, pourvu, néanmoins, qu'on la préserve d'être effacée.

On donne le mordant de deux manières, ou en le passant, ou en le versant dessus.

La première est plus commode, en ce qu'elle demande moins de détails; mais on ne s'en sert que pour les ouvrages grossiers, parce qu'il serait possible qu'en passant dessus, on endommageât l'encre dans les places délicates. Cela dépend seulement de l'adresse, et les dessins les plus fins, en y donnant de l'attention, peuvent, sans danger, être enduits de mordant, en le passant avec un pinceau. Cette méthode a l'avantage, que toutes les saletés occasionées par la correction sont plus sûrement emportées. On prend donc un mélange de trois ou quatre parties d'eau et d'une partie d'eau-forte, on y trempe un pinceau bien fin, fait de poil de renard ou de blaireau, et on le passe également sur toute la pierre. Il faut le tremper à chaque instant, parce que l'eau-forte perd sa force pendant qu'on la passe sur la planche, elle mouille bien toute la pierre, mais n'y donne pas le mordant nécessaire. Il faut bien laver le pinceau quand on s'en est servi; on peut alors le conserver des années entières; dans le cas contraire, il se gâte bientôt.

La seconde manière peut s'employer avec plus de sûreté pour les dessins très-délicats, surtout lorsqu'ils ne sont pas fortement tracés, ou qu'on s'est servi d'une encre plus molle. On prend une grande caisse en bois, bien fermée en dedans, surtout aux jointures; on y met deux morceaux de bois sur lesquels la pierre peut reposer. Ensuite, on jette dessus la pierre l'eau forte qui a été affaiblie par vingt, trente ou quarante parties d'eau. Il est assez indifférent de combien on l'affaiblit; plus elle est faible, plus il faut en verser sur la pierre, et en prendre une plus grande quantité. L'eau mordante n'agit pas également sur toutes les pierres, leur grandeur ou leur plus ou moins de dureté en est la cause. Pour bien déterminer la force du mordant nécessaire pour les dessins à la plume, il faut principalement prendre garde à la délicatesse des traits et des points qui s'y trouvent, parce que les traits délicats demandent moins de mordant que ceux qui sont plus grossiers.

Si l'eau-forte dont on se sert est toujours d'une force égale, il ne faudra que peu d'essais pour déterminer assez positivement la mesure de ce qu'il en faut pour une pierre de telle ou telle grandeur, un peu d'habitude suffira pour apprendre à connaître chaque fois l'effet de l'eau-forte sur la pierre même, en la regardant de côté et contre le jour. Alors on verra facilement les lignes que le mordant aura fait élever, et d'après lesquelles on saura si c'est assez, ou s'il faut encore y jeter plusieurs fois du mordant. Quand la couche de graisse, qui est mise sur la pierre en y passant du savon ou de l'huile de térébenthine, sera entièrement enlevée par le mordant, que l'eau se tiendra également partout, et qu'il n'y aura plus de saleté provenant de la correction, alors la pierre aura presque assez de mordant pour qu'on achève la préparation afin de l'imprimer. Pour en faciliter l'impression, et même quelquefois pour qu'on puisse, en cas de besoin, l'émouler et la perfectionner de nouveau, on lui donne, si la délicatesse des traits le permet, un peu plus de mordant. Il ne faut pas beaucoup dépasser le degré de mordant nécessaire pour les dessins délicats, comme pour la plupart de ceux au pinceau, et surtout lorsqu'ils ne sont pas tracés avec assez de substances, car il y aurait à craindre que ces traits et ces points si délicats ne fussent endommagés et rongés. Les dessins et les écritures d'une espèce plus grossière, comme, par exemple les notes de musique, supportent un mordant plus fort, et qui souvent peut atteindre sans danger l'épaisseur d'un papier fort. Un mordant par trop fort n'est pas avantageux, quand même on ne craindrait pas pour le dessin, parce que les bords d'une ligne trop élevée deviennent très-aigus et très-rudes, et que la couleur s'y attachant trop, elle pénètre facilement dans les intervalles dont, à cause de leur profondeur, on a beaucoup de peine à l'en tirer.

Il faut avoir soin que les pierres soient également enduites d'eau-forte, ce qui s'effectue avec facilité en versant partout de l'eau mordante. Si on n'en a pas beaucoup, et qu'elle ne soit pas très-forte, il est rare qu'une fois soit suffisante. On ramasse alors l'eau qui est tombée dans la caisse, et on la jette encore une ou deux fois sur la pierre, selon que la qualité du dessin qu'on travaille le permet.

Quand la pierre a suffisamment de mordant, on y verse de l'eau propre pour ôter tous les acides, afin que lorsque l'on passe la gomme, le dessin ne souffre pas du frottement qu'il est possible que l'encre éprouve dans les places les plus fines; on peut, si l'on veut, passer tout de suite la pierre à une dissolution de gomme arabique dans quatre ou cinq parties d'eau. Si on l'aime mieux, on peut attendre que la pierre soit sèche, afin que les points les plus délicats, et qui auraient été trop attaqués par le mordant, aient le temps de s'attacher et de pénétrer dans la pierre; ce qui ne peut avoir lieu que lorsqu'elle est sèche. Cette précaution est tout-à-fait inutile pour les dessins à la plume, mais elle est très-avantageuse pour ceux au pinceau, et surtout au crayon chimique.

Quand la pierre a été préparée avec de la gomme, on la laisse reposer quelques minutes; ensuite on y secoue quelques gouttes d'eau et autant de térébenthine, qu'on étend bien partout; enfin, l'on essuie et l'on enlève tout le dessin avec un morceau de laine. Quand l'encre est dure, et surtout quand elle est depuis long-temps sur la pierre, il faut prendre plus d'huile de térébenthine pour l'ôter, parce que cela est plus difficile. Après cela, on noircit tout de suite la planche : le but de ce procédé est de faire en sorte que la pierre prenne également la couleur, et que les premières impressions soient déjà parfaitement exactes. Si on laisse l'encre sur la pierre quand on y met la couleur d'imprimerie, il arrive toujours que cette dernière, qui est beaucoup plus molle, amollit aussi l'encre; et comme alors il y a trop de couleurs sur les lignes et les points, l'impression subséquente devient très-incorrecte. Cette encre froissée n'ayant pas encore perdu tout son alcali, s'attache en même temps avec force à la pierre, et occasione par suite de la saleté. Il faut noircir la pierre dès qu'elle a été nettoyée avec l'huile de térébenthine, parce que cette huile s'évaporant facilement emporte toutes les graisses, et que la pierre ne prend plus la couleur comme il faut.

On noircit les dessins à la plume de la manière suivante : on prend un morceau de toile propre, ou une éponge, on le mouille bien avec de l'eau pure, et on le presse ensuite assez fort pour qu'il ne soit plus qu'humide. On le passe sur toute la superficie de la pierre, de manière qu'elle soit un peu mouillée. Dès que cela est fait, on prend le rouleau à noircir, bien garni de couleur, et on le passe à plusieurs reprises sur la pierre. Il est bon, et même nécessaire, de soulever quelquefois le rouleau tandis qu'on le passe et repasse, afin de changer les points d'attouchement. Pour que la couleur prenne bien et vite, il faut, pour commencer, tenir la capsule de cuir du rouleau assez ferme, bien

(159)

presser dessus, et tâcher d'acquérir une manière de frotter, qui, tandis qu'on passe le rouleau, mette aussi la couleur sur les places à noircir. On passe encore une ou deux fois ce rouleau sur la pierre sans appuyer trop fort, ce qui partage également la couleur, et enlève le superflu de noir qui s'est mis en différentes places. Il ne faut pas le rouler trop long-temps, afin que la pierre ne sèche pas, car, elle prendrait généralement la couleur. Si cela avait eu lieu, il faudrait la frotter avec un linge mouillé, y repasser le rouleau jusqu'à ce qu'elle fût redevenue propre. Si on laissait trop long-temps la couleur qui se serait attachée aux endroits blancs, ou même jusqu'à ce qu'elle fût entièrement sèche, on aurait beaucoup de peine à l'enlever, et peut-être même cela serait-il impossible.

Pour prévenir l'inconvénient d'une trop prompte sécheresse tandis qu'on noircit la pierre, il arrive que les commençans mouillent trop le morceau de toile ou d'étoffe de coton avec lequel ils l'humectent. Mais de là naissent d'autres défauts : tous les traits délicats s'effacent, et le rouleau devient si mouillé, qu'on ne peut plus faire de bonnes impressions avec, que lorsqu'il s'est suffisamment séché de nouveau. Par cette raison, les commençans ne doivent pas faire usage de l'éponge au lieu d'un morceau de toile, parce que, ne sachant pas bien s'en servir, ils pourraient laisser trop d'eau sur la pierre. Malgré cela, elle serait très-avantageuse pour ce procédé, si on la mouillait bien, qu'on la pressât ensuite aussi fort que possible, et qu'à chaque fois qu'il faut humecter la pierre, on n'y scringuât que la portion d'eau nécessaire à la grandeur de la planche.

Il y a des imprimeurs qui mettent un peu de gomme ou quelques gouttes d'eau-forte dans l'eau dont ils se servent pour humecter la pierre. D'autres aussi prennent de la mauvaise bière, ou même de l'urine, qu'ils mêlent dans leur eau. Je regarde tout cela comme inutile, surtout si la pierre est bien préparée, et que la couleur soit en bon état. Pour les dessins à la plume, je m'en suis toujours tenu à l'eau propre, qui m'a parfaitement réussi.

J'ai dit plus haut comment il fallait que le rouleau à noircir fût fait ; je recommanderai donc ici seulement qu'il soit égal, mou et élastique.

Je ne suis pas encore parvenu au point d'établir une règle invariable touchant la couleur qui donne les meilleures impressions des dessins à la plume, et en général celles de la manière en relief. Tout ce que mes fréquens essais et mes expériences ont pu me faire découvrir, jusqu'à ce jour, consiste dans les observations suivantes :

Ire. Plus le vernis d'une couleur sera solide, plus la pierre sera noircie proprement.

IIe. Plus elle contiendra de noir de fumée, et mieux elle vaudra.

Mais, dans les deux cas, elle effacera facilement les points délicats, et trop de noir de fumée fera souvent écacher les impressions.

IIIe. Il faut que la force de la fluidité de la couleur corresponde exactement avec l'action de la presse. Plus le vernis est solide, plus la presse doit avoir de tension.

On fait aussi de très-jolies impressions avec un vernis assez léger ou mince, surtout quand la presse n'est pas trop tendue ; sans cela elles sécachent. Il ne faut pour cela qu'une certaine égalité de la part du racle.

IVe. Le vernis solide résiste il est vrai, et ne s'écache pas aussi facilement ; mais quand il s'est impreigné dans les intervalles, et qu'il s'est attaché à la pierre, on ne l'enlève pas aisément en passant le rouleau, parce qu'ordinairement la saleté augmente, et occasione souvent la perte entière de la pierre. Il n'y a presque point d'autres moyens lorsqu'une couleur solide s'est attachée à la pierre, que de bien nettoyer cette dernière avec de l'eau gommée et de l'huile de térébenthine. Mais

(141)

si on le fait trop souvent, cela devient nuisible à la préparation, et les impressions deviennent toujours plus mauvaises et plus inégales.

V⁰. Les couleurs molles s'écachent plus facilement; mais après chaque impression, on peut les enlever en humectant seulement la pierre.

VI⁰. Un papier trop mouillé est moins nuisible pour les couleurs molles que pour les couleurs solides.

VII⁰. Toutes les couleurs, tant molles que solides, lorsqu'on n'y a pas mêlé la quantité de noir de fumée suffisante, ont la propriété de faire des ombres, et donnent des impressions inexactes et mauvaises. Par ombres, on entend les effets suivans :

Par exemple, si on laisse tomber une goutte d'huile dans un plat rempli d'eau, alors une partie de cette huile se répandra à l'instant sur la superficie de l'eau, et sera facile à reconnaître par la couleur d'arc-en-ciel qui paraîtra sur cette superficie. La gravitation n'est peut-être pas la seule cause de cet effet, et il paraît que l'huile qu'on ne peut réunir en masse avec l'eau, a cependant une faible attraction pour cette dernière, ce qui fait qu'elle s'y étend. Le vernis, qu'il soit épais ou mince, a la même qualité, quoique à un degré inférieur. Avant de noircir une pierre, il faut que toute la superficie où se trouve le dessin soit mouillée. Si la couleur a beaucoup de vernis, il arrive qu'elle s'étend en partie, des places dessinées, sur les gouttes d'eau qui les entourent, et donnent à chaque ligne et à chaque point une faible teinte de couleur semblable à une ombre; c'est pourquoi nous nommons ce défaut de la couleur, ombrer. Comme cet effet n'a pas lieu aussi vite qu'avec de l'huile seule, on s'en aperçoit moins si l'impresssion se fait immédiatement après que la planche a été noircie. C'est aussi la raison pour laquelle une *presse à branches* ne rend pas ce défaut aussi saillant que la *presse ordinaire*, qui opère plus lentement, surtout quand les ouvriers ne sont pas assez agissans. Si, en mouillant la pierre, on a atteint (ce qui est très-difficile) la juste quantité nécessaire d'eau pour qu'à la dernière passe du rouleau elle soit entièrement enlevée, alors il n'y a pas d'ombre, et l'on peut être assez assuré de la réussite, si cependant on a rempli toutes les autres conditions nécessaires pour une bonne impression. Mais si l'on dépasse de quelques instans ce moment, la pierre sèche et prend tout de suite de la saleté, ce qui arrive encore plus promptement avec les couleurs fluides. Avec cette manière de noircir on n'évite pas aisément et avec sûreté ce défaut; il vaut mieux mêler peu à peu le noir de fumée au vernis, jusqu'à ce qu'il ait perdu un peu de sa trop grande élasticité; alors les ombres ne paraissent pas du tout.

VIII°. Si on a ôté la trop grande fluidité d'une couleur en y mêlant beaucoup de noir de fumée, ou toute autre substance, elle n'ombre pas, mais alors elle a d'autres défauts. Par exemple, les places fines, surtout lorsqu'elles ont été un peu effacées, ne prennent pas bien une couleur aussi solide, tandis que cette couleur s'amoncelle trop en d'autres endroits, ce qui donne une impression inégale, et qui le devient encore plus, si celui qui a noirci la planche a plus dérivé sur quelques points que sur d'autres. Une impression faite avec beaucoup de noir de fumée, déteint plus que celle où le vernis domine, et elle ne devient pas aussi noire. L'expérience nous apprend qu'une couleur où il se trouve moins de noir de fumée donne, surtout dans la manière en relief, des exemplaires plus noirs, parce que le brillant du vernis rend la couleur plus forte. Ces observations m'ont engagé à essayer si je ne pourrais pas découvrir une composition de vernis moins sujette à ombrer, et qui permettrait une plus grande fluidité dans la couleur. Les essais que j'ai fait à cet égard sont très-bornés, par le manque de temps qui m'a empêché d'épuiser ce sujet. Ce que j'ai trouvé, jusqu'à ce moment, me donne le droit d'espérer que je suis sur la route qui doit me conduire à un résultat heureux et parfait. Je me suis convaincu que le vernis d'huile de lin, mêlé à des substances grasses et résineuses, pourrait perdre sa propriété d'ombrer, et s'améliorerait à tous égards.

Le mélange d'une petite partie de térébenthine de Venise permet déjà une plus grande fluidité dans la couleur. La composition suivante me semble être préférable aux autres :

Six parties d'huile de lin, deux parties de suif, une partie de cire. On fait fondre le tout; et, comme pour le vernis ordinaire fait avec l'huile de lin, on laisse cuire et brûler cette composition jusqu'à ce qu'elle ait acquis l'épaisseur nécessaire.

IX°. La qualité et la température interne de la pierre ont aussi une grande influence sur l'impression, qui rejaillit même sur la destination exacte de la couleur. Quand il fait très-chaud et très-sec, une pierre (surtout lorsqu'elle est très-poreuse), a bien moins d'humidité intérieure, que lorsqu'il fait humide et froid, ou qu'elle a été long-temps dans un lieu froid et humide. Il arrive souvent alors, que l'humidité répandue sur la pierre à chaque impression qu'on en tire, s'évapore à l'instant, ou du moins dans différentes places, ce qui donne beaucoup plus de peine à la noircir également partout, surtout avec une couleur molle, ou qui contient beaucoup de vernis, ce qui nuit aussi à une bonne impression; dans ce cas il faut recourir à une couleur plus ferme que celle que la règle semble le prescrire. Il est bon aussi de mettre la pierre dans l'eau pendant quelques heures, ou même une nuit entière, avant que de s'en servir pour imprimer; elle prend alors assez d'humidité pour qu'il y ait moins de danger qu'elle ne se sèche trop, et plus de facilité à l'imprimer.

X°. Il y a des ouvrages qu'on veut qui sèchent vite, comme, par exemple, ceux qui doivent être reliés et pressés, alors on mêle un peu de minium broyé assez fin dans la couleur. La litharge qui est broyée bien fine sèche encore plus vite, mais on ne peut la mêler qu'à une petite quantité de couleur, parce qu'elle devient si gluante, en une heure de temps, qu'il faut toujours l'amincir. La couleur où il y a du minium ne se conserve pas jusqu'au lendemain ; si on la laisse plus long-temps, elle se change en une couleur qui prend toutes les saletés, parce que le minium se dissout peu à peu dans le vernis de la couleur.

Telles sont les expériences que j'ai faites sur la couleur d'imprimerie pour les dessins à la plume, et en général pour la manière en relief. Je remarquerai que le paysage dessiné à la plume, qui se trouve dans les supplémens de cet ouvrage, a été imprimé avec une couleur d'un vernis très-épais et de noir de fumée brûlé, qui a l'avantage de ne point changer.

Quant à l'impression des dessins à la plume, il faut faire attention aux observations suivantes :

Les impressions qu'on fait avec une pierre bien nette et noircie également partout, peuvent être gâtées de différentes manières. Si le papier touche trop la pierre, ou s'il n'a pas été mouillé autant que la couleur et la tension de la presse le demandaient ; si cette tension ne correspondait pas comme il fallait avec la couleur, ou si le racle n'a pas été égal, ou enfin si le cuir n'est pas assez tendu.

Il faut donc bien faire attention, quand on imprime des dessins à la plume ;

1°. A ce que le papier ne touche les places de la pierre qui sont noircies, que lorsque l'action de la presse a lieu ; car ces places étant en relief, salissent le papier au moindre attouchement, et surtout lorsque les couleurs sont molles. Il y a des personnes qui le mettent immé-diatement sur la pierre, ce que je ne conseille pas, et qui ne peut tout au plus se faire que pour les épreuves. Il faut au contraire le mettre dans le chassis d'imprimerie, qui en se retournant sur la pierre, doit se trouver assez éloigné pour que le papier en soit au moins à un quart de pouce, et, lorsque les feuilles sont grandes, à une distance encore plus éloignée. Pour retenir ce chassis dans la même position, jusqu'à ce qu'il soit baissé peu à peu sur la pierre, il faut qu'il soit accompagné d'un second chassis plus faible, qui y est adapté avec des cordons ou des cordes de boyau, ou enfin avec des ressorts en acier qui, lorsqu'on le ferme, retient le papier sur le cuir.

On ne peut nier cependant, qu'on ne puisse faire aussi de bonnes impressions avec l'autre manière, pourvu qu'on soit assez adroit pour ne pas remuer le papier en le mettant sur la pierre, ou que le papier soit bien à plat et sans le moindre pli. Mais, outre que cette manière demande une plus grande attention que l'autre, c'est qu'elle est loin de pouvoir lui être comparée, tant pour la vitesse que pour l'exactitude. Tandis qu'on noircit la pierre, l'imprimeur peut mettre le papier dans le chassis, et alors on peut mieux juger de son exacte position par des marques et des points, qu'on ne le pourrait faire sur la pierre même, qui, lorsqu'on y met le papier, est tellement couverte, qu'il n'est plus possible de bien voir si l'impression se fera justement sur les places nécessaires ou non.

2°. La juste humectation du papier n'est pas une chose de la plus grande importance pour les dessins à la plume; il faut seulement qu'il ne soit pas trop mouillé, parce qu'alors les impressions s'écachent, la couleur ne prend pas également partout; ou, si c'est une couleur solide, elle s'attache à la pierre, ainsi que je l'ai déjà dit. En général, la règle est que l'humidité du papier doit correspondre avec la force du vernis, et que, lorsque ce dernier est plus mou, on peut un peu plus mouiller le papier. J'ai trouvé que le papier de Suisse, non collé, était bon pour les couleurs demi-solides, ou très-solides: en prenant alors une feuille mouillée, et en y mettant de huit à dix bien sèches par-dessus. Au surplus, l'humectation du papier a pour but de lui donner plus de mollesse : la différence des papiers demande une différence dans l'humidité.

3°. Pour ce qui concerne la tension de la presse, j'ai déjà dit qu'il fallait qu'elle fût plus forte pour les couleurs solides, que pour les couleurs plus molles.

4°. La qualité du racle décide : s'il n'est pas parfaitement égal et juste d'après la pierre, il faut que la tension soit plus forte ; souvent cela fait disparaître les défauts, mais il est nécessaire de prendre garde si la couleur ne s'écache pas en quelques endroits, sinon il vaut mieux améliorer le racle. Plus il est petit, plus les impressions deviennent fortes, parce que toute la force de la presse se trouve concentrée dans un moindre espace; ordinairement le racle s'émousse bientôt, et sa force devenant moindre, doit être remplacée par plus de tension.

5°. J'ai déjà dit que si le cuir n'est pas assez tendu, il peut occasioner des impressions mauvaises et écrasées, surtout plus la couleur est molle et le papier mouillé. Quand on remarque ce défaut il est essentiel de resserrer le cuir, et de le bien frotter de suif. Un lange de taffetas est très-avantageux pour la manière en relief, mais il faut souvent le changer ainsi que les maculatures, pour en mettre de sèches.

En voilà assez pour l'impression des dessins à la plume ; venons maintenant au point le plus important, celui de corriger les fautes qu'on aurait faites en écrivant ou dessinant, et qui, selon les diverses manières, doit être traité différemment.

Il est rare qu'on fasse un écrit ou un dessin où il ne se trouve pas de fautes. La Lithographie serait très-imparfaite si elle ne donnait pas des moyens faciles pour les réparer. Mais on peut avoir besoin d'une double correction, suivant que les fautes qu'on remarque sont aperçues, avant qu'on ait mis le mordant ; ou seulement après le tirage des premières épreuves.

Les premiers défauts, c'est-à-dire ceux qu'on a remarqués avant que le mordant soit mis, sont très-faciles à corriger. On n'a qu'à effacer les places qui sont manquées, et les refaire telles qu'elles doivent l'être. La manière d'effacer est différente selon la grandeur des défauts. Quelquefois on remarque le défaut aussitôt qu'on l'a fait : l'encre étant encore mouillée, il suffit alors de l'enlever avec le doigt ; mais si l'encre est déjà sèche, il faut prendre de l'huile de térébenthine. Dans les deux cas, il faut enlever l'encre le mieux possible, afin qu'elle n'oppose pas une résistance considérable au mordant, qu'il puisse l'effacer entièrement, et que la correction chimique soit bien faite. Si ce ne sont que de petits points séparés qui soient fautifs, on peut les gratter légèrement avec un canif ; on fait de même pour les places qui doivent être effacées, et où l'on ne remet rien ; ou bien on se sert de pierre ponce.

La seconde manière de corriger, c'est-à-dire lorsque la pierre qui a déjà passé au mordant en a besoin, n'est pas difficile, quoique un peu plus détaillée.

Il convient de faire une différence entre un défaut qu'on ne doit qu'effacer, et celui à la place duquel on remettra autre chose, et enfin celui qu'un oubli a fait faire, et qui vous fait ajouter au dessin. C'est là l'occasion de décider si la correction à faire est étendue ou non.

S'il ne s'agit que d'effacer quelques traits ou points séparés, on n'a qu'à les gratter. Les grands défauts se grattent aussi, ou, si cela est possible, s'émoulent. Alors on prend un petit pinceau trempé dans un mélange de gomme et d'eau-forte affaiblie (à peu près avec six parties d'eau pour une seule partie d'eau-forte), et on le passe avec prudence sur les places corrigées. Il faut faire attention de ne point toucher à celles qui sont en bon état, parce qu'il serait possible que l'eau-forte les endommageât. L'acide phosphorique est encore meilleur que l'eau-forte, mais il faut qu'il soit passablement affaibli par l'eau. Si, au contraire, on veut remettre quelque chose à la place des défauts effacés, on s'y prendra de la manière suivante :

On noircit bien la pierre, ensuite on y passe légèrement de l'eau gommée, qu'on laisse sécher, puis on gratte les places fautives aussi finement que possible, ou si cela se peut, on les efface avec de la pierre ponce. Alors, on y passe avec prudence de l'eau de savon ou de l'huile de térébenthine, puis on les nettoie bien. (Cette dernière opération n'est pas nécessaire pour les traits simples et fins). Ensuite on dessine avec de l'encre chimique les places qui avaient été manquées ; et, dès qu'elles sont bien sèches, on donne le mordant à cette correction avec un pinceau, et ensuite on la prépare avec de la gomme.

Dans le troisième cas, c'est-à-dire celui où il faut réparer un oubli, on observe presque la même chose. Pour les traits de peu de conséquence, on n'a qu'à gratter légèrement la pierre, y dessiner de même ce qui y manque avec une encre encore plus épaisse, pour l'empêcher de couler. Lorsque les places sont plus grandes, il faut les émouler, y passer de l'eau de savon ou de l'huile de térébenthine, et suivre ce que j'ai déjà dit.

Si les corrections sont considérables, et qu'elles soient en grande quantité sur toute la pierre, on fait souvent mieux de recommencer tout l'ouvrage. Cependant, comme la correction est quelquefois préférable, je vais donner une méthode très-utile, dont je me suis servi pour une grande carte géographique que je me suis vu forcé de corriger, et sur laquelle je n'avais pas seulement de nouveaux objets à ajouter, mais aussi des chaussées et des fleuves à changer.

Je noircis bien la pierre avec de la couleur mordante, puis je grattai toutes les places fautives. Je jetai ensuite, et à plusieurs reprises, de l'eau-forte très-affaiblie * sur ma pierre, puis je la rinçai avec beaucoup d'eau propre pour enlever tous les acides, et je la laissai sécher. Je pus alors tracer sans difficulté avec ma plume, tout ce que j'avais à ajouter. Quand l'encre fut bien sèche, je pris de l'eau-forte moins faible, et la passai avec un petit pinceau sur toutes les places que je venais de refaire, afin de leur donner de la durée et un peu plus de relief, parce que, sans cela, les traits qui n'auraient pas eu de mordant se seraient peut-être élargis peu à peu par les impressions. Je versai encore une ou deux fois de l'eau-forte affaiblie sur ma pierre, je la rinçai avec de l'eau, et la laissai reposer pendant quelques heures, afin que la couleur des traits délicats qui avaient peut-être été attaqués par le mordant, eût le temps de se remettre. Enfin, ma pierre fut passée à la gomme, et imprimée.

Outre ces deux sortes de corrections, avant et après le mordant, on en a souvent besoin d'une troisième, quand la pierre est devenue fautive par un traitement contraire au but qu'on se propose en l'imprimant. Cela peut arriver surtout si les places qui devaient rester blanches ont pris de la couleur, si elles ont été effacées, ou qu'ayant eu trop de mordant, elles n'aient pas pris de couleur; ou enfin que les deux défauts se trouvent réunis. J'ai déjà donné quelques indices de la manière dont on peut y apporter remède. Mais je vais encore l'expliquer :

Si la pierre s'est salie, ce qui commence toujours par ses extrémités,

---

* Je fis cela pour mettre les places dont j'avais effacé les défauts, en état de recevoir une meilleure préparation, et aussi pour donner principalement à ma pierre la propriété de recevoir facilement l'encre chimique. On a beaucoup de peine à dessiner sur une pierre qui vient d'être passée au mordant, à la gomme et à l'eau, avec laquelle on l'a bien rincé, à cause de la grande fluidité de l'encre. Cela ne peut se faire que pour les dessins au pinceau, probablement parce que la gomme opère un certain changement sur la superficie de la pierre, qui disparaît entièrement quand on la passe encore par un mordant plus faible.

il suffit quelquefois d'essuyer ces saletés avec de l'eau gommée et de l'huile de térébenthine. Si cela ne suffit pas, alors on prend un linge trempé dans de l'eau-forte affaiblie, ou on les gratte avec le doigt, en prenant bien garde de ne pas détruire le dessin. Si les saletés se trouvent dans des endroits où l'on peut les émouler sans endommager le dessin, c'est alors la manière la plus sûre d'empêcher qu'elles ne s'y remettent aussi vite.

Si les places ont été effacées, ou que la correction leur ait fait perdre leur première qualité, de manière à ce qu'elles ne veuillent plus prendre la couleur, l'emploi d'une couleur plus molle change quelquefois cet effet. Quand la pierre s'est suffisamment impreignée de graisse, on peut reprendre une couleur plus solide; ce défaut peut aussi se corriger en exposant la pierre à l'air, mais cette méthode est trop lente. On parvient souvent plus vite à son but en mettant la pierre dans un vase plein d'eau propre, et en tâchant de lui faire prendre la graisse en la frottant avec un morceau de toile, et sous l'eau. Si tout cela n'aide pas, le dernier moyen est de l'émouler ainsi que je l'ai déjà dit, ce qui peut se faire avec de l'huile ou avec de l'eau; ce dernier agent est le meilleur pour les pierres bien nettes. Quand de pareils défauts ont lieu, ils donnent toujours une mauvaise idée de l'adresse et du soin de l'ouvrier, ou ils prouvent qu'on n'a pas pris toutes les précautions nécessaires. Sans compter la perte de temps que ces corrections coûtent, elles demandent encore une très-grande attention et beaucoup d'habileté, malgré lesquelles il est rare de pouvoir se flatter d'un résultat heureux. Ainsi, il vaut en quelque sorte mieux chercher à fond la cause de ce défaut, et recommencer la planche, afin de faire de plus belles impressions en améliorant la méthode d'imprimerie.

Dès que la pierre est corrigée et bien préparée, on peut, ou l'imprimer tout de suite, ou la mettre de côté pour faire le tirage dans un autre

moment. Dans le dernier cas, on la noircit bien avec une couleur solide
(ou ce qui vaut encore mieux, la couleur que j'indique Chap. II. §.7.), on
y passe également et délicatement de l'eau gommée; alors elle peut se
conserver aussi long-temps qu'on le veut. Cette eau gommée n'est pas
seulement bonne pour conserver la pierre, je conseille même d'en passer
sur la planche à chaque interruption d'impressions qui durerait plus de
cinq minutes.

Si on remet une pierre à la presse, et qu'elle ait été plus d'un jour
sans être noircie de nouveau, il faut, avant tout, qu'elle soit bien
nettoyée avec de l'eau gommée et de l'huile de térébenthine, afin qu'elle
reprenne la couleur également, et que le premier exemplaire se trouve
parfaitement exact. Il est bon de recommander que la pierre soit
adaptée à la place nécessaire dans la presse, par des coins et des vis.
Je recommande de même que, lorsqu'on veut *imprimer tout de
suite*, l'eau soit *également répandue*, que *la couleur le soit de même*,
et que *le rouleau à noircir* soit passé *avec assiduité sur la pierre à
broyer*, ce qui le charge toujours de la quantité de couleur nécessaire.
Il est essentiel que le *tout soit fait le plus vite possible*, et que l'on
se souvienne de changer quelquefois le rouleau à noircir.

Les dessins au pinceau sont, quant à l'essentiel de la chose, entièrement pareils à ceux à la plume; le point principal sur lequel ils diffèrent
consiste dans la difficulté de faire les traits au pinceau aussi gras qu'à la
plume ; c'est pourquoi un dessin au pinceau ne résiste pas aussi bien au
mordant que celui à la plume, de sorte qu'on ne lui donne que très-
peu de mordant. Cependant, cela dépend beaucoup de la manière dont
le pinceau est fait, et surtout de l'encre chimique dont on se sert
ordinairement. Une encre qui est parfaite pour la plume, et qui lui
permet de faire des traits délicats, n'est pas aussi bonne pour les dessins
au pinceau, parce que ce dernier lâche moins l'encre que la plume,

ainsi il lui faut une encre plus fluide. C'est de la manière suivante que se fabrique la meilleure encre pour le pinceau :

On prend deux parties de cire blanche et une partie de bon savon, du suif, les deux ensemble ne doivent pas être plus grosses qu'une noisette, parce que cette encre perd un peu de sa bonne qualité si elle devient trop vieille, de sorte qu'il n'en faut faire que pour quelques jours tout au plus. On prend un fort couteau pour broyer ces deux ingrédiens ensemble, aussi bien que possible, sur une pierre tiède (mais pas trop chaude), on les partage ensuite en petits morceaux, qu'on humecte avec quelques gouttes d'eau de pluie. Dès que cette eau de pluie a un peu ramolli la masse, on prend gros comme deux pointes de couteau de noir de fumée, qu'on y ajoute, et on broie le tout encore une fois jusqu'à ce que cela redevienne ferme. Une partie de cette encre se met dans un vase propre, et on la dissout avec de l'eau de pluie. Quoiqu'il y ait beaucoup de savon dans ce mélange, cela ne l'empêche pas de rester fluide long-temps après sa dissolution dans l'eau, et de le rendre parfait pour les dessins au pinceau, tandis qu'il ne vaudrait rien du tout pour ceux à la plume, à cause de sa grande fluidité. Il ne faut pas croire qu'on ferait une encre aussi bonne, si on mettait tous ces ingrédiens sur le feu. Alors, l'encre s'épaissirait à chaque instant, ce qui empêcherait qu'on s'en servît avec avantage.

Il faut donc une encre beaucoup plus fluide pour les dessins au pinceau que pour ceux à la plume, ou au contraire on cherche à éviter cette fluidité par une composition exacte d'une encre chimique plus fine, et en passant de l'eau de savon et de l'huile de térébenthine sur la pierre. On comprendra donc qu'il ne serait pas très-nécessaire, pour les dessins au pinceau, que la pierre fût pourvue d'une faible couche de graisse. Il y a cependant des traits et des points qui conviennent mieux à la plume, tandis que d'autres, comme, par exemple, les lignes courbes, où

(153)

de fines hachures qui doivent passer sur des traits plus grossiers et qui sont
déjà tracés, sont plus faciles à faire avec le pinceau. Le dessinateur, qui
fera donc mieux de réunir les deux manières, sera obligé, à cause de la
plume, de passer la pierre à l'eau de savon ; mais il fera bien, lorsqu'elle
sera sèche, de la frotter légèrement avec du sable sec, ce qui ne rendra
pas l'encre de la plume beaucoup plus fluide, et la fera bien prendre sur
les traits au pinceau ; elle n'aura pas besoin alors d'un mordant aussi fort.

Si, pour faciliter l'impression, ou pour donner plus de durée aux
dessins au pinceau, on veut leur faire prendre un mordant très-fort,
il faut commencer par ne leur en donner que juste ce qui leur est nécessaire. Ensuite, on prépare la pierre avec de la gomme, et on la noircit
bien avec une couleur opposante. On la laisse encore un peu de temps
en repos, afin que cette couleur se serre bien, pour pouvoir résister à l'eau-forte. Enfin, on passe encore le dessin au mordant jusqu'à
ce qu'il ait le degré qu'on désire. Ensuite on rince la pierre avec de
l'eau pure, on y verse de l'eau gommée, et on la fait sécher. Cette
dernière opération raffermit les points délicats que le mordant aurait
trop attaqués ; la pierre s'imprime alors comme les dessins à la plume.
Si l'on veut travailler sur une pierre avec le pinceau et avec la plume,
et qu'on veuille être sûr que les traits les plus délicats et les moins
marqués avec l'encre n'éprouvent pas la moindre altération par le mordant, il faut se conduire comme il suit :

Prenez une pierre bien émoulée, versez-y de l'eau-forte bien propre
et bien affaiblie (à peu près quarante parties d'eau pour une partie
d'eau-forte), jetez ensuite beaucoup d'eau pure sur la pierre pour enlever
tous les acides, puis vous la laisserez sécher. On dessine tout aussi-bien
avec la plume qu'avec le pinceau sur une pierre préparée de cette manière, en observant seulement de se servir d'une encre qui lui est propre.
Quand l'ouvrage est terminé et sec, on passe de l'eau gommée sur la

pierre : au bout de quelques minutes, on peut la noircir avec la couleur opposante, et s'en servir comme je l'ai déjà dit plus haut *. Ce dernier mordant n'est pas absolument nécessaire pour obtenir de bonnes impressions, mais la pierre se conserve mieux, et le dessin devient un peu plus en relief, parce qu'alors la couleur s'étend moins sur les côtés, et n'entre point dans la pierre.

Quand on doit imprimer un grand nombre d'exemplaires des dessins à la plume ou au pinceau, on met ordinairement les feuilles séparées l'une sur l'autre, jusqu'à ce qu'il y en ait plusieurs centaines de faites, et on les transporte ensuite à un autre endroit pour faire place aux feuilles suivantes. Il faut prendre bien garde alors que les feuilles qui viennent d'être imprimées, et qui sont encore mouillées, ne soient pas très-pressées et poussées l'une sur l'autre, parce que la couleur qui est encore fraîche et humide, maculerait sur les revers des feuilles, et les salirait. Il est vrai que, pour la manière en relief, cet inconvénient n'est pas aussi dangereux que pour celle en creux, parce qu'à la première, les places en couleur sont imprimées dans la profondeur du papier, tandis qu'à la dernière, elles se trouvent relevées et plus susceptibles d'être frottées. On ne peut cependant jamais être trop soigneux lorsqu'on veut avoir des impressions pures. S'il arrive qu'il faille imprimer le revers du papier, il faut savoir si l'ouvrage est très-pressé, et si l'impression de ce revers doit avoir lieu tout de suite avant que le premier côté soit sec, ou s'il est possible d'attendre.

* Pour être bien sûr que cette couleur opposante, que j'ai indiquée au chap. II, §. 7, résiste suffisamment à l'eau-forte, il est bon de se servir en même temps d'une couleur solide et d'une couleur molle. La première met la pierre au net, mais la noircit assez fort; on la mouille encore une fois, et on y passe à une ou deux reprises la couleur plus légère, qu'on peut préparer sur-le-champ, en mettant un peu de suif dans la couleur solide. De cette manière il se trouve une couche de couleur plus molle sur celle qui est solide, qui toutes deux ensemble résistent au mordant.

Dans le premier cas, il faut, quand on imprime le second côté, mettre
à chaque épreuve une nouvelle maculature dessous, ou celle qui a déjà
servi plusieurs fois, pourvu que l'une ou l'autre soit bien sèche. Dans le
second cas, il est plus avantageux de faire sécher la première feuille qui
a été imprimée, et de la mouiller de nouveau au bout de quelques jours.
Si la couleur a été faite avec de la bonne huile, ordinairement elle ne
déteint plus ; ou si elle le fait, c'est si peu de chose, qu'on ne remet
que rarement une nouvelle feuille de maculature dessous.

Si les impressions sont sèches, et que pour leur donner un plus bel
apprêt on les ait mises sous une presse à papier ou sous une presse de
relieur, on peut être certain qu'elles ne maculeront plus, parce que,
restant plusieurs jours dans cette presse, elles sont fortement compri-
mées. Dans le cas contraire, il faut aussi mettre entre chaque feuille
séparément, une feuille de maculature propre, afin d'éviter que l'ouvrage ne macule, ce qui le gâte tout-à-fait. Pour plus de brièveté, je
préviens que la règle que je viens de donner touchant le papier imprimé
qui se déteint, est à observer pour toutes les manières de la Lithographie.

§. 2. *De la Manière au Crayon chimique.*

Ce n'est pas seulement dans un état fluide que l'encre chimique
pénètre dans la pierre, et rend les places dessinées avec elle, propres à
recevoir la couleur ; on peut aussi s'en servir sur la pierre lorsqu'elle
est desséchée. On en forme des petits morceaux oblongs, qui, étant
taillés, peuvent servir à dessiner sur la pierre, à peu près comme
avec un crayon de mine de plomb, ou avec la pierre noire. Si la pierre
est unie et bien émoulée, les traits dessinés de cette manière deviennent
plus forts, et ressemblent beaucoup à ceux faits avec l'encre fluide.
Mais ce crayon s'émousse trop vite pour qu'on puisse faire des choses

très-fines, et qui soient pareilles aux dessins à la plume. Quand au contraire la pierre a été grossièrement émoulée, que sa superficie n'a plus
de poli, et qu'elle ressemble à un papier mal uni, les traits qu'on
dessine dessus avec un crayon, au lieu d'être forts et bien distincts,
produisent une multitude de points plus ou moins fins, suivant que l'on
a appuyé plus ou moins avec le crayon. Ces traits sont semblables à
ceux qu'on dessine sur le papier avec de la pierre noire, ce qui donne
à cette manière un caractère qui lui est propre, et tout différent des
dessins à la plume. Comme presque tous les peintres et les dessinateurs
savent manier la pierre noire, ils n'auront pas besoin d'une étude particulière pour savoir dessiner avec le crayon chimique ou gras. D'ailleurs
ils n'auront point d'autres obstacles à vaincre (comme par exemple,
ceux que la plume même met aux dessins de ce genre), et ils pourront
s'abandonner à l'essor de leurs génies. Du reste, les dessins au crayon
chimique sont susceptibles d'un haut degré de perfection, et propres
surtout à rendre l'esprit et la touche d'un dessin, de manière que les
graveurs les plus habiles auraient de la peine à les égaler; c'est ce que
beaucoup d'essais en ce genre ont déjà prouvé. De plus, il n'y a
aucun autre genre, tant sur le cuivre que sur la pierre même, qui
soit aussi expéditif; ce qui prouve que la manière de dessiner au
crayon chimique est une découverte précieuse pour les artistes, et que
son perfectionnement est un service essentiel rendu aux arts.

C'est ce qui me fait espérer qu'on ne me saura pas mauvais gré si je
m'étends un peu sur cette branche de la Lithographie. Ce genre ne
diffère des dessins faits à la plume que par la manière de les exécuter.

Pour les dessins au crayon chimique, il faut des pierres *dures* et
d'une *couleur égale*. Il faut qu'elles soient neuves, ou, si on s'en est
déjà servi, qu'elles soient émoulées jusqu'à ce que toutes les traces de
la graisse qu'on aurait mise dessus autrefois, soient presque entièrement

effacées, ou du moins assez pour qu'on soit assuré qu'elles ne prendront plus la couleur, ce qui pourrait arriver facilement, parce que ce genre ne supporte pas un mordant aussi fort que celui de la plume.

Dès que la pierre est uniment émoulée, il faut l'émouler de nouveau, de manière qu'elle devienne brute ou à grains, c'est-à-dire qu'elle doit avoir de petites élévations à distances égales. Alors, le crayon ne marquera pas de traits forts, mais bien une rangée de petits points, de sorte que, sans pénétrer en profondeur, il passera dessus ces élévations. Cette seconde préparation s'effectue de la manière suivante :

On sème un peu de sable de gravier fin ou de pierre de sable pulvérisé sur la pierre, on le broie dessus avec un autre petit morceau de pierre calcaire, qu'on passe en tous sens. On peut faire ce travail avec ou sans eau ordinaire ; mais l'eau de savon est très-bonne, et donne un plus beau grain à la pierre. Qu'on choisisse la manière sèche ou humide, il faut du temps, et surtout un sable fin et égal pour ne point faire de raies à la pierre, et pour qu'elle montre partout un beau grain. Plus on frotte long-temps le même sable sur la pierre, plus son grain devient fin ; et même il pourrait devenir si fin, qu'on ne pourrait plus se servir de la pierre pour les choses mâles, mais seulement pour les choses fines et délicates qui ne se dessineraient pas si bien sur un grain grossier, quoique les dessins d'un genre plus grand n'y paraissent pas mal. C'est à l'artiste lui-même à décider le grain qu'il trouve convenable à son dessin, et à l'émouleur à s'y conformer. Je crois même qu'en bien des occasions, l'artiste ne ferait pas mal d'apprêter lui-même (d'après son dessin) avec une petite pierre, les places qu'il voudrait qui fussent plus fines ou plus grossières, comme par exemple, si le premier plan était d'un grain plus gros ; cela ne ferait pas un mauvais effet, et donnerait peut-être des impressions plus pures. En général, j'ai remarqué que, plus la pierre a été émoulée finement, plus le grain prend d'aqua.

tinta, et est difficile à imprimer, tandis que plus le grain est gros, moins on a de peine pour l'impression.

Dès que la pierre a été débrutie, il faut la nettoyer de façon qu'il n'y reste plus ni sable ni poussière. Le mieux sera d'y jeter beaucoup d'eau pure, et d'y passer un linge propre. Tandis qu'on versera cette eau, il est très-important que la *poussière fine* qui sera survenue en émoulant, soit *bien ôtée,* parce que sans cela elle empêcherait le crayon de marquer sur la pierre les ombres les plus délicates, et serait cause que le mordant les enlèverait.

Quand la pierre a été bien nettoyée de cette manière, et qu'elle est séchée, on y trace l'esquisse de son dessin avec un crayon de mine de plomb ou avec de la rubrique, on peut même la transporter sur la planche par un calque; il faut seulement que le dessin fait avec l'encre soit d'abord tiré sur un papier, afin qu'il perde le trop de graisse que ce procédé donne, et qui par là suite salit trop la pierre. Il faut aussi que les contours soient dessinés le plus délicatement possible, pour ne pas laisser trop de graisse, parce qu'elle s'imprimerait aussi; le dessin au crayon chimique ne pouvant pas être enduit d'autant de mordant que ceux à la plume.

On se servira pour dessiner de l'un des crayons gras dont j'ai donné la composition dans la première partie, page 63. Quelques essais apprendront bientôt à l'artiste quels sont les objets auxquels chaque sorte de crayon pourra convenir, chacun ayant sa manière de dessiner. Je ferai seulement la remarque, que, pour les ombres fines où on ne peut pas beaucoup appuyer sur le crayon, il vaut mieux se servir de rouleaux de papier qu'un porte-crayon ordinaire en métal, parce que le papier est plus facile à tenir; et que, pour les places plus ombrées, on atteint plus facilement son but en appuyant plus fort pour les emplir tout de suite, au lieu de les faire paraître en grattant souvent peu à peu. On peut ensuite y donner des clairs séparés en se servant de la pointe ; ce qui donnera la plus grande force et la plus grande ombre, ainsi que des demi-jours très-distincts *.

La réunion de la manière à la plume ou au pinceau, avec celle au crayon chimique, fait souvent un bon effet. Quand on fait les traits les plus vigoureux et noirs avec l'encre fluide, ils deviennent alors bien plus beaux et plus forts qu'avec le crayon seul. Il y a aussi une manière facile de dessiner avec beaucoup d'habileté de petites images, comme par exemple des figures d'almanach, en faisant les contours et les ombres les plus foncées avec le pinceau, et les choses moins fortes avec le crayon. On s'est servi avec succès des traits au pinceau pour les cheveux. Les dessins au crayon chimique ont aussi l'avantage qu'on peut y conserver des traits blancs séparés, en passant la pointe sur les places plus ou moins couvertes de crayon. Quand l'objet du dessin le permet, on peut le tracer également partout, et relever ensuite tous les clairs avec un canif, ce qui produira aussi un très-bon effet. On ne peut donner aucune règle fixe sur tout cela, le goût du dessinateur doit seul en décider.

* Ce qui prend le plus de temps en dessinant avec le crayon chimique, c'est qu'il faut le tailler à tout moment. Pour éviter cet inconvénient, il y a des artistes qui emploient une personne exprès pour leur tailler continuellement une provision de crayons. Cependant, ce crayon se conserve long-temps pointu, si l'on a près de soi une feuille de papier rude, sur laquelle on le frotte du côté qui s'émousse, ce qui l'aiguise et lui refait la pointe. Cela dépend aussi beaucoup de la manière dont on le taille : il y a des objets plus faciles à dessiner avec un crayon émoussé qu'avec celui qui est pointu ; mais il faut laisser ce choix au goût de l'artiste. J'espère découvrir, avec le temps, un instrument où, en appuyant un peu le crayon, il se trouvera tout de suite taillé. Si un autre le découvre avant moi, il aura de justes titres à la reconnaissance de tous ceux qui emploient cette méthode, et il leur donnera beaucoup de facilité pour exécuter de bons ouvrages. Pour tailler le crayon chimique, il faut prendre un couteau très-tranchant, et tailler du côté d'en-haut, et non du côté de la pointe, parce que sans cela il se rompt très-vite.

Si on a fait des fautes dans son dessin, c'est-à-dire que quelques places soient trop colorées, ou que quelques traits légers se soient embrouillés, on peut prendre la pointe ou le canif pour les éclaircir. Mais si ces fautes sont de nature à faire changer toute une partie de l'ouvrage, alors on peut effacer avec de l'huile de térébenthine les places manquées, en prenant toutes les précautions nécessaires, et en ayant le soin de les bien essuyer avec un linge propre; quelque temps après, on peut y dessiner sa correction. On peut aussi effacer ces défauts en les frottant avec du sable sec ou humide, et en nettoyant ensuite ces places. Je ne conseille pas de les gratter, parce que le grain en serait gâté.

Il est bon, quand le dessin est terminé, de le laisser reposer un jour, afin que le crayon pénètre dans la pierre. En général, quand cette pierre resterait des années entières sans mordant, cela ne lui ferait point de tort.

Il faut verser le mordant sur la pierre, et non l'y passer, parce que cela pourrait emporter les points délicats. On prend à peu près cent parties d'eau pour une partie d'eau-forte, qu'on verse sur la pierre, à différentes reprises. Comme il est important pour cette manière de ne pas surpasser de beaucoup le degré de mordant qui lui est nécessaire, on fera bien de faire plusieurs essais pour s'exercer. En y faisant attention, on apprendra bientôt à connaître le degré de l'eau-forte, et à déterminer la quantité de fois et la portion d'eau mordante qu'il faudra verser, sur une pierre de telle ou telle grandeur.

Un dessin au crayon chimique exige presque autant de mordant que celui à la plume, sans qu'on s'aperçoive d'une diminution considérable dans les points les plus délicats; mais ils n'en sont pas moins pénétrés du mordant, et ne prennent plus bien la couleur. Il ne faut donc donner le mordant qu'au degré nécessaire. On fera mieux à cause de la pureté de l'impression, de prendre un petit pinceau trempé dans une eau-forte moins faible, et de le passer sur toutes les parties dessinées avec le plus de vigueur, jusqu'à ce que le mordant leur ait donné plus d'élé-vation. On fera bien aussi de passer la pierre à l'eau pure quand le mordant y aura été mis, et de la laisser bien sécher avant que de la préparer avec la gomme.

Quand la pierre est préparée, il ne faut pas la nettoyer tout de suite avec de l'huile de térébenthine, mais la noircir auparavant avec une couleur légère. Quand elle l'aura bien prise, on pourra la débarrasser du crayon, et prendre une couleur plus solide. Il faudra faire attention quand on mouillera la pierre pour la noircir avec la première couleur, de ne pas trop appuyer avec le linge ou l'éponge mouillée, parce que les points délicats seraient faciles à s'effacer avant qu'ils n'aient pris la couleur, et après on aurait de la peine à les noircir. Souvent même ils ne la veulent plus prendre. Si malgré toutes ces précautions le dessin a été endommagé dans les places les plus délicates, je vais indiquer le meilleur moyen à employer pour le réparer :

On passe de l'eau gommée sur la pierre, et on l'essuie avec un linge propre, qui ne soit point humide, jusqu'à ce qu'elle soit bien sèche. Ensuite on prend un instrument en acier, une espèce de couteau, on l'aiguise de manière à ce qu'il n'y reste aucune inégalité qui puisse endommager la pierre. Alors, on s'en sert pour frotter les places fautives en appuyant modérément, et de manière à ne toucher que les points relevés, et non la pierre même ou le fond. Après on les enduit d'un peu de graisse, du vernis d'huile de lin, par exemple ; puis on l'enlève avec de l'eau gommée. Quand ensuite on noircit la pierre, les points qui s'étaient perdus reparaissent presque tous. On peut aussi corriger de la manière suivante :

On noircit la pierre avec une couleur solide, on la rince avec beaucoup d'eau propre, et on la laisse sécher. On trace encore une fois les places qui se sont effacées, avec du crayon chimique, ce qui n'est pas très-difficile, parce qu'ordinairement il n'y en a pas beaucoup de gâté, et que le dessin a déjà une élévation qui fait que le crayon passé légèrement ne peut guère atteindre d'autres points, que ceux qu'elle doit toucher. Cette manière de corriger une pierre est si facile, qu'un imprimeur attentif peut s'en servir sans craindre de gâter le dessin. Je reviendrai sur ces deux manières de corrections, lorsqu'il sera question de corriger des planches très-fautives.

L'impression d'un dessin au crayon chimique est ce qu'il y a de plus difficile dans la Lithographie, et demande un ouvrier attentif, car la proximité de tous ces points séparés les rendent susceptibles de s'embrouiller à la moindre froissure. D'ailleurs, un dessin de ce genre a une grande quantité de points infiniment petits, qu'on peut effacer facilement. Pour bien prendre la couleur, les points délicats ont besoin qu'elle soit molle, tandis que les gros demandent qu'elle soit plus solide pour ne pas s'écraser, ce qui pourrait donner lieu de croire qu'un dessin au crayon chimique ne peut être parfaitement imprimé. Cependant, l'expérience a déjà prouvé que la chose était très-faisable lorsqu'on observait toutes les précautions qu'elle commande, qui sont principalement : a *l'humidité nécessaire au papier;* b *l'humidité nécessaire à la pierre,* de manière à ce qu'il n'y ait ni trop ni trop peu d'eau, parce que, dans le premier cas, les points délicats ne prennent pas bien; et dans le second, la pierre se salit; c *bonne tension pour le cuir, le bien graisser,* et placer une *couche de taffetas dessous l'impression;* d *une bonne couleur bien broyée,* qui n'ombre point, et où il n'y a pas trop de noir de fumée; e *des rouleaux doux et bien secs;* f enfin, *tension nécessaire à la presse,* et dans tous les cas g *la plus grande vitesse possible* dans le procédé. Ce moyen la favorise beaucoup, parce qu'alors la pierre ne se sèche pas aussi vite , et conserve une humidité égale , ce qui fait qu'à chaque fois, on ne se sert plus d'autant d'eau que pour une impression plus lente. En outre, tout ce que j'ai déjà dit dans le paragraphe précédent, touchant l'impression des dessins à la plume, peut servir pour ceux au crayon chimique.

Outre la difficulté d'un embrouillement général, cette manière a encore un défaut qui lui est très-ordinaire, c'est que les impressions fautives prennent facilement un *ton* ressemblant à une gaze noire, qui s'étend sur tout le dessin, ou lui fait perdre son clair-obscur, et le fait paraître monotone, parce que les ombres se sont étendues et épaissies. Le premier de ces inconvéniens vient de ce que le mordant dont on s'est servi était trop faible, ou de ce que l'huile pour le vernis de la couleur était rance, ce qui est cause que cette couleur faite avec elle, s'attache volontiers aux places de la pierre qui sont préparées, et finit par les salir, de même si la couleur était composée de vernis et de litharge. Ce défaut a lieu aussi quand elle contient du savon, comme quelques imprimeurs en mettent pour qu'elle s'attache mieux. La même chose arrive encore quand il y a long-temps que le minium est mêlé à la couleur, où il s'est dissout, et lui donne la même qualité que celle de vernis et de litharge. Le papier alumineux et celui de Vicence, dont j'ai parlé, occasione le même défaut; qui peut encore avoir lieu quand la pierre , à force d'avoir été nettoyée souvent, a perdu une partie de sa préparation , et qu'elle a été frottée ensuite avec un linge trop sec, et salie par la couleur. En frottant fort avec de l'eau , on peut produire quelque chose d'à peu près semblable quand le linge qu'on emploie a des taches de graisse. Le second cas peut aussi avoir lieu souvent. J'ai remarqué que la pierre devient monotone de deux manières, quand l'impression s'écache toujours, ce qui la rend pleine de suie, ou quand la couleur s'étend sur les côtés lorsqu'on suspend l'impression pendant la nuit ou à l'heure de midi. Quoiqu'il n'y ait que la superficie de la pierre préparée, cependant, dans les dessins à la plume, tous les traits et les points le sont aussi de côté, ce qui les empêche de s'étendre aussi facilement sur les côtés, parce qu'ils sont beaucoup plus en relief que les points des dessins au crayon chimique. Quand une pierre dessinée avec ce crayon se sèche après l'impression, et qu'elle n'a pas été suffisamment enduite de gomme, la couleur qui se trouve sur les points qui ont été noircis s'étend considérablement, surtout en large lorsqu'elle est très-fluide, et donne une impression monotone. Même quand la pierre a été passée à la gomme, la couleur se dissout dans son intérieur, en sorte que, pendant l'impression, surtout si on la frotte grossièrement, la couche de préparation très-mince qui s'y trouve est enlevée, et toutes les places que la couleur a graissées en dessous paraissent peu à peu.

On corrige ces deux défauts dans les dessins au crayon chimique, c'est-à-dire le ton et la monotonie qu'ils sont sujets à prendre, en noircissant long-temps la pierre avec une couleur plus solide. Si cela ne suffit pas, il faut s'y prendre de la manière suivante :

On noircit la pierre autant bien que possible, ensuite on la met dans la caisse à mordre, et on y verse une ou deux fois de l'eau-forte très-affaiblie; on la rince bien ensuite avec de l'eau propre, et on y passe la dissolution de gomme. Il faut être très-attentif avec le mordant, et affaiblir l'eau-forte de manière qu'il n'y reste plus aucune trace d'acides, car sans cela les points délicats pourraient en être altérés. Ce moyen est le meilleur et presque le seul pour sauver la planche, si elle en est encore susceptible, sans la soumettre à une amélioration plus étendue. Bien employé il est si peu nuisible au dessin, que je conseille de s'en servir pour les planches qui n'auraient pas été imprimées depuis long-temps, quand même elles auraient l'air d'être intactes.

Il y a bien des dessins au crayon chimique que j'ai fait passer une seconde fois avec succès à un mordant assez fort, afin de les rendre plus durables et plus faciles à imprimer. Ce procédé donne aussi l'avantage de faire en même temps bien des corrections.

La correction des pierres dessinées au crayon, qui avaient déjà passé au mordant et à l'impression, était une chose si difficile, que jusqu'à présent on n'en était guère venu à bout. Cela m'a engagé à donner une attention toute particulière à cet objet, et j'espère que si les règles suivantes que j'ai extraites de mes nombreux essais et de leur résultat, ne conduisent pas au but, elles le montreront de bien près, et contribueront à perfectionner cette importante manière.

Quand un graveur en taille-douce a presque terminé sa planche, il peut en faire faire une épreuve pour être plus sûr de l'effet que fera son ouvrage. Il est toujours libre cependant d'y faire autant d'améliorations qu'il voudra. Les places qui sont trop colorées, il peut les gratter ou les repolir; celles qui manquent de force, il peut y repasser son burin et augmenter les ombres. Tous ces avantages de la gravure en taille-douce ont manqué jusqu'à ce jour aux dessins du crayon chimique. Souvent, quand l'artiste espère que l'impression de sa pierre sera pareille à son dessin, et qu'elle ne le changera en rien, il est content, car il peut juger passablement de l'effet qu'il produira par la manière dont il est exécuté. Cependant, il ne peut trop se fier à ce jugement, quoique le dessin s'accorde assez bien avec la couleur de la pierre. Mais quand on imprime son ouvrage sur du papier bien blanc, le ton en est considérablement changé.

Pour obtenir, comme on le désire, une impression aussi exacte que possible de tous les traits et points d'un dessin, il faut observer tant de petites choses, que, parmi le grand nombre de dessins au crayon chimique qu'on a faits depuis que cet art est connu, et qui ont été imprimés par différens Lithographes, il est rare qu'il y en ait une qui

réponde à son espoir. Le défaut ordinaire, vient de ce que les places
fines et dessinées délicatement deviennent plus claires, et que les masses
colorées le deviennent encore davantage; accident qui dérange encore
plus la proportion des teintes que la couleur du papier. Les points délicats
deviennent plus clairs, parce qu'ils ont perdu la force de prendre
la couleur, et les autres deviennent plus foncés, parce que leurs
ombres sont plus serrées, et qu'il ne reste entre les points qu'un intervalle de blanc imperceptible. Lorsque le mordant qu'on y donne est
trop faible, il ne sépare pas assez les points en les relevant, et alors les
traits s'écachent lors de l'impression.

Outre ces défauts, il y en a encore deux qui ne deviennent visibles
que quand la pierre est noircie. Le premier consiste dans des taches
blanches, qui, quelquefois, sont assez grandes; et le second, dans des
taches noirés et des taches de saleté, qu'on n'apercevait pas sur la
pierre avant qu'elle fût noircie.

Les taches blanches viennent de ce qu'on a causé en travaillant, ce
qui a fait jaillir de la salive sur l'ouvrage. Si cette salive est visqueuse,
elle laisse sur la pierre une croûte légère, qui empêche le crayon d'y
pénétrer, de sorte qu'en noircissant on l'enlève. Si la salive est d'une
nature grasse, surtout si l'on vient de manger quelque chose qui le
soit, alors les taches qu'elle fait paraissent aussi, mais elles sont noires.
Il en est de même quand on touche la pierre avec des mains grasses,
ordinairement le doigt et la peau s'y montrent très-distinctement. J'ai
déjà parlé des autres défauts qui peuvent avoir lieu lors de l'impression, et même dans le §. 1er. il en est fait mention.

Supposons un dessin qui, avant de passer au mordant, paraissait bien
sur la pierre, et dont tous les défauts dont je viens de faire l'énumé-
ration auraient reparu quand elle aurait été noircie; c'est-à-dire que
les ombres fines aient disparu, ou du moins aient été affaiblies, et

qu'au contraire les teintes foncées le soient devenues davantage , ou même qu'elles se soient embrouillées. Ajoutez à cela des taches blanches, et enfin des taches noires et de saleté qui auraient, sous tous les rapports, donné de l'imperfection au dessin, ou qui l'auraient même gâté. Ces défauts peuvent-ils être corrigés? et comment faut-il s'y prendre?

Je réponds à la première question, que je suis convaincu que tous ces défauts peuvent se réparer ; mais que c'est à l'artiste à décider s'il ne ferait pas mieux de recommencer sa planche, travail qui lui prendrait peut-être moins de temps ; car tous ces défauts ne peuvent être corrigés que par lui, et non par l'imprimeur. Il faut aussi qu'il ait l'adresse nécessaire pour cette correction, qui, si elle est considérable, lui coûtera beaucoup de temps et d'ennui.

Je répondrais à la seconde question.

Il faut, avant tout, que ce qui n'appartient pas au dessin, tel que les taches noires et les saletés, disparaissent. Les ombres qui sont devenues plus foncées doivent être éclaircies par des points blancs qu'il faut y graver. Pour cela, on noircit la pierre avec une couleur opposante très-solide, et l'on en passe par-dessus une autre plus légère. Ensuite on gratte ou on émoule toutes les saletés qui se trouvent hors du dessin, et qui pourraient gâter le bord blanc du papier. Il n'est pas possible de gratter ni d'émouler dans le dessin, parce que le grain se perdrait, et qu'on ne pourrait ensuite y tracer la correction comme elle devrait l'être. Il faut donc chercher au contraire à buriner les endroits fautifs avec un morceau d'acier pointu, ou large, selon la circonstance , de manière que les places restantes ressemblent au grain du crayon. Quand on se sera exercé un peu à buriner dans ce genre, on trouvera que ce n'est ni long ni difficile. On peut, en quelques minutes rendre les places trop empâtées de noir, plus transparentes et plus nettes, qu'on ne pourrait le faire en beaucoup plus de temps si on les refaisait à neuf. S'il se trouve des points qui soient devenus trop gros, on peut les rendre plus agréables à l'œil en y gravant un point blanc ou un trait, ce qui les diminue très-facilement.

Quelquefois, lorsqu'on dessine avec le crayon, il glisse sur la pierre sans laisser de traces visibles (ce qui occasione une épaisseur dans différentes places, ce qui vient de ce que le noir de fumée a été mêlé avec négligence). Le même effet peut avoir lieu en grattant des places dessinées, lorsqu'on a la maladresse de toucher à celles dont la graisse a déjà pénétré dans la pierre, qui par là se trouvent enlevées en partie. Si on ne donne ensuite qu'un mordant faible, il peut arriver que ces places grasses, qui sont invisibles sur la surface de la pierre, prennent la couleur et rendent cet endroit du dessin plus foncé. Ce défaut n'est pas seulement corrigé en burinant, il se change quelquefois en perfection. J'ai remarqué que les places burinées ainsi, surtout lorsqu'elles sont foncées, prennent une teinte si agréable, et en même temps si forte, qu'on aurait peine à en produire une pareille avec le crayon.

Quand la pierre est bien débarrassée de tout ce qui lui est inutile, on y verse une ou deux fois de l'eau-forte affaiblie, puis on y passe de la gomme; quelques minutes après on la noircit avec une couleur assez solide. Alors le dessin sera propre, mais toutes les places qui étaient déjà trop claires avant cette opération, le sont peut-être devenues davantage par ce second mordant. Pour corriger encore ce défaut, on verse de l'eau gommée sur la pierre, puis on l'essuie avec un linge propre, et on la frotte jusqu'à ce qu'il n'y reste plus qu'une couche de gomme très-mince. Afin d'en mieux juger, il est bon de mêler à la gomme un peu de rubrique bien broyée. Quand la pierre est entièrement sèche, on prend, ainsi que je l'ai déjà dit, un couteau d'acier bien plat et élastique, ou un autre instrument d'acier dans le même genre, qui n'a ni brèche ni rudesse ; on s'en sert pour polir la pierre ; on appuie modérément, afin de ne pas endommager ni effacer les points du dessin. On fera bien attention qu'il n'y vienne point d'humidité, même de ne pas respirer trop près de la pierre, parce que cela ferait le contraire de ce qu'on désire, et les places qui ne prennent pas la couleur n'en seraient que plus préparées. Quand on croit avoir retouché tout ce qui était fautif, on passe un peu de suif ou d'huile de lin sur la pierre, et on l'essuie légèrement partout avec un chiffon trempé dans une eau de gomme très-claire. Si ce procédé a été fait avec l'exactitude nécessaire, on aura le plaisir de voir reparaître tous les points perdus, en les noircissant avec une couleur plus molle. Si on a appuyé trop fort, et que le fond ait été attaqué, de nouvelles saletés auront lieu, il vaut donc mieux ne pas tant appuyer, et dans le besoin recommencer l'opération. On fera bien aussi de n'imprimer au commencement qu'avec une couleur un peu plus molle. Plus tard, quand tous les points se seront bien imbibés de graisse, on pourra en prendre une plus solide.

Ceux qui ne se croiront pas assez adroits pour raccommoder toutes ces places en frottant dessus, parviendront à leur but en copiant leur dessin ; il faut seulement qu'ils choisissent un crayon qui contienne beaucoup de savon, et que la pierre ait été rincée avec beaucoup d'eau propre. Je conseille de terminer cette correction le plus vite possible, et de ne pas laisser la pierre un jour entier sans la couche de gomme, parce que, quoiqu'on la frotte avant de la noircir, elle peut facilement devenir monotone ou trop noire. Si la correction est si considérable, qu'elle demande plus de temps, on fera mieux de bien noircir la pierre avec de la couleur opposante, de la passer à l'eau, et de la laisser sécher. Alors, elle peut rester dans cet état des mois entiers ; seulement, quand elle sera corrigée, il faudra, avant de la noircir, y jeter de nouveau de l'eau-forte affaiblie, et la préparer avec de la gomme.

Quant aux petits défauts, tels que les taches blanches et d'autres semblables, on les corrige mieux en les retouchant légèrement avec le crayon, après la première épreuve et pendant que la pierre est encore mouillée. On comprend facilement qu'on peut aussi raccommoder, avec la plume et le pinceau, les endroits faits de cette manière dans un dessin au crayon chimique, et qui aurait déjà passé au mordant.

Les endroits trop foncés peuvent devenir plus clairs en y passant plusieurs fois un pinceau trempé dans de l'eau-forte affaiblie, et en y repassant de la gomme.

Tels sont à peu près les meilleurs moyens de retoucher et de corriger un dessin au crayon chimique, quand on s'aperçoit, après lui avoir donné le mordant, qu'il y a des fautes. Je suis persuadé qu'en suivant exactement mon instruction, et ayant acquis l'expérience nécessaire, on parviendra à son but, celui d'avoir des impressions parfaitement correctes. Je vais terminer cet article par des observations utiles à cet art.

Ire. Les mégissiers de Munich préparaient, pour les imprimeurs de cette ville, une certaine qualité de cuir pour faire les rouleaux d'imprimerie : ce cuir était de peau de mouton. Il y a différens endroits, tels que Paris, Londres, Vienne, Offenbach, où je n'ai pu m'en procurer. Ce cuir n'est pas blanc comme du cuir à l'alun, il est jaune, et l'huile de poisson n'en est pas tout-à-fait partie. J'ai fait préparer, de cette manière, des peaux de chiens, et même des peaux de veaux, minces, et je les ai trouvées encore meilleures, à cause de leur solidité. Quand un rouleau est recouvert de ce cuir, de façon que le côté sur lequel se trouvait le poil, soit en-dehors (et non en-dedans, ainsi que plusieurs le pratiquent), alors le cuir a la propriété d'attirer la couleur, ce qui vient sûrement du poli et de l'élasticité de sa superficie ; chose qui contribue beaucoup à étaler la couleur également sur la pierre. On augmente encore cette qualité en humectant un peu le rouleau avant de l'enduire de couleur; mais, au contraire, quand on mouille trop la pierre lorsqu'on l'imprime, elle agit d'une manière différente, parce que cette humidité continuelle la prépare en partie peu à peu. Elle prend alors moins de couleur, et, au lieu de l'attirer, elle la lâche plus vite, la met en masse sur la pierre, et occasione des impressions embrouillées et écachées.

Si on se sert long-temps d'un rouleau d'imprimerie, il perd aussi l'élasticité et la douceur de sa superficie; alors il ne peut être employé pour les belles impressions, et surtout pour les dessins au crayon. Un rouleau durci par la couleur qui s'est séché dessus, est encore plus mauvais pour faire des impressions passables. Avec un rouleau de ce genre, il faut avoir une couleur très-solide, et y mêler beaucoup de noir de fumée. On ne peut cependant s'en servir que pour des dessins grossiers à la plume; mais pour ceux au crayon, il en rend les impressions inégales, et souvent il occasione la perte du dessin. Si l'on prend une couleur souple, et qui contienne plus de vernis, on aura presque toujours des impressions écachées. On est tout étonné, lorsqu'on a fait des impressions avec un de ces mauvais rouleaux, et qu'on fait ensuite un essai avec un rouleau nouvellement recouvert, on ne croit plus avoir le même dessin sous les yeux, tant la différence est remarquable. C'est ce qui me fait croire que, pour faire des impressions parfaites, il dépend encore plus de la qualité du rouleau que de la composition de la couleur, tant pour les dessins au crayon, que pour les dessins délicats à la plume.

Il est nécessaire de changer souvent les rouleaux, et, quand on s'en est servi, de les nettoyer avec de l'huile de lin ou du beurre, afin qu'ils restent mous et souples plus long-temps. Je conseillerais, pour les dessins au crayon qui méritent quelque attention, de ne pas regarder à une petite dépense de plus, et de prendre deux rouleaux nouvellement recouverts.

IIᵉ. J'ai déjà dit que la couleur de la pierre trompe souvent le dessinateur, relativement à la proportion des teintes, et qu'en général, les dessins paraissent mieux sur une pierre un peu colorée que sur le papier blanc. Cela me donna l'idée d'essayer d'imprimer un dessin fait sur pierre, sur un papier jaunâtre à peu près du ton de la pierre; cet essai répondit parfaitement à mon attente. Quelques difficultés s'élevèrent cependant, la plus belle espèce de ce papier étant très-chère, et la couleur des autres étant impreignée de matières qui salissent la pierre. J'essayai donc d'imprimer sur du papier blanc, et de le teindre ensuite. Cette méthode entraînait aussi plusieurs désagrémens; enfin l'idée d'imprimer une teinte jaunâtre avec une autre pierre sur le dessin déjà tiré, obtint la préférence. Cette manière était non-seulement plus commode et meilleur marché, mais elle avait aussi l'avantage de laisser les bords du papier blancs, ce qui relevait encore le dessin. A peine avais-je employé cette manière avec succès, que M. Piloty me donna l'idée de me servir d'une couleur blanche pour imprimer les clairs, afin que les dessins ressemblassent davantage aux dessins à la main. Mais les essais que je fis dans ce genre ne furent pas satisfaisans; parce que l'huile ternit les blancs dans l'impression. Je proposai donc de ménager les clairs sur la pierre à teinte, ou d'y graver les lumières, ce qui ferait paraître le blanc du papier. Telle fut l'origine de cette manière de dessiner au crayon chimique avec une ou plusieurs pierres à teintes, et qui a été tellement goûtée, qu'elle fut adoptée généralement dans les ateliers lithographiques de Munich.

On ne sera pas fâché de trouver ici une description intelligible de la manière de préparer et d'imprimer ces pierres à teintes.

J'ai imaginé différentes méthodes; mais, comme je suis persuadé que les mêmes idées viendront à tous ceux qui auront compris mon cours d'instruction, je me contenterai de parler de celle qui m'a paru la plus avantageuse de toutes.

On prend une pierre d'une qualité médiocre (car il n'est pas nécesraire qu'elle soit de la meilleure), on l'émoule comme pour les dessins au crayon, c'est-à-dire également rude, et avec un grain qui ne soit pas trop gros. Quand elle est propre et sèche, on l'enduit partout également avec l'encre chimique que je vais décrire, qu'on met dessus assez épaisse pour qu'elle résiste suffisamment à l'eau-forte (il ne faut pas non plus que cette couche d'encre soit trop épaisse, parce qu'alors elle présenterait des difficultés pour dessiner les clairs).

Encre chimique pour préparer le fond des Pierres à teintes.

Cire................................	4 parties.
Savon..............................	1
Cinabre............................	2

On commencera par fondre ensemble, sur le feu, et dans un vase propre, les deux premiers ingrédiens, puis on y mêlera le cinabre.

On broie gros comme une noisette de cette encre dans une tasse à café, et on la délaye avec de l'eau de pluie, jusqu'à ce qu'elle soit assez fluide pour être passée également sur la pierre avec un pinceau.

Cette pierre étant ainsi enduite de rouge, on la laisse bien sécher; quand cela est fait, on tire sur un papier collé et humide, autant que cela est nécessaire, une épreuve bien marquée de la pierre sur laquelle est son dessin principal. Cette impression doit être faite avec une couleur plus molle que solide. Aussitôt qu'elle est tirée, et avant que le papier ait eu le temps de se raccourcir en séchant, on met dans la presse cette pierre à teinte, qui est rouge, et on applique dessus l'impression encore mouillée. Par une tension modérée de la presse, tout le dessin se trouve décalqué sur la cire. Le papier s'y attache fortement; pour l'enlever sans endommager le fond, on le mouille sur le revers avec de l'eau-forte affaiblie, jusqu'à ce qu'il en soit pénétré, et se laisse essuyer facilement: mais il faut faire attention de ne pas enlever le dessin qui vient d'être imprimé, en appuyant ou en frottant trop fort. Ce procédé est encore plus aisé quand on s'est servi d'un papier à calquer propre à cet usage. On étend sur ce papier, qui est bien collé et propre, une mince couche d'amidon (telle que celle dont se servent les blanchisseuses pour mettre leur linge à l'empois) du côté où l'impression doit se faire. Pour être sûr de l'avoir portée bien également sur le papier, il est bon de mêler un peu de gomme-gutte dans l'amidon. Il faut que le papier soit bien mouillé après l'impression, pour pouvoir mieux transporter le dessin. Quand il est calqué sur la pierre à teinte, on le mouille aussi avec de l'eau-forte affaiblie, et on l'enlève facilement, parce que la colle étant amollie par l'eau, elle se détache volontiers de la couleur.

Lorsque le dessin se trouve bien calqué, on prend un ou plusieurs grattoirs, et l'on cherche à enlever la couche de cire des places où doivent se trouver les clairs, conformément aux formes du dessin. Comme la pierre a été émoulée dans le genre de celles pour le crayon chimique, il ne se fait au commencement que de petites taches blanches séparées, parce qu'il n'y a que les points les plus relevés qui soient touchés; mais plus on gratte, plus l'instrument enfonce, jusqu'à ce qu'enfin on soit parvenu sur la pierre même, et qu'on obtienne un jour blanc parfait. Ceux qui ont acquis l'usage nécessaire pour ce travail, peuvent dessiner sur la pierre à teinte comme avec de l'encre de la Chine, et monter des clairs les plus faibles, jusqu'aux plus brillans. Lorsque ce procédé est bien exécuté, il donne une grande perfection au dessin.

Quand les clairs sont tracés, on gratte aussi les bords du dessin, pour qu'ils restent blancs lors de l'impression ; puis, on jette à plusieurs reprises de l'acide passablement fort (à peu près vingt parties d'eau pour une partie d'eau-forte) sur la pierre, qu'on passe ensuite à la gomme. Elle se trouve alors toute préparée pour l'impression. Quant à l'impression en elle-même, on a besoin d'une bonne préparation pour mettre la seconde juste sur la première, afin que les clairs se trouvent aux places qui leur appartiennent.

Pour cela, on a fait sur la pierre où est le dessin principal, et vers le bord, deux points avec l'encre chimique ; ces deux points se sont imprimés sur le papier, et de là sur la pierre à teinte, ou on les marque en gravant ou avec l'encre. Quand la première impression est faite, et qu'on veut lui donner la teinte, on coupe exactement le papier aux deux points, et ses bords se trouvent placés justement sur les deux points marqués sur la pierre à teinte ; de sorte que les impressions s'y trouvent toujours dans la même position, à moins que le papier ne se soit raccourci en séchant. Cette manière est incommode, en ce qu'il faut recouper à chaque impression ; et, si on ne le fait pas extrêmement juste, elle donne des impressions fautives. Cependant, on peut s'en servir pour des impressions d'épreuves. Si on a beaucoup d'exemplaires à tirer, il devient plus avantageux d'adapter au chassis d'imprimerie (qui chaque fois doit se fermer exactement, et sans le moindre déplacement, sur le même point : ce qu'il est facile d'effectuer par de bonnes bandes à charnières, et des pointes de fer tombantes dans des boîtes de cuivre), un chassis plus petit attaché par deux chevilles qui le rendent mobile, et auquel se trouvent deux aiguilles d'acier, dont on peut se servir pour le rétrécir, l'élargir, l'avancer ou le reculer. Quand on a un chassis arrangé de cette manière (on en voit la construction sur la planche des presses), on frotte le cuir en-dedans avec un peu de cire, et l'on met une feuille de papier blanc dessus. Ensuite, quand on a affermi à l'avance la pierre à teinte, de façon qu'elle ne puisse jamais se déranger, on fait l'impression sur ce papier, en prenant garde que les points qui servent de guide, s'impriment aussi. On place après cela les deux aiguilles d'acier qui se trouvent dans le chassis, juste devant les deux points. Quand on aura mis les impressions du dessin déjà faites dans le chassis, de manière à ce que les deux points marqués se trouvent absolument sous les aiguilles, il ne restera aucun doute qu'elles ne touchent juste sur la pierre à teinte, et par conséquent on sera certain qu'elles s'accorderont exactement avec elle. Il faut toujours retirer le petit chassis aux aiguilles, quand le papier a été attaché au cuir par la pression de l'autre chassis aux cordons, pour n'en pas être embarrassé lors de l'impression. Les cordons doivent aussi assujettir le papier au cuir, de manière qu'en fermant le chassis d'imprimerie, il ne puisse pas être dérangé.

Pour colorer les pierres à teintes, on prend du vernis solide assez coloré de terre d'ombre, ou d'une autre couleur qui puisse faire l'effet désiré en imprimant. Des rouleaux nouvellement recouverts sont aussi très-utiles pour donner une teinte égale et belle.

IIIe. Il est souvent très-difficile, en émoulant les pierres à grain pour le crayon, d'éviter les traits et les raies occasionés par des grains de sable qui sont plus gros que les autres. Il faut donc se garder de faire des dessins de quelque prix sur des pierres aussi imparfaites, parce que ces raies paraîtraient toutes très-distinctement dans l'impression, et feraient un mauvais effet. Si, malgré cela, on se sert d'une pierre pareille, il faut au moins chercher à corriger les raies les plus visibles, avec de l'encre chimique et un pinceau fin, parce que le crayon, quelque fin qu'il soit taillé, ne peut s'employer à cet usage.

IVe. Comme la conservation des dessins au crayon chimique est une des principales difficultés de cette manière, parce que, lorsqu'ils ont été passés à l'eau-forte, les places claires le deviennent ordinairement plus, et que celles qui sont foncées le deviennent encore davantage, j'ai essayé de tracer les places claires un peu plus fermes sur une autre pierre, et de les imprimer avec une couleur plus pâle, ce qui m'a réussi parfaitement, et m'a donné l'espérance qu'avec le secours de bons artistes, je pourrai par la suite et par ce moyen faire des chefs-d'œuvres. C'est pourquoi je veux éveiller, dès à présent, l'attention publique sur cet objet. La seule objection qu'on peut faire à cette manière, c'est que le dessinateur n'ayant pas son ouvrage sur la même pierre, il ne peut juger de son ensemble. L'expérience prouvera jusqu'où cette objection peut être fondée. Je crois cependant que l'ouvrage y gagnerait beaucoup en beauté et en précision.

V^e. Quand on sera bien au fait de la manière de donner, avec les pierres à teintes, une seconde impression sur la première, il ne sera pas difficile de passer à l'imprimerie avec plusieurs planches, et principalement à l'imprimerie en couleur. J'ai déjà essayé, dans les premiers temps de la découverte des dessins au crayon chimique, de colorier avec plusieurs couleurs une pierre préparée pour le crayon. Ce qui m'a le mieux réussi dans cet essai, a été l'emploi de ce qu'on appelle des patrons à la manière des cartiers. Je faisais sur du papier huilé et fort, autant d'impressions du dessin qu'il devait y avoir de couleurs, puis on y découpait tout ce qui, dans l'une, devait être rouge, dans l'autre, vert, et ainsi de suite; puis je mouillais la pierre, j'y mettais les patrons découpés et je passais la couleur qu'il fallait sur toutes les places qui se trouvaient découvertes. Il faut, pendant qu'on met la couleur, humecter la pierre de temps en temps. Lorsque toutes les places furent coloriées, j'imprimai la pierre, qui me donna de très-jolies impressions, mais qui cependant ressemblaient plus à un croquis qu'à une peinture, parce que les couleurs, à l'exception du noir, du cinabre et du bleu foncé, ne s'impriment pas avec assez de force, pour s'accorder avec le dessin, les places en jaune devraient être dessinées plus foncé que les noires. Mais, en se servant de plusieurs pierres, où chaque chose est marquée selon le plus ou moins de force, et avec les couleurs nécessaires, on peut faire de jolies impressions qui ressemblent beaucoup aux gravures anglaises enluminées, surtout quand on joint à la manière au crayon chimique, celle à la plume ou au pinceau.

VIe. On peut aussi donner à une pierre un mordant qui la rende brute, et propre à être dessinée avec le crayon, en se servant du procédé suivant :

On la frotte avec de la pierre ponce, et on la rend aussi polie et aussi unie que possible ; puis on y verse de l'eau-forte, on l'enduit de gomme, on la rince bien avec de l'eau, et on l'essuie avec un linge propre. Quand cela est fait, on y met une couche de suif très-mince, à laquelle on mêle un peu de noir de fumée, afin de voir plus distinctement si cette couche de graisse n'est pas plus épaisse dans un endroit que dans un autre. On prend ensuite une petite balle recouverte de drap fin, ou un rouleau de même nature, qu'on passe sur la pierre jusqu'à ce qu'elle ait acquis partout une teinte uniforme. Alors, on essaye, dans un des coins, si, en versant de l'eau-forte affaiblie, elle pénètre également la couche de graisse qui se trouve sur la pierre, malgré les petits globules d'air qui se forment à une distance égale l'un de l'autre. Il faut, pour cela, avoir deviné l'épaisseur du fond, ce qui demande encore une certaine habitude ; j'observerai qu'il faut qu'elle soit très-mince, mais cependant assez solide pour apporter un peu de résistance à l'action de l'eau-forte, qui ne doit ronger que les places où la rudesse du drap a fait les plus grandes cavités, et où elle a le plus enlevé la couche de graisse.

Si l'essai qu'on a fait à l'un des bouts de la pierre a répondu à son attente, on entoure les bords de la pierre avec de la cire pareille à celle dont les graveurs se servent pour border leurs planches de cuivre, afin que l'eau-forte ne se répande pas. Ensuite on y verse assez d'acide pour que toute la pierre en soit suffisamment couverte. Il vaut mieux que l'eau-forte soit très-affaiblie, comme, par exemple, quarante parties d'eau pour une partie d'eau-forte. Si elle était plus forte, elle ne rongerait pas la pierre aussi également; dès que les globules sont aussi grands que la tête d'une très-petite épingle, on ôte promptement l'eau-forte, et on y remet à l'instant de l'eau simple pour faire disparaître ces globules. Ensuite on ôte l'eau et on remet de l'eau-forte; on fait trois, quatre ou cinq fois de même, suivant la grosseur qu'on veut donner au grain. Enfin, on nettoie bien la pierre avec de l'huile de térébenthine, pour enlever tout ce qui est gras; puis on y passe encore de l'eau-forte affaiblie et propre, on la nettoie bien avec beaucoup d'eau, et on l'essuie avec un linge propre; alors elle est prête, et on peut s'en servir. Quand ce procédé a réussi, on a obtenu un grain beaucoup plus beau et plus égal qu'on ne l'aurait eu en frottant la pierre avec du sable.

VIIe. Cette instruction enseigne la manière de dessiner sur une pierre qui a été préparée avec de l'eau-forte et de la gomme. Cette méthode ne nuit en rien à la solidité du dessin, quand on détruit la liaison de la gomme avec la pierre en lavant cette dernière comme je l'ai déjà dit, avec de l'eau-forte affaiblie, et en faisant disparaître avec de l'eau propre toutes les traces d'acide qu'elle peut avoir laissées. S'il se trouve beaucoup de savon dans le mélange du crayon chimique dont on se sert, on pourra être plus sûr du succès de son ouvrage, que s'il était fait sur une pierre toute naturelle, parce que celle qu'on emploie a déjà été soumise deux et même trois fois, en y comprenant le dernier procédé à l'action de l'eau-forte, et que par la suite elle n'a besoin que d'un mordant très-faible, qui ne peut nuire aux ombres fines. Il n'est presque pas besoin, du moins avant que la pierre ait été enduite de gomme et noircie, de donner un mordant au dessin. L'expérience décidera s'il ne serait pas plus avantageux, en général, de passer d'abord sur la pierre grainée de l'eau-forte affaiblie et propre, de la rincer avec de l'eau, et d'y dessiner ensuite avec le crayon chimique.

VIIIe. Plusieurs essais que j'ai faits pour donner un mordant plus fort aux dessins au crayon chimique, m'ont prouvé qu'en effet cela faisait tort aux places les plus délicates. Mais, si je les frottais avec un couteau plat, comme je l'ai dit plus haut, elles reparaissaient toutes, et j'avais l'avantage d'avoir une pierre bien mieux préparée que quand le mordant était plus faible.

IXe. Quand une pierre dessinée au crayon a été gâtée lors de l'impression, par négligence ou par maladresse, on peut suivre les règles que j'ai données touchant l'impression et la correction des dessins à la plume. L'esprit de l'artiste doit lui suggérer lequel de ces différens moyens peut être applicable aux défauts qui peuvent avoir lieu. En général, on doit regarder comme la meilleure méthode de correction, celle de repasser le crayon chimique sur les places qui ont été effacées. A l'égard de celles qui ont pris de la saleté, il faut se servir d'une couleur plus solide, ou les nettoyer avec de la gomme et de l'huile de térébenthine, noircir les dessins avec de la couleur opposante, les passer après à une faible eau-forte, et avec de l'eau gommée.

§. 3. *Du Transport et du Calque.*

Pour les dessins à la plume ou au crayon, on se sert d'une matière grasse pour marquer immédiatement sur la pierre les traits et les points qui doivent prendre la couleur, et être imprimés. La Lithographie a encore une autre manière, par laquelle le dessin ou l'écrit se trace sur le papier avec la même composition grasse, et s'en détache en le transportant sur la pierre. Cette manière est tout-à-fait particulière à l'imprimerie chimique, et je suis très-porté à croire qu'elle est ce qu'il y a de plus important dans ma découverte. On n'a plus besoin, pour multiplier ses idées par l'impression, d'apprendre à écrire à rebours, car quiconque sait écrire sur le papier, pourra le faire aussi avec l'encre chimique; et, quand il l'aura transporté sur la pierre, il en tirera une quantité d'exemplaires innombrable, qui viendront du sens de l'original. Les gouvernemens de Munich et de Saint-Pétersbourg (même quelques bureaux à Paris) ont adopté cette manière; les décisions que le conseil prend sont écrites dans le moment avec l'encre chimique, et le secrétaire les envoie à l'imprimerie. Au bout d'une heure, il y a déjà cinquante exemplaires de prêts pour être distribués aux membres du conseil. Un établissement de ce genre est surtout très-avantageux pour les circulaires, et en général, pour tous les ordres du gouvernement qui demandent de la promptitude. Je suis persuadé qu'avant dix ans tous les gouvernemens de l'Europe auront un établissement lithographique de ce genre. En temps de guerre, cette manière est d'un grand avantage pour l'état-major d'une armée; elle remplace parfaitement une imprimerie de campagne, et permet une plus grande promptitude et un plus grand secret. Le commandant n'a qu'à écrire lui-même ses ordres secrets, et les faire imprimer en sa présence, par quelqu'un qui ne sache pas lire l'écriture, ou qui a la planche devant lui à rebours, il peut être sûr alors qu'il ne sera pas trahi. Si, pour éviter toutes méprises, on a besoin de plans sur des positions ou situations militaires, l'ingénieur n'aura qu'à les dessiner sur le papier, en peu d'instans il en aura beaucoup de copies à distribuer à ses subalternes. Par la suite, le commerce se servira sûrement aussi de ce procédé, car il arrive souvent, surtout dans les grandes maisons, qu'on a besoin d'avoir très-vite beaucoup de copies exactes d'un écrit quelconque.

Les auteurs et les savans pourront aussi, par cette manière, faire copier à très-bon compte leurs manuscrits qu'ils voudront faire circuler.

En s'en servant pour l'imprimerie musicale, on lui donnera un nouvel élan, puisque les dépenses pour la gravure seront presque nulles.

Cette manière sera d'une grande utilité, surtout dans les pays où il n'y a ni imprimerie ni fonderie en caractères, même dans les imprimeries d'Europe, par exemple, dans celles où la société biblique fait imprimer ses bibles en langues étrangères, et pour lesquelles elles n'ont pas de lettres fondues.

Les artistes même lui rendront hommage, quand sa perfection toujours croissante les aura habitués à tracer leurs dessins sur du papier, soit avec de l'encre, soit avec du crayon, ce qui facilitera leur travail et leur fera porter leurs ouvrages partout avec eux, et en rendra l'envoi très-facile dans les lieux les plus éloignés.

Ce n'est pas par ostentation que nous venons de détailler tous les avantages de cette manière; c'est par l'intime persuasion où nous sommes de son utilité. Il nous serait facile de faire un ouvrage entier sur toutes les ressources de cette découverte, si nous voulions nous étendre davantage; notre désir est d'acquérir des amateurs à cette manière, et de fixer leur attention sur ses nombreuses applications, dans l'espoir que des artistes habiles la porteront bientôt à son degré de perfection.

Parmi les différens essais que j'ai faits pour reproduire un écrit tracé avec l'encre chimique, j'ai distingué ceux qui étaient écrits avec une encre dure ou avec une encre molle, sur du papier préparé, ou sur celui qui ne l'était pas. Le transport se fait sur une pierre

chaude ou froide, l'écrit se détache entièrement du papier, ou seulement en partie. L'explication de toutes ces différences nous entraînerait
dans des longueurs inutiles ; je vais me contenter de donner la méthode que je regarde comme la meilleure, et pour laquelle on se sert
d'une encre molle et d'une pierre non chauffée. Cette méthode est la
plus prompte et la plus sûre, et elle a l'avantage de ne point gâter
l'original.

On prend gros comme une noisette de l'encre dont j'ai donné la
composition, on la met dans une tasse à café, et on la dissout avec de
l'eau de pluie ou de rivière. C'est la grosseur du caractère de l'écrit ou
sa finesse qui décide de la fluidité de l'encre. Dans le dernier cas, il
faut qu'elle soit mince, afin que les lettres, en se séchant, ne conservent
pas trop de masses d'encre, ce qui les ferait s'élargir et s'étendre lors
de l'impression.

Il n'est pas aussi facile d'écrire avec l'encre chimique qu'avec l'encre
ordinaire faite de noix de galle et de vitriol martial ; cela vient des deux
qualités qui lui sont propres, et en même temps désagréables. La première, est qu'elle coule volontiers sur le papier, ou qu'elle s'y étend en
large ; la seconde, qu'elle gâte bientôt la plume avec laquelle on écrit,
et en amollit la pointe, ce qui oblige de la tailler souvent. Peut-être
que par la suite un chimiste habile trouvera le moyen, en donnant
une composition plus parfaite à cette encre, de remédier à ce défaut.
Cependant cela vient beaucoup de l'habitude, et nous avons plusieurs
écrivains à Munich, qui ne font presque point de différence entre l'encre
à transporter et l'encre ordinaire. D'ailleurs, il ne faut qu'avoir une
provision de plumes bien taillées auprès de soi, afin d'en changer souvent
et de laisser sécher, pendant un peu de temps, celles dont on s'est servi.
Quant à ce que l'encre coule, on trouve souvent du papier qui y est
beaucoup moins sujet l'un que l'autre. Mais j'ai découvert un mélange

dont une couche très-mince donne au papier la qualité de recevoir les traits et les caractères les plus délicats. Si un ouvrier en acier était assez adroit pour imaginer une plume de ce métal, qui fût, pour la vitesse, la flexibilité et l'élasticité, semblable à une plume d'oie, sans que la pointe en fût trop mince ni trop tranchante, alors la facilité de travailler avec cette encre ne laisserait plus rien à désirer.

La composition propre à préparer le papier qui doit servir pour une très-belle écriture ou pour un dessin délicat, est celle qui suit :

On met une demi-once de gomme adragante dans un verre propre, on y jette de l'eau, de manière à ce que le verre soit presque plein. On le laisse dans cet état au moins deux fois vingt-quatre heures ; on peut même le laisser huit ou quinze jours, cela n'en sera que mieux. Pendant ce temps la gomme s'enfle, et fait avec l'eau une espèce de colle assez semblable à l'amidon. Ensuite, on remue bien ce mélange, et on le passe dans un linge, afin qu'il n'y reste point de saleté. Quand cela est fini, on y mêle une once de colle de menuisier, cuite, de la meilleure qualité, et une demi-once de gomme-gutte dissoute dans l'eau ; ensuite on prend :

> 4 Onces de craie française...........
> 1 Demi-once de gypse éteint et sec.
> 1 Once d'amidon cru..............

Tout cela doit être pulvérisé bien fin, et broyé avec une partie de l'eau gommée, dont j'ai parlé plus haut ; et mêlé avec ce qui en reste. On presse le tout avec un linge fin, on y ajoute ensuite autant d'eau qu'il en faut pour passer cette composition sur le papier avec un bon pinceau, et l'étendre également très-mince. Quand le papier, que cette opération a rendu un peu jaune, est sec, on le met dans la presse, le côté coloré sur une pierre bien émoulée ; on tend la presse assez fort, afin de lui donner un apprêt plus fin, et de pouvoir y dessiner encore plus délicatement *.

Il faut prendre bien garde de ne pas mettre cette couleur trop épaisse, parce qu'elle ferait du tort au transport qu'on veut faire, en s'écachant. On comprend aisément qu'il ne faut mettre ce mélange que sur un côté du papier, parce que les objets qui doivent être transportés, ne peuvent être dessinés que d'un côté; si le revers du papier l'était aussi, tout ce qui s'y trouverait serait gâté lors de l'impression du premier côté, ou du moins très-endommagé, ce qui nuirait au succès.

Tandis que l'écrit ou le dessin sèche, on prend une pierre qui n'a jamais servi, ou qui a été bien émoulée de nouveau; on la frotte encore une fois sans eau, et avec de la pierre ponce propre et bien fine, de manière à ce qu'on puisse être sûr qu'on a enlevé tout ce qui se trouve sur sa superficie, et qu'on peut la regarder comme neuve. La poussière qui s'est élevée en frottant s'essuie avec de la maculature sèche et propre. Ensuite, on affermit la pierre dans la presse, on examine le racle pour voir s'il est égal partout, on donne à la presse la tension qu'elle doit avoir, et enfin tout ce qui peut contribuer à une bonne impression. Dès ce moment il faut faire attention a ne pas toucher à la superficie de la pierre, ni avec le doigt, ni avec aucun corps gras ou sale.

Après cela, on prend le papier, où tout ce qui a été dessiné dessus avec l'encre chimique doit être bien sec; on l'humecte sur le revers avec une

---

* Le papier français satiné et fin, peut aussi servir de même en l'enduisant avec une couleur plus délicate que celle d'eau de colle-forte et de céruse de Venise, où on a mêlé un peu de suif ou de sain-doux. Quand il est sec, on ne fait que le passer à la presse sur une pierre propre. On peut encore le rendre un peu brillant, en le frottant avec une brosse moelleuse.

(186)

éponge trempée dans de l'eau-forte affaiblie, jusqu'à ce qu'il soit devenu
bien mou. On le place entre des maculatures pour qu'il s'humecte
également, et qu'il perde le superflu de son humidité; car il faut seulement qu'il soit mou et non pas trop mouillé, parce qu'alors l'impression s'écacherait, et que la pierre se préparant en partie avec la couleur,
ne prendrait plus également l'impression.

Enfin, on met le papier mouillé au degré qui lui est nécessaire;
sur la pierre, du côté où il est dessiné, et sans le pousser beaucoup ni
d'un côté ni de l'autre. On met dessus deux feuilles de maculatures
sèches, puis un morceau de taffetas de même grandeur, et encore une
feuille de maculature, et l'on imprime en tirant la presse avec une
vitesse modérée. Elle doit être tendue selon la grandeur de l'ouvrage,
mais, dans tous les cas, il faut qu'elle soit plus tendue que pour les impressions ordinaires de même grandeur, en sorte que pour de grandes
pierres, la force d'une presse à branches n'est plus suffisante, et il faut
recourir à une presse ordinaire (voyez la planche qui représente cette
presse). Au bout de quelques minutes, on retire la pierre de la presse, on
en ôte le papier, et on la laisse sécher pendant une minute; si on
peut attendre plus long-temps, cela sera mieux. On la met ensuite
dans la caisse au mordant, on y verse de l'eau-forte, mais si affaiblie,
qu'il y ait cent parties d'eau pour une d'eau-forte (comme pour les
dessins au crayon chimique); cette eau-forte se verse vite, et seulement une fois sur la pierre. Il faut s'exercer à la jeter d'un seul coup,
de manière à ce qu'elle en touche toute la superficie. Quand cela
est fait, on passe de l'eau-propre dessus, et, lorsque le temps le
permet, on la met de côté pour sécher; mais si l'ouvrage est pressé,
on peut tout de suite la passer à la préparation de gomme. Maintenant
que le dessin est transporté sur la pierre, qu'il a passé au mordant, et a
été préparé, il faut, pour faire des impressions correctes, frotter

légèrement le dessin avec un chiffon enduit de couleur, ensuite, le noircir avec une couleur opposante, afin qu'on puisse le passer à un mordant un peu plus fort.

On en agit de la manière suivante pour frotter la couleur sur la pierre. On prend un morceau de toile ou de coton, qu'on imbibe d'un peu de couleur opposante qui se trouve sur le marbre où elle a été broyée. Il faut que la couleur s'attache assez bien au chiffon, sans toutefois y être en trop grande quantité. On frotte le dessin transporté avec cette toile noircie, qu'on passe doucement de tous côtés, tandis que la gomme est encore dessus la pierre, et jusqu'à ce que tous les traits et les points soient bien noirs. C'est là ce que j'entends par *enduire de couleur;* et, comme je parlerai souvent de cette opération, je la regarderai comme déjà connue.

Ensuite, on nettoie la pierre avec de l'eau, on la noircit comme il faut avec le rouleau, et on la passe encore au mordant, ainsi que je l'ai dit souvent; alors elle est prête pour l'impression. Si on n'a que quelques exemplaires à tirer, il ne sera pas nécessaire de la passer au dernier mordant, et on pourra l'imprimer tout de suite après qu'on l'aura enduite de couleur.

Ce n'est pas seulement pour les dessins à la plume qu'on peut se servir du transport, il peut aussi être employé pour ceux au crayon chimique. Mais il faut alors que le crayon soit un peu amolli avec du suif; ou bien, si l'on veut se servir de crayon dur, il faut, quand on fait le transport, que la pierre soit un peu chauffée; mais on ne peut la noircir ou l'enduire de couleur que quand elle est bien refroidie. On prend ordinairement pour les transports en crayon chimique, de beau papier à dessiner, qu'on peut ensuite humecter avec de l'eau-forte un peu moins affaiblie, afin que le crayon s'en détache mieux. Du reste, on procède de la manière que j'ai déjà indiquée.

Le transport s'étend, outre ces deux manières, à tous les genres d'imprimeries, tant en lettres qu'en taille-douce et en bois. On peut donner de suite à la pierre l'empreinte d'une feuille qui vient d'être imprimée, surtout lorsque le typographe, au lieu de se servir de son noir ordinaire, a employé la couleur opposante dont j'ai fait mention tant de fois. Pour obtenir un transport bien correct, il faut faire attention à ce que la presse n'ait pas trop de surcharge, ce qui imprimerait les lettres sur le papier d'une manière trop forte. Puis, il faut avant de faire le transport, que la feuille qui vient d'être imprimée soit passée doucement à la presse, afin qu'elle soit délivrée de toute impression, et unie partout. Pour que cela se fasse sans craindre que la couleur s'en aille trop, et ensuite ne s'imprime pas assez, il faut mouiller entièrement la feuille imprimée, la mettre sur une pierre aussi mouillée, qu'on a préparée d'avance, afin qu'elle ait moins de penchant à attirer la couleur. De cette manière, on peut faire une impression légère, et pour laquelle la presse ne doit presque point être tendue. La feuille imprimée devient alors très-unie, et donne, sur la pierre préparée avec de la ponce sèche (comme je l'ai dit plus haut), un transport parfait. On peut voir jusqu'où ces stéréotypes en pierre peuvent aller, en examinant la planche n°. 15, exécutée de cette manière, et qui se trouve, dans le recueil de planches joint au présent ouvrage.

De vieux caractères d'imprimerie peuvent être rafraîchis et transportés sur la pierre; j'ai déjà dit ce qu'il fallait faire pour ceux qui se trouvent sur du papier non collé. Quant à ceux qui sont sur du papier collé, il faut s'y prendre de la manière suivante :

On fait un mélange de craie fine et d'amidon, on l'éclaircit avec de l'eau, et on le passe de toutes parts sur la page imprimée; ensuite, on trempe un petit morceau de toile dans une couleur faite avec du cinabre, du vernis très-faible et du suif. On frotte le papier avec ce morceau de toile qui s'est teint en rouge, jusqu'à ce que toutes les lettres aient pris la couleur, quoique d'une manière inégale et épaisse; on jette de l'eau propre par-dessus le tout, et on passe une balle, recouverte de drap fin et bourrée de crin, sur le papier, ce qui enlève le superflu de la couleur qui se trouve sur les lettres. Il faut continuer à passer la balle jusqu'à ce que les lettres paraissent rougeâtres; puis on verse souvent de l'eau propre sur ce papier, qu'on met entre des maculatures pour lui faire perdre son trop d'humidité. On suit alors les procédés déjà indiqués pour l'imprimer sur la pierre.

On peut aussi faire de très-bonnes impressions avec une gravure qui vient d'être imprimée, quand on s'est servi de notre couleur opposante. La couleur ordinaire pour la gravure n'est pas aussi bonne; les planches gravées très-profondément ne donnent qu'un transport écaché et inexact, quand on n'a pas commencé par remplir les places trop creuses avec une couleur très-solide. En général, pour qu'une gravure imprimée sur la pierre ressemble beaucoup à l'original, il faut une grande attention, de la pratique et du jugement.

D'après tout ce que je viens de dire, on sentira qu'on peut aussi avoir de pareilles copies des impressions faites par les procédés lithographiques, soit vieilles ou neuves, et qu'on peut ainsi multiplier la pierre originale. Je ferai seulement la remarque que le papier-pierre que j'ai inventé est bien meilleur que la pierre, et plus propre à tous les genres de transport.

La manière de calquer ressemble beaucoup au transport, en ce qu'elle donne aussi à la pierre une très-petite partie de graisse, et qui n'acquiert de force que quand elle a été enduite de couleur.

On prend une feuille mince et propre de papier vélin, on la frotte d'un côté avec un mélange de suif et de noir de fumée; qu'on essuie

aussi-bien que possible , afin qu'il n'en reste sur le papier qu'une couche extrêmement fine , de manière qu'en posant le côté gras du
papier sur la pierre, il ne la salisse pas , à moins qu'on ne le presse fortement dessus. En dessinant sur ce papier avec un crayon anglais qui
n'ait point de pierre, ou avec une composition de plomb , d'étain et de
bismuth , alors toutes les places dessinées ayant été pressées par ce
crayon, se marquent fortement sur la pierre, lâchent la graisse qui y
pénètre , et la rend susceptible d'impression. Il faut être encore plus
soigneux quand on prépare une pierre dessinée de cette manière que pour
le transport lui-même, et prendre de l'eau-forte extrêmement affaiblie.
Du reste , on procède à cette manière comme à celle du transport.

Cette manière est différente de celles à la plume et à l'encre chimique ; mais on peut s'en servir pour des croquis et pour les objets qui
doivent être enluminés ; elle est facile et expéditive.

§. 4. *De la Manière dans le genre de la Taille de bois.*

Pour cette manière , on marque toutes les places qu'on veut employer sur la pierre avec de l'encre chimique ; quand elle est sèche, on
y dessine tous les clairs avec une pointe à graver à l'eau-forte, laquelle,
selon le besoin, est pointue ou large. Pour les parties claires qui doivent être plus blanches que noires, et où il y a des traits et des points
plus délicats, on aura plus de facilité à les dessiner avec la plume,
cette manière ne différant principalement de celle à la plume, que par le
caractère de son travail pour les places les plus foncées. Elle est beaucoup
plus facile à exécuter sur la pierre que sur le bois, et peut même être
réunie à la manière au crayon chimique. Comme le mordant , la préparation et l'impression sont absolument les mêmes que pour les dessins
à la plume, je renvoie à cette manière. On trouvera parmi les planches

du présent ouvrage une gravure anglaise en bois, qui a été transportée sur la pierre; elle est tirée de l'ouvrage intitulé : *The religions
emblems*. Le dessin, dans le genre étrusque, est fait d'après la même
méthode.

§. 5. *Deux Manières de Dessins à l'Encre de la Chine.*

L'une de ces manières ressemble à celle en bois, quant à la nature du
travail; mais, pour l'effet, elle approche des gravures à la manière
noire. On s'y prend de la manière suivante :

La pierre s'émoule brute comme pour les dessins au crayon chimique; on la passe au mordant, ensuite on la prépare avec de la gomme,
on la rince avec de l'eau, on la frotte d'eau de savon, on l'essuie et on
la sèche, enfin on lui donne une faible couche de graisse colorée.
Ce dernier procédé se fait en passant sur la pierre un fond corrosif
(comme celui dont je parlerai plus tard dans la manière en creux),
ou en l'enduisant également et doucement avec de l'encre chimique
dure.

Le premier mordant et la première préparation sont nécessaires pour
empêcher que la couche de graisse ne pénètre trop dans la pierre, et
pour qu'elle ne s'attache qu'à la superficie.

On trace ensuite le dessin sur la pierre avec un grattoir. Quand on
ne presse qu'un peu, on ne voit paraître que quelques points ; mais
plus on gratte, plus la pierre devient claire. On voit que ce procédé est
absolument pareil à celui qui a été indiqué pour les pierres à teintes,
mais il demande encore plus d'attention et de mordant, parce que la
pierre dont on fait usage ne sert pas seulement à embellir une impression
déjà faite, mais encore à représenter le dessin principal.

Cette manière ressemble assez à celle que les graveurs nomment manière noire, parce qu'on y travaille aussi à rebours, c'est-à-dire qu'on obtient les clairs et les demi-teintes en affaiblissant graduellement la teinte noire répandue sur toute la planche.

Quand le dessin est fini, on le passe au mordant (l'acide phosphorique est le meilleur), puis à la gomme. On y secoue quelques gouttes d'huile de térébenthine, et l'on essuie ensuite toute la couleur avec un morceau de laine, sans toutefois le frotter avec force ; alors on peut noircir la planche avec une couleur opposante assez solide. Il faut, quand on imprime, faire grande attention, afin d'éviter que rien ne s'écache.

Je n'ai pas encore trouvé de dessinateur qui ait su faire usage de cette manière, mais les essais que j'ai faits moi-même m'ont convaincu qu'on pourrait faire ainsi de très-jolis dessins à l'encre de la Chine, surtout en gravant en creux les places très-foncées, ou en produisant le même effet avec le mordant, et en noircissant la pierre, non avec le rouleau, mais de la manière que je décrirai en parlant de celle en creux.

La seconde manière de dessiner à l'encre de la Chine, surpasserait même celle au crayon chimique, si elle était portée au degré de perfection auquel elle peut atteindre. Comme je l'ai déjà conduite très-loin par les essais que j'ai faits, je vais donner ma méthode, qui indiquera aux amateurs la route qu'ils doivent suivre pour parvenir à la perfection de cette manière intéressante. Elle est une imitation des dessins ordinaires à l'encre de la Chine, qui sont dessinés avec un pinceau et avec cette encre dissoute dans de l'eau. Voici ma méthode :

La pierre, qui doit être propre et nettoyée de toutes les graisses qui auraient pu y pénétrer, s'émoule en brute, ensuite on la passe à l'eau de savon, on la nettoie avec de l'huile de térébenthine, et on la sèche. On dissout dans l'eau de pluie, une des encres chimiques dures, dans la composition de laquelle il faut qu'il y ait un peu plus de savon. On peut aussi se servir de l'encre mentionnée plus haut pour les dessins au pinceau. On prend un pinceau et on trace son dessin sur la pierre comme on le ferait sur le papier.

Quand tout est fini et séché, on frotte doucement la superficie de la pierre avec un linge doux, afin de trouer également la couleur. Comme cet effet a lieu avec plus de facilité dans les endroits qui sont marqués légèrement, que dans ceux qui sont plus épais, l'eau-forte a moins de peine à y pénétrer. L'impression devient plus claire dans cette place, sans nuire à la gradation des teintes quand l'encre a la consistance nécessaire; il faut cependant de l'usage pour apprendre à connaître la force du mordant et la solidité de l'encre. Il est bon de se faire une plus grande quantité d'encre, et, lors du mélange de l'eau-forte avec l'eau, de noter exactement les proportions qu'on a observées, afin de s'assurer toujours d'un succès égal. Dans tous les cas, il ne faut pas que l'eau-forte, ou le mordant quelconque dont on se sert, soit trop fort; on donne le mordant à la pierre à la manière des graveurs en taille-douce, en y mettant un bord en cire, et non en versant l'eau-forte dessus; l'eau-forte doit séjourner sur la pierre, afin d'agir également partout. Dès que les globules sont de la grosseur d'une petite tête d'épingle, on ôte l'eau mordante, et l'on en remet de nouvelle, afin de détruire toujours les petits globules. C'est la force de l'encre qui doit déterminer combien de fois il faut renouveler le mordant; moins il y a de noir de fumée, plus elle est forte, parce que les places moins foncées contiennent plus de graisse que celles qui le sont plus, et qui ont été dessinées avec une encre plus noire.

Je ferai encore la remarque, que pour bien faire ressortir les ombres noires, il sera nécessaire de repasser les traits noirs et vigoureux avec de l'encre chimique, après qu'elles auront été frottées avec du drap, parce que ce frottement fait des trous aux endroits foncés, quand on n'y a pas mis une épaisseur d'encre suffisante, ce qui fait que, lors de l'impression, toutes ces places deviennent beaucoup plus claires.

On comprend facilement qu'il faut que la pierre, passée au mordant, le soit aussi à la gomme.

On noircit cette espèce de dessins avec une couleur médiocrement solide et avec un rouleau, ou, comme pour la manière en creux, en les frottant avec un morceau d'étoffe. Cette dernière méthode donne des impressions plus douces et moins noires.

Voilà tout ce que j'avais à dire sur cette manière, qui mérite d'être employée et examinée par des artistes. J'ajouterai seulement qu'on peut aussi s'en servir pour faire des pierres à teintes pour les dessins au crayon chimique.

§. 6. *De la Manière d'opérer par Injection.*

Cette belle manière, fort expéditive, sera sûrement adaptée à beaucoup d'usages. On doit s'y prendre de la manière suivante :

On dessine au travers d'une feuille de papier les contours du dessin sur une pierre qui a été préparée pour la manière à la plume ; puis on les dessine encore plusieurs fois, par exemple quatre fois, et au travers, sur différentes feuilles. On entre-coupe, avec un canif tranchant, tout ce qui, sur ces feuilles, comprend la totalité de l'une des quatre principales teintes, de façon que les quatre feuilles ressemblent assez aux *patrons* des cartiers ; puis on trace sur la pierre les traits principaux du dessin avec de l'encre chimique, soit avec la plume ou le pinceau. On prend l'un de ces patrons découpés, qu'on met dessus avec exactitude, on l'assujettit ensuite avec de petits poids, afin qu'il ne se dérange point, et l'on passe à l'opération d'injecter. On prend une petite brosse propre, par exemple, une brosse pour les dents, on la trempe dans l'encre chimique, et on la passe sur un couteau, de manière que l'encre éclabousse sur la pierre. Chaque fois que l'on trempe la brosse dans l'encre, il faut la passer plusieurs fois dessus le couteau, dans le vase à encre, avant que d'en faire l'essai sur la pierre, car, sans cela, le superflu de l'encre ferait des points trop gras et inégaux. Quand on a acquis l'expérience nécessaire, on peut faire de cette manière les points les plus délicats et les plus égaux, ce qui ne pourrait avoir lieu que difficilement avec la plume. Quand, par ce procédé, on a obtenu sur les places découpées du papier la teinte d'ombre qu'on désire, on laisse sécher la pierre, on y met le second patron, et on recommence l'opération de la brosse. Plus on fait de patrons, plus on peut donner de perfection à son dessin, en l'éclaboussant avec l'encre chimique. Il n'est pas nécessaire non plus d'en faire trop, parce que le dessin doit encore être perfectionné ensuite d'une manière particulière.

Cette perfection s'effectue en prenant une pointe à graver à l'eau-forte, afin de diminuer les points qui sont devenus trop gros, et ensuite la plume, pour terminer le dessin qu'on vient d'ébaucher, et mettre la proportion dans ses teintes. Quant à la manière de donner le mordant et de faire l'impression, elle est absolument la même que pour les dessins à la plume.

La planche n°. 16 donne un échantillon de l'injection avant et après la correction.

§. 7. *Dessin à l'Encre de la Chine avec plusieurs pierres.*

Cette manière n'est à proprement parler qu'une réunion de pierres à teintes; mais néanmoins on peut, par son moyen, reproduire des dessins aussi beaux que ceux faits par un dessinateur, à l'encre de la Chine, ce qui doit lui mériter l'attention des artistes. Quoique ce genre d'impression soit un peu long, il est cependant le plus prompt et le plus facile de tous.

On dessine les contours sur la pierre avec de l'encre chimique, au moyen de la plume ou du pinceau. On en fait quatre, cinq ou six transports sur des pierres préparées pour des dessins à la plume, sur lesquels les deux petits points qui servent plus tard à marquer les places du repaire, doivent se trouver imprimés. On dessine les places les plus foncées sur la première pierre, celles qui le sont moins sur la seconde, et ainsi de suite, jusqu'à ce que tout le dessin soit achevé. On dessine mieux avec un pinceau, surtout dans les ombres claires, parce qu'on a des places entières, où il faut passer l'encre chimique sur de grandes parties de dessin. On fait ordinairement passer les ombres claires au travers des foncées; cependant on peut faire autrement si on le veut; on peut également dessiner une ou plusieurs pierres avec le crayon chimique pour y marquer plusieurs degrés de teintes. Quand on veut qu'un dessin ressemble parfaitement à ceux faits à l'encre de la Chine, il faut que le nombre des pierres dessinées avec l'encre fluide et le pinceau soit le plus grand, afin de rendre imperceptibles les points du dessin au crayon chimique.

Le mordant se donne comme aux dessins à la plume. Pour l'impression, on choisit la couleur convenable à chaque pierre * ; il faut qu'elle

---

* On peut imprimer cette espèce de dessin à la manière de l'encre de la Chine, avec deux couleurs, selon que l'artiste le juge convenable. Pour la première on prend du vernis solide, de la craie française, auxquels on ajoute plus ou moins de noir de fumée, selon les teintes. Pour la seconde, on se sert du même vernis avec de la céruse de Venise, et la quantité suffisante de couleur. Cette dernière a plus de ressemblance avec le genre de peinture qu'on nomme camaïeu. On peut aussi, quand on veut que l'impression soit brune, prendre du cinabre ou de la laque rouge, de l'ocre et la quantité suffisante de noir de fumée.

soit parfaitement pareille à la teinte que demande le dessin. Je n'ai pas besoin de rappeler qu'il faut faire bien attention à emboîter les pierres avec exactitude ; j'ajouterai seulement, pour recommander cette manière, qu'il ne faut pas s'effrayer des détails qu'elle paraît demander, parce qu'avec un peu d'usage, on verra bientôt qu'il n'y en a point qui puisse être plus propre à exécuter des dessins parfaits.

§. 8. *Impression coloriée avec plusieurs pierres.*

Cette manière a la plus grande ressemblance avec celle que je viens de décrire. On dessine sur plusieurs pierres les différentes couleurs, soit avec la plume ou avec le crayon.

La manière dont l'artiste procède décide si le dessin doit ressembler à une peinture ou à une gravure imprimée en couleurs, ou si, en imprimant les pierres sur une impression noire, où tout le dessin est déjà marqué, il doit être pareil à une gravure enluminée.

Ce procédé étant absolument le même que pour la manière que je viens de décrire, je n'ai plus qu'à indiquer les couleurs que j'ai trouvées les meilleures.

Pour la *couleur rouge*, du cinabre, de la laque rouge faite avec de la cochenille (celle de Fernambouc n'est pas durable, surtout lorsqu'elle est exposée à l'air), de la garance, et enfin du carmin, quand il a d'abord été mêlé avec de la térébenthine de Venise, et ensuite avec du vernis, parce que sans cela il se sépare volontiers pour se joindre à l'eau, ce qui teint entièrement le papier en rouge.

Pour la couleur bleue, du bleu de Prusse, du bleu minéral, dont on ne fera jamais qu'une petite provision, parce que cette couleur se sèche vite, et que le vernis la durcit si fort, qu'il faut l'humecter de temps en temps avec un peu d'huile de lin. L'indigo d'une qualité fine est bon aussi pour la couleur bleue, ainsi qu'une laque bleue faite avec du *bois de campêche* et du vert-de-gris. Quand cette dernière est exposée au soleil, elle n'est pas aussi durable.

La couleur verte, ainsi que la jaune, ne m'ont pas encore assez bien réussi.

Le vert-de-gris est difficile à employer, parce qu'il est sujet à salir la planche, et ne supporte pas beaucoup de mélange. Le vert de Schwein-fort, qui est une couleur nouvelle, est meilleur sous tous les rapports, mais il n'est pas assez foncé. Le mélange de laque jaune avec de l'indigo ou du bleu minéral, n'est pas très-durable; l'ocre jaune, avec du bleu minéral ou de l'indigo, ne donnent pas de beau vert; du jaune de roi avec du bleu font un beau vert, mais qui ne dure pas; le jaune de Naples et le nouveau jaune de Crom, mêlés avec une couleur bleue, font encore un vert qui n'est pas assez foncé.

Le plus beau vert, et le plus foncé que j'ai pu trouver, a été fait en imprimant d'abord en bleu, et en marquant ces mêmes places sur la pierre, de manière que le jaune se trouvait sur le bleu. En se servant de bleu de Prusse et d'ocre fin, on peut avoir une assez belle couleur. On ne peut cependant se servir de l'ocre, qui déteint dans l'eau, qu'après l'avoir mêlé avec de la térébenthine de Venise et du vernis.

J'ai déjà dit qu'il était difficile d'imprimer un beau jaune foncé; en attendant qu'on ait découvert une couleur telle qu'il la faut, on peut se servir d'ocre, de terre de Sienne, de jaune de Naples, de jaune mi-néral et de jaune de Crom. Peut-être pourrait-on faire une laque jaune assez durable avec le bois jaune ou toute autre substance de cette couleur. Celle que j'ai essayé de faire avec des graines d'Avignon, quelque belle qu'elle soit, résiste trop peu à l'air.

L'impression avec plusieurs couleurs est une manière particulière à la pierre, et susceptible de tant de perfection, qu'avec le temps elle produira de véritables peintures. Les expériences que j'ai faites dans ce genre m'en donnent la conviction. Si le temps qui me reste pour achever mon ouvrage me le permettait, je donnerais, dans les supplémens, des dessins faits de cette manière ; mais je les réserve pour une suite qui paraîtra peut-être bientôt.

§. 9. *De l'Impression en or et en argent.*

Cette manière peut s'employer pour les ornemens, et s'exécute comme il suit :

On dessine avec l'encre chimique les places qui, lors de l'impression, devront paraître en or ou en argent, sur une pierre disposée pour les dessins à la plume, et qui, après que le dessin est sec, est passée au mordant et préparée comme de coûtume. Ensuite on l'imprime avec une couleur grise argentée, qui consiste en vernis solide, de la craie fine, et en très-peu de noir de fumée. Le papier dont on se sert pour ce genre d'impression doit être bien sec et uni ; le papier français satiné est le meilleur. Quand l'impression est faite, on met sur les places où doit se trouver la couleur, de petites feuilles d'or ou d'argent, ainsi que le pratiquent les doreurs. On les presse un peu avec du coton propre, afin qu'elles ne s'enlèvent pas si facilement ; puis, on met une feuille de papier dessus. On fait de même pour la seconde épreuve et pour celles qui lui succèdent.

Il ne faut jamais faire plus d'impressions à la fois, qu'on ne peut en couvrir d'or ou d'argent dans l'espace de deux heures ; car, lorsque la couleur reste trop long-temps sur le papier avant qu'on y mette ces métaux, elle s'imbibe dans le papier, et ne les prend qu'avec peine, ce qui augmente inutilement l'ouvrage. Quand on a appliqué l'or ou l'argent sur l'impression, il faut la laisser plusieurs heures, et même un jour en repos, afin que la couleur s'attache mieux sur le papier, et devienne plus solide, cette précaution l'empêche de passer au travers de ces métaux lorsqu'on les met sous la presse, de les salir, ou de les rendre obscurs. La pression de ces épreuves se fait en prenant six ou huit exemplaires, qu'on met sur une pierre propre qui se trouve dans la presse, et qu'on tend ensuite comme si l'on voulait imprimer. La tension de la presse doit s'accorder avec le plus ou moins de dureté du vernis dont on s'est servi pour la couleur. C'est pourquoi il vaut mieux essayer d'abord avec un exemplaire seul; et, si le métal n'est pas attaché assez fortement, on donne plus de tension à la presse.

Enfin on enlève légèrement, avec du coton, le superflu de l'or ou de l'argent, ce qui est très-facile, parce que ces métaux ne s'attachent sur le papier que sur les points marqués par l'impression. Quand on le peut, il vaut mieux laisser ces impressions en repos pendant quelques jours, on risque moins alors d'endommager le métal.

Si l'on doit imprimer de l'or ou de l'argent sur des images où il y a encore d'autres couleurs, ou au moins la couleur noire, il faut toujours que l'impression sur laquelle on met l'or ou l'argent soit faite la première. Ce n'est que quand le métal est mis sur le papier, et que ce dernier est nettoyé, qu'on y imprime, au moyen d'une seconde pierre, les parties du dessin qui doivent rester noires. On sait déjà que cette seconde impression doit être faite avec des points de repaire sur les bords, afin qu'elle soit juste.

Je finis ici le chapitre *de la manière en relief.* J'espère, peut-être parce que je le désire, que mes explications seront assez claires pour qu'en les suivant avec exactitude, on puisse être sûr de voir ses peines couronnées du succès.

CHAPITRE II.

MANIERE EN CREUX.

CETTE manière diffère de celle en relief, en ce que les parties grasses qui doivent attirer la couleur d'impression sur la superficie de la pierre, se trouvent au contraire en-dessous, parce que les traits de l'écrit ou du dessin ont été immédiatement gravés dans la pierre par un instrument tranchant, ou avec le secours d'un acide. En outre, il faut que ces creux soient tellement remplis de graisse, qu'elle soit attachée dans le fond, en sorte que, quoiqu'elle ait épuisé la couleur lors de l'impression, elle la reprenne toujours.

Cette manière a, comme celle en relief, plusieurs subdivisions, qui prennent un caractère différent, selon les procédés qu'on emploie. Les suivantes me paraissent être préférables.

§. 1ᵉʳ. *De la Manière gravée ou taillée.*

Cette manière est une des plus usitées de la Lithographie. Quand le dessinateur a acquis l'expérience nécessaire, et que l'imprimeur entend bien son métier, elle approche beaucoup des plus belles gravures, elle est trois fois plus prompte et plus facile sur la pierre que sur le cuivre. Elle est très-avantageuse aussi pour les écrits et les cartes géographiques. Le titre ainsi que plusieurs autres essais dans les supplémens de cet ouvrage, en sont la preuve. Elle n'est pas moins propre pour les frontispices et les petites images, ainsi qu'on pourra s'en assurer en examinant le petit dessin à la manière de Callot; elle imite même fidèlement le burin.

On procède de la manière suivante à cette sorte de gravure :

On choisit une pierre égale et dure, de la meilleure qualité, on l'émoule

26

aussi fine que possible, on la passe ensuite au mordant avec de l'eau-forte, et on la prépare avec de la gomme. Telle était du moins ma pre-mière méthode, et tous les établissemens lithographiques l'ont conservée; mais j'ai trouvé depuis qu'il vallait peut-être mieux que la pierre fût seulement préparée à la gomme sans avoir été passée au mordant, parce qu'alors elle est plus facile à travailler, mais il faut pour cela qu'elle soit bien propre et ne contienne point de graisse cachée. Dès que la pierre a été préparée avec la gomme (et non quelques heures après, ainsi que font plusieurs lithographes pour obtenir une meilleure préparation), on prend de l'eau pour l'enlever, afin qu'elle ne pénètre pas trop avant, ce qui serait cause que tous les traits délicats ne prendraient point de couleur. On enduit ensuite la pierre avec une couleur composée d'une dissolution de gomme et de noir de fumée, ou de rubrique. On l'étend bien mince et également avec un pinceau doux. Ce procédé a deux motifs : premièrement, celui de donner à la pierre une couleur, qui permette de voir distinctement, lorsqu'on grave, les traits faits blancs; secondement, de couvrir d'un fond préservatif la superficie qui a été préparée, et qui, par la suite, ne laisse passer de graisse que dans les endroits creusés par l'instrument d'acier. On comprend aisément que cette couleur doit posséder cette dernière qualité au plus haut degré, et qu'elle l'obtient de la gomme. Malgré cela, il n'en faut pas trop, pourvu qu'il y en ait assez pour qu'en dessinant on n'enlève pas la couche de couleur. Comme cela dépend de la qualité et de la fi-nesse du noir de fumée, on ne peut pas prescrire une mesure exacte pour la proportion. On fera bien de se guider par de petits essais qu'on fera soi-même. Il est nécessaire de se rappeler que la gomme est conser-vatrice de la pierre; mais aussi lors qu'elle en est enduite, on a plus de peine à la travailler, parce que le burin glissera à tout moment. Pour un fond rouge, et qui doit servir à enduire une pierre de la grandeur d'une feuille de papier, on a assez d'une seule goutte de gomme, si la dissolution est épaisse comme du miel. Quand on se sert de la couleur à fond noir ou rouge, on n'y met que juste ce qu'il faut d'eau pour pouvoir l'étendre facilement sur la pierre. On peut faire d'avance une provision de ces couleurs, les laisser sécher, et les garder des années entières dans cet état ; on est sûr alors d'avoir toujours des pierres préparées à l'instant.

Il faut qu'une pierre qui vient d'être enduite de l'une de ces couleurs soit bien sèche avant de s'en servir, parce que, sans cela, on l'enleverait facilement, quand même il y aurait une quantité suffisante de gomme.

Le dessin se trace sur la pierre au travers d'un calque, où l'on fait immédiatement l'esquisse dessus avec un crayon de mine de plomb. Il ne faut pas que l'instrument d'acier soit trop pointu, ni trop tranchant, parce qu'il déchirerait la pierre ; je ne conseille pas d'y transporter un dessin en crayon ou encre chimique, car la graisse que cette manière laisse sur la pierre, fait qu'on ne peut plus y travailler avec facilité, et que le burin glisse.

Maintenant que la pierre est préparée jusqu'au point où l'on commence à y dessiner, soit en traçant, soit en incisant, il n'y a d'autre avis à donner que celui de choisir des pointes et burins tranchans de bon acier, assez durs pour couper le verre, afin de graver avec netteté tous les traits du dessin ; il ne faut pas appuyer trop fortement, afin que les lignes larges ne soient pas trop creusées. On n'a besoin, pour les lignes fines, que de toucher un peu la pierre ; et quand elles paraissent toutes blanches de manière à ce qu'on s'aperçoive d'un peu de poussière fine, on peut être assuré qu'elles prendront la couleur quand la pierre sera noircie. On fait souvent des lignes larges d'un seul trait fait avec une grosse pointe large ; cependant il est plus ordinaire de les faire en repassant plusieurs fois à la même place, jusqu'à ce qu'elles soient telles qu'on les désire. Quand la pierre doit être essuyée légèrement lors de l'impression, il ne faut pas que les traits larges soient profonds, ils ne doivent l'être que ce qu'il faut justement pour enlever la couleur du fond, parce que, sans cela, ils s'écacheraient. Mais pour les chefs-d'œuvres qui, pour conserver toute leur beauté, doivent être imprimés avec une couleur plus solide, et frottés avec plus de force, il faut avoir égard à la profondeur des traits, parce qu'ils deviennent plus ou moins noirs, selon qu'ils ont été gravés plus ou moins profondément.

Un peu d'usage et quelques essais, suffiront pour mettre un dessinateur en état de juger de quelle manière il doit s'y prendre pour faire un dessin le plus exactement possible, sans faire éclater ces lignes et sans les rendre incorrectes, ce qui peut avoir lieu en appuyant trop avec des pointes extrêmement tranchantes. Je n'ai plus qu'à indiquer les défauts qui peuvent survenir pendant qu'on dessine.

Il faut, avant tout, prendre garde de ne pas toucher la pierre avec des mains sales, parce que, non-seulement on a plus de peine à graver sur une pierre salie, mais aussi parce que la graisse pénètre la faible couche gommée qui s'y trouve, et s'y introduit, ce qui donne ensuite beaucoup de difficultés lors de l'impression. Il est encore plus nuisible de mouiller la pierre, parce que cela dissout la gomme qui se trouve dans la couche de couleur, la fait couler dans les lignes qui ont été gravées, et les dispose de manière qu'elles ne prennent plus de couleur. C'est pour cela qu'en hiver surtout, il faut toujours, avant de commencer à dessiner, chauffer un peu une pierre qui se trouve très-froide, parce que, sans cela, l'humidité de l'air de la chambre s'y introduit et la rend humide. La sueur des mains et la respiration même lui sont nuisibles; c'est pourquoi je conseille une chaleur modérée, car si elle était trop subitement chauffée, elle courrait le danger de se crevasser.

Si la pierre s'est mouillée par l'haleine, il faut, avant de continuer à travailler, la faire bien sécher, et prendre garde de ne point la frotter. On peut enlever, avec un pinceau mou, la poussière blanche et fine qui vient sur la pierre quand on travaille, ou bien en soufflant dessus.

Pour corriger les places fautives qu'on a pu remarquer tandis que l'on gravait, il faut les gratter à plat autant que possible, afin de n'y point faire de raies, ou les émouler avec une pierre à aiguiser, d'un grain très-fin, y donner une nouvelle préparation, et y remettre le fond gommé avec un petit pinceau. On peut, sans difficulté, s'occuper ensuite de réparer la faute qui a été faite. Si ce ne sont que de petits traits séparés qui sont fautifs, on n'a qu'à les couvrir d'un mélange composé d'acide phosphorique faible, de gomme, de noir de fumée ou de rubrique, ce qui leur donne une préparation qui les empêche de prendre la couleur lors de l'impression.

Quand le dessin est fini, il faut, pour que les places gravées prennent bien la couleur, que la pierre soit bien sèche, et surtout qu'elle ne soit pas chauffée, car cela la rendrait plus susceptible de prendre des saletés. On prend une couleur faite avec du vernis mince, un peu de suif et de noir de fumée, qu'on frotte sur la pierre avec célérité, ce qui la fait entrer dans toutes les cavités. On prend ensuite un morceau d'étoffe de laine, trempé dans de l'eau gommée, pour ôter le fond noir ou rouge qu'on a mis sur la pierre.

Alors, cette pierre, qui d'abord était noire, devient toute blanche, et le dessin qui paraissait blanc devient noir. La première réflexion que fera l'observateur, sera que le dessin, dans toutes ses lignes et ses points, paraît beaucoup plus fin qu'auparavant, parce que chaque ligne blanche dans un fond sombre, paraît plus large qu'une ligne noire de même proportion sur un fond clair. Les rayons en se courbant sont apparemment la cause de cet effet ; c'est pourquoi il faut, en dessinant, que les traits paraissent tous un peu plus larges qu'ils ne devraient l'être, afin de répondre à l'effet qu'ils doivent reproduire sur l'épreuve. L'artiste qui a fait les Albaniens n'a pas strictement observé cette règle (voyez les planches jointes à cet ouvrage).

Quant à l'impression d'un dessin gravé en creux, il faut, outre les choses à observer pour tous les genres d'impression, tel que la tension nécessaire de la presse, l'humidité du papier, etc., donner toute son attention pour une bonne composition de couleur d'impression, ce qui est un objet important.

Cette manière permet de noircir les pierres de différentes façons : 1°. en frottant la couleur et en essuyant légèrement; 2°. en essuyant plus fort; 3°. en se servant de rouleau.

On s'y prend de la manière suivante pour le premier procédé :

On fait une couleur avec du vernis mince et du noir de fumée brûlé; on peut y mettre une assez grande quantité de noir de fumée, mais il faut qu'elle soit fortement broyée. On mêle avec cette couleur à peu près la moitié de sa totalité d'une dissolution de gomme, qui doit être presque aussi épaisse que la couleur; et l'on broie le tout parfaitement ensemble. Quand la dissolution de gomme contient trop d'eau, elle n'est pas facile à mêler avec la couleur. Si l'on veut qu'elle sèche plus vite, on peut y ajouter un peu de minium bien pilé, mais il n'en faut préparer alors que pour un jour, parce que le minium se dissout peu à peu dans la couleur, et la rend sujette à prendre de la saleté. Tant que le minium et même la gomme ne sont pas mêlés à la couleur, on peut la conserver long-temps en la mettant dans un vase bien fermé; s'il se forme une peau dessus, on la range de côté chaque fois qu'on en veut prendre un peu.

Pour noircir la pierre, on prend trois morceaux de toile ou d'étoffe de coton. Le premier sert à mouiller la pierre et à la nettoyer quand elle est noircie. Le second est trempé dans la couleur, et l'étend sur la pierre mouillée; on le frotte sur toutes les parties du dessin, de manière à ce que la couleur entre dans les lignes creusées. Le troisième sert à ôter le superflu de la couleur qui s'est attachée sur les places préparées, puis l'on reprend le premier morceau de toile pour nettoyer la pierre parfaitement.

Il faut que les morceaux de toile dont on se sert aient d'abord été humectés avec de l'eau gommée très-claire, et que celui qui sert le premier et le dernier soit passé plusieurs fois le jour à l'eau propre, afin de le débarrasser de la couleur d'imprimerie qui s'y attache.

Il n'est pas aussi facile de frotter la pierre dans le commencement que quand on en a déjà tiré une cinquantaine d'exemplaires; et quoique la couleur ne s'attache nulle part sur la pierre, à moins qu'elle n'ait pris une teinte la première fois qu'elle a été enduite de la couleur grasse, il arrive pourtant quelquefois qu'il reste de très-petits points de couleur sur les places préparées; alors on les essuie facilement, mais souvent elles reparaissent à un autre endroit. Pour y remédier, il faut, au commencement, prendre plus de chiffons propres, ou plus de gomme. Cependant, si la pierre s'est bien polie lorsqu'on l'a émoulée, ce défaut se remarquera moins, ou même point du tout; et en continuant l'ouvrage, il disparaîtra tout-à-fait, de manière que vers la fin, le linge qui a servi à mettre la couleur, et qui, par conséquent, est sale, pourra nettoyer la pierre presque en entier.

Le but de la seconde manière de noircir en frottant plus fort, est d'enlever davantage la couleur des lignes tracées plus légèrement, et de les rendre plus pâles, afin que celles qui ont été gravées plus profondément, paraissent dans toute la force de la couleur lors de l'impression.

Si l'on veut atteindre à toute la beauté d'une taille-douce bien finie, il faut, comme je l'ai déjà dit, faire bien attention à la profondeur nécessaire des traits, et que la pierre soit essuyée plus fortement lors de l'impression. Du reste, on s'y prend absolument comme je l'ai indiqué précédemment; je remarquerai seulement que les impressions deviennent plus belles et plus brillantes quand la couleur est faite avec un vernis solide; mais il faut alors que la pierre puisse soutenir une plus forte tension de la presse.

La troisième manière, celle de noircir avec le rouleau, est pareille à la méthode dont on se sert pour les impressions des dessins en relief. La seule chose à laquelle il faille faire attention, est que la couleur soit plus molle, que le rouleau en soit plus enduit, et qu'on ait acquis l'habileté nécessaire pour qu'en roulant de côté et d'autre, la couleur entre dans tous les creux. Cette façon de noircir est très-avantageuse, parce qu'elle est plus prompte, qu'elle n'attaque pas autant la pierre, et qu'elle permet de faire une plus grande quantité d'exemplaires; cependant il est rare qu'ils deviennent aussi beaux que ceux qu'on fait en frottant.

Quand la pierre aura été noircie de l'une ou l'autre de ces manières, il faudra de suite en faire l'impression, parce que plus tard la couleur aurait pénétré dans la pierre, et ne pourrait plus s'imprimer aussi fortement qu'en la noircissant de nouveau.

Il faut que le papier dont on se sert pour l'impression de ce genre, soit un peu plus mouillé que pour la manière en relief. Cependant il ne doit pas l'être trop, parce que l'impression faite avec une couleur molle pourrait s'écacher, et que celle qui aurait été faite avec une couleur plus solide, n'en prendrait pas autant qu'il est nécessaire.

Il faut que la tension de la presse soit bien calculée sur la dimension des pierres. En général, elle doit être deux et même trois fois plus forte que pour un dessin en relief de même dimension. Il faut quelquefois que l'action de la presse soit encore plus forte pour les ouvrages délicats, parce qu'il est plus difficile d'imprimer des lignes fines que des lignes larges.

On peut, lors de l'impression, mettre tout de suite le papier sur la pierre, parce qu'il est moins en danger de se salir sur les traits en creux que sur ceux en relief; mais on gagne beaucoup en vitesse lorsqu'on le met dans le chassis.

Quand on a fait une épreuve, on examine ordinairement s'il n'y a point de fautes dans l'écrit ou dans le dessin, afin d'y remédier avant que d'aller plus loin. Si l'on en trouve, on passe légèrement de la gomme sur la pierre, on la tire de la presse, et on la remet au dessinateur, qui la corrige alors de la manière suivante :

Avant tout il doit effacer les places fautives, soit en les grattant avec un couteau tranchant ou en les émoulant avec une pierre très-fine; en employant l'une ou l'autre manière, il est nécessaire de mettre beaucoup d'attention, afin de ne pas effacer plus profondément que cela n'est nécessaire, et de ne point faire des raies ou des trous inégaux. Il faudra seulement donner aux creux que cela occasionera nécessairement sur la superficie, une pente douce et imperceptible, de manière à ce qu'il ne se forme point de bords aigus auxquels la couleur puisse s'attacher quand on noircit la pierre, ce qui pourrait lui faire prendre de la saleté. Il vaut mieux tâcher de gratter ou d'émouler les places fautives aussitôt que la première épreuve a été faite, parce qu'alors la couleur qui se trouve dans les lignes creusées n'a pas encore eu le temps de pénétrer beaucoup dans la pierre. Ensuite, on prend à peu près six parties d'eau, deux parties de gomme et une partie d'eau-forte, qu'on passe aux endroits qu'on vient de corriger, afin de les préparer de nouveau.

Si, après avoir effacé les places fautives, on a quelque chose de nouveau à ajouter sur la pierre, soit en entier, ou seulement sur une petite partie, alors on nettoie avec de l'eau, les places qu'on doit corriger et ensuite, ainsi que je l'ai déjà dit, on l'enduit d'une couche de rubrique; mais elle doit être si mince, qu'on puisse encore voir le dessin au travers. Alors, on peut y graver ce qu'il y manque avec la pointe, la recouvrir de couleur, et rendre enfin la pierre à l'imprimeur, qui la nettoie avec de l'eau gommée, et soigne les impressions.

Encore quelques remarques utiles :

Iʳᵉ. Il arrive souvent que la pierre, lorsqu'on la frotte la première fois avec de la couleur grasse, et après qu'elle a été nettoyée avec de l'eau, prend une teinte sur toute sa superficie, c'est-à-dire qu'elle prend la couleur en partie, et qu'elle paraît avoir perdu sa préparation primitive. Cela peut venir de ce que le fond qu'on a mis dessus n'était pas assez gommé; de ce qu'on a frotté trop fort; qu'on y a laissé trop long-temps la couleur avec laquelle on a frotté; sans la nettoyer avec de l'eau gommée, ou encore de ce que celle-ci était trop mince. Le même défaut peut avoir lieu *après la correction*, et par les mêmes raisons.

Ce défaut peut encore être causé par la couleur qui s'est salie en prenant du sable, ou par ce qu'il y aurait depuis long-temps du minium. Il peut naître aussi lorsqu'on a appuyé trop fort avec des chiffons salis de graisse, ou quand ils n'ont pas été assez rincés pour en détacher le savon employé à les laver; ou encore quand on a frotté la couleur avec un linge trop sec; enfin, tout ce qui est cause que la pierre perd sa préparation, soit en entier ou en partie, fait qu'alors le dessin prend une ombre grisâtre, ou ce qu'on appelle une teinte.

Pour remédier à ces défauts, il ne faut souvent qu'ajouter un peu de gomme à la couleur, ou à l'eau avec laquelle on humecte les chiffons. Souvent aussi une couleur solide peut être utile, parce que, dès qu'on l'a mise sur la pierre, on peut l'enlever, en appuyant plus fort avec le linge à essuyer. Alors, elle emporte en même temps les saletés qui ont un peu pénétré dans les pores de la pierre. Si ces deux moyens ne réussissent pas, il n'y a plus d'autre remède que d'émouler un peu toute la pierre avec une pierre à aiguiser, d'un grain bien fin, et de l'enduire d'eau gommée. Mais comme cela ne peut se faire pour les dessins délicats dont les lignes n'ont presque point de profondeur, il faut, dans ce cas, prendre un linge trempé dans de l'eau-forte affaiblie, ou dans de l'acide phosphorique, et frotter ensuite jusqu'à ce qu'il n'y ait plus de saleté. Il est bon aussi d'y mêler un peu de gomme, et de frotter d'abord la pierre avec de la couleur opposante, afin que le dessin ne soit pas trop attaqué par le mordant.

Cette correction faite avec un second mordant enlève, il est vrai, la teinte, mais il survient souvent alors un second défaut : la couleur, lorsqu'elle a été frottée sur la pierre, ne part pas tout-à-fait quand on l'essuie, et il reste par endroit une quantité de petits points produits par les inégalités que le second mordant lui a donnés. Il faut, pour remédier à cela, prendre plusieurs linges propres et de l'eau gommée, ou passer plusieurs fois dessus le rouleau d'imprimerie après qu'elle aura été frottée de couleur, afin que ce rouleau prenne toutes ces parcelles de couleur. Ce dernier cas n'a pas lieu quand la pierre a été noircie avec le rouleau.

Quand on a fait plusieurs impressions, toutes ces inégalités disparaissent, et l'on peut frotter la pierre sans que ces petits points y restent. On peut aussi remédier à ces inégalités en frottant doucement sa superficie avec de la pierre ponce très-fine, mêlée avec de l'eau gommée. Il faut seulement prendre garde de ne pas endommager le dessin en appuyant trop fort.

IIᵉ. On peut noircir une ligne qui aurait si peu de profondeur, qu'elle paraîtrait égale avec la superficie, en y passant et repassant le linge à couleur, ce qui la rend aussi noire que celles qui sont gravées plus profondément, et noircies avec une couleur solide. On peut tellement en

surcharger les lignes larges, qu'elles s'écachent quand on les imprime.
Quand on y passe ensuite plusieurs fois le rouleau, il emporte le superflu
de la couleur. Mais cette manière prolonge le travail inutilement, puisque
avec de l'usage et une couleur telle qu'elle doit être, on peut parvenir
plus tôt à son but, sans avoir la crainte que le rouleau n'enlève aussi
la couleur qui se trouve dans les creux, et qui, d'ordinaire, est plus
molle que celle qui est sur le rouleau. Si ce dernier est noirci avec une
couleur tout aussi molle, cet effet n'est pas à craindre, mais alors la
pierre ne devient pas aussi nette, parce qu'une couleur mince laisse faci-
lément de petites parties après elle.

IIIᵉ. La meilleure manière de noircir un dessin en creux est de le
frotter d'abord avec une couleur un peu plus solide, où il y ait suffisamment de gomme, de l'essuyer un peu, d'y repasser ensuite plusieurs
fois, et sans trop l'appuyer, un linge trempé dans une couleur plus légère.
Une couleur solide ne s'attache pas aussi bien aux lignes délicates, ou
du moins elle est trop difficile à imprimer ; mais en commençant avec
la couleur solide, l'impression des lignes larges et profondes se fait avec
netteté. En passant doucement la couleur molle, les lignes les plus fines
atteignent leur perfection. Le second linge avec lequel on frotte la
couleur légère ne doit en être imbibé que de manière à être noir également ; sans cela, la couleur molle pénétrerait aussi dans les lignes
profondes, et se mêlerait trop avec la couleur solide. En dernière analise,
et cela se comprend de soi-même, on essuie encore une fois la pierre
avec un linge propre, pour qu'il n'y reste plus aucune couleur superflue.

§. 2. *De la Manière gravée à l'eau-forte.*

Dans cette manière, les lignes d'un écrit ou d'un dessin ne sont pas
gravées sur la pierre comme dans la méthode précédente, par la seule

action de la main, mais aussi par celle de l'eau-forte ou de tout autre acide. L'on n'a besoin d'employer pour le dessin, que le peu de force qu'il faut pour entamer le vernis qui couvre la surface de la pierre. Cette méthode donne donc plus de liberté dans la manière de diriger et conduire la pointe à volonté, et elle est destinée spécialement aux genres du paysage ainsi qu'aux dessins dans le goût de Rembrand.

Elle se rapproche, pour le travail et pour l'effet, aux gravures en taille-douce *à l'eau-forte*. Elle a de plus un avantage qui lui est propre, celui de pouvoir, petit à petit, renforcer les traits, selon que l'on appuie plus fort avec la pointe, de sorte qu'ils deviennent ensuite beaucoup plus larges par l'effet de l'acide.

La promptitude de l'impression doit particulièrement recommander cette manière auprès des artistes, car on ne gagne rien du côté du travail, par la raison qu'elle demande presque le même procédé que la gravure à l'eau-forte sur cuivre. Au reste, il est nécessaire, dans tous les cas, qu'un bon Lithographe se la rende familière, parce qu'on peut l'employer, non-seulement seule, mais encore conjointement avec d'autres, pour exécuter des ouvrages très-achevés, et aussi parce qu'elle est, pour ainsi dire, le fondement de tous les autres genres de gravures creusées par le moyen des acides. On emploie, dans cette manière, le procédé suivant:

On donne à la pierre un poli aussi parfait que possible, et on l'enduit ensuite de gomme; de sorte qu'elle soit entièrement préparée sur sa superficie. L'eau-forte doit avoir le degré de force qu'on lui donne quand on l'emploie pour les dessins à la plume. On peut aussi se contenter de passer sur la pierre une éponge trempée dans l'eau-forte d'un plus fort degré, et l'on doit principalement faire attention, dans cette première préparation avec les mordans, de ne pas occasioner d'inégalité ni de rudesse sur la pierre, en appliquant les acides d'une manière inégale.

Quand cette première opération est finie, au bout de quelques minutes, on lave la pierre avec de l'eau, et on la laisse sécher. Ensuite, on lui donne un fond de mordant, ce qui peut se faire des différentes manières qui suivent :

1°. On fait chauffer la pierre de façon qu'un fond ordinaire de gravure en taille-douce dont on l'enduit, devienne assez fluide pour qu'on puisse, au moyen d'un tampon, l'étendre sur la pierre, comme on fait avec le vernis, et cela d'une manière très-uniforme, mais très-légère. On doit bien faire attention quand on la chauffe, que la chaleur fasse partout un effet égal, pour ne pas la faire éclater. Quand on en a l'occasion, on peut la mettre chez un boulanger voisin, dans un four qui a perdu sa première chaleur, on n'a pas besoin dès-lors d'autre préparation particulière. Quand la pierre a reçu sa couche de vernis, on la retourne; et, tandis qu'elle est encore chaude, on la noircit à la fumée d'une chandelle ou d'une bougie, comme font les graveurs en taille-douce avec leurs planches en cuivre. Pour donner à une pierre pesante une position convenable à ce procédé, il est bon de faire faire un échafaudage, consistant en deux planches posées dans leur hauteur, qui, d'après la grandeur de la pierre, se rapprochent et s'éloignent à volonté. On pose ensuite la pierre sur l'extrémité de ses bords, de façon qu'on puisse facilement placer la lumière en-dessous, et par ce moyen la noircir. Quand cela est fait, on la laisse refroidir, et l'on cherche à la préserver de la poussière. Lorsqu'elle sera froide, la poussière ne pourra plus s'y attacher, et l'on pourra la conserver ainsi pendant tout le temps qu'on le jugera convenable, en ayant soin seulement d'empêcher que le fond ne soit endommagé par le contact de quelque corps étranger.

2°. La manière précédente de donner un fond à la pierre est à la vérité la meilleure; mais, comme pour la faire chauffer le procédé

(215)

devient plus long ; on peut employer une autre méthode dans laquelle
elle reste froide. Dans celle-ci, on dissout le fond de vernis dans de
l'huile de térébenthine, et on l'étend sur la pierre au moyen d'un tampon bien net, comme on l'a fait dans la précédente. Mais, avant de s'en
servir davantage, il faut laisser la pierre au moins pendant un jour dans un
endroit où elle soit à l'abri de la poussière, afin que l'huile de térébenthine
ait le temps de s'évaporer. Ce fond de vernis devenu, par l'huile de térébenthine, clair ou fluide, peut s'étendre aussi au moyen d'un pinceau ; cependant on a besoin d'un peu d'habitude pour éviter qu'il ne devienne trop
épais en certains endroits, et trop mince dans d'autres. Dans tous les cas,
on donne à la couche, dont on enduit la pierre, le degré de force suffisant
pour empêcher entièrement l'eau-forte de la pénétrer, et de l'entamer dans
aucuns des endroits où l'on n'aurait pas découvert le fond avec la pointe.
Pour donner la couleur à cette préparation, on peut ou noircir la pierre
par le moyen de la fumée, comme nous l'avons expliqué auparavant,
ou donner sur-le-champ la couleur à la préparation, en y mêlant du
noir de fumée ou du cinabre avant de l'enduire. Si l'on veut s'assurer
en même temps qu'elle soutiendra bien l'action de l'eau-forte, on peut
terminer le procédé en lui donnant une couche très-mince d'une solution
d'encre chimique très-dure.

Après que la pierre aura reçu un fond d'une manière ou d'une autre,
on commencera par dessiner dessus au moyen du calque, ou en imprimant le trait du dessin *par le transport.*

Il faut, dans le dernier cas avoir soin, aussitôt que la pierre a reçu
l'impression *par transport,* de lui donner une couche très-mince d'une
solution d'encre chimique, qui ne contienne ni noir de fumée ni autre
couleur, laquelle, par conséquent, est très-transparente. Cette précaution
est nécessaire pour boucher les petits trous et les légères lésions que
la force de l'impression ou les inégalités du papier pourraient avoir

occasionées dans le fond, et pour empêcher que la pierre ne puisse être
entamée par l'eau-forte ailleurs que sur les traits.

On se sert, pour le dessin, de pointes ordinaires d'acier dur, que
l'on peut aiguiser plus ou moins, suivant la largeur qu'on veut donner
aux traits. Si les traits et les points doivent être très-fins, il ne faut pas
trop appuyer; néanmoins il faut toujours entamer le fond de mordant,
parce qu'autrement l'action de l'acide serait inégale; en cela l'expérience est le meilleur maître. Quant à moi, j'ai observé que des
traits fins, faits avec une pointe un peu émoussée et qui a déjà servi,
devenaient bien plus fins après l'action de l'eau-forte que d'autres plus fins
qu'on avait dessinés avec des pointes très-aiguisées, et qui avaient un
peu entamé la pierre, parce que, dans cette dernière sorte de traits,
l'eau-forte agissait en s'élargissant; par conséquent on peut observer,
comme règle certaine que le mordant opère, dans le même espace de
temps, non-seulement dans la profondeur, mais dans la largeur. Ainsi,
plus l'eau-forte agit en profondeur, plus elle agira également en
largeur.

Je me suis pourtant convaincu, par d'autres essais, que l'on peut
donner aux traits, au moyen de l'acide, une profondeur bien plus
considérable en proportion de sa largeur, qu'on ne pourrait le faire sur
le cuivre. Comme dans cette manière la blancheur de la pierre fait
paraître à l'œil les traits du dessin bien plus larges qu'ils ne le sont en
effet, le dessinateur ne peut pas se tromper si aisément, et peut juger
d'avance et avec assez de précision l'effet de l'impression, pour peu
surtout qu'il se soit accoutumé à juger la gravure dans un sens inverse;
car tous les traits qui étaient blancs dans le dessin, paraîtront noirs lors
de l'impression.

Comme la perfection d'une gravure en taille-douce dépend de la précision des traits principaux, il faut aussi, dans cette manière qui l'imite

si parfaitement, faire bien attention à ce point capital dans l'une et l'autre méthodes. On acquiert par l'usage la connaissance de l'effet de chaque espèce de traits, soit dessinés, découvrant le fond préparé, ou en entamant la pierre, au moyen de pointes arrondies, aiguës, fines ou grosses. On se convaincra alors que cette manière de graver sur pierre a un avantage bien remarquable sur celle qu'on emploie sur le cuivre. En effet, sur ce métal on ne peut appuyer ni inciser aussi aisément, parce que la pointe resterait à chaque instant arrêtée, et que le tout recevrait l'action du corrosif d'une manière inégale, ce qui produirait nécessairement des traits incorrects; sur la pierre, au contraire, on peut, en se contentant d'inciser le fond, former comme sur le cuivre tous les traits avec la plus grande légèreté et la plus grande variété. L'on a en outre l'avantage, en appuyant plus fortement, et surtout en incisant avec une pointe plus large, de former tous les traits qui demandent plus de fermeté, et qu'on est obligé d'achever sur le cuivre au moyen du burin.

Quand le dessin est terminé, on arrose la pierre d'eau-forte pour creuser toutes les lignes dans leur profondeur. A cet effet, on pose la pierre dans la caisse de préparation, et l'on verse dessus de l'eau-forte bien claire ou de l'acide de sel, ou même de fort vinaigre. Il faut faire attention que cela se fasse de la manière la plus uniforme possible; il est bon à chaque fois qu'on arrose la pierre, d'y passer légèrement une éponge mouillée pour en enlever les vésicules d'air qui pourraient s'y former, et empêcheraient que la préparation ne fût égale partout. Le corrosif étant arrêté dans tous les endroits où il se trouve une petite vessie, rongerait plus fortement les endroits voisins. La profondeur que l'on veut donner aux lignes détermine la force de l'eau-forte; mais l'expérience que l'on acquiert par des essais réitérés peut seule démontrer si l'on a atteint le but désiré. On peut, au moyen d'un corrosif très-faible, tracer des lignes si fines, qu'on a peine à les apercevoir à la simple vue. Il suffira pour cela de les arroser promptement une ou deux fois d'un mordant qui consiste en quarante parties d'eau sur une partie d'eau-forte. Si l'on voulait creuser davantage les lignes fines, en faisant agir plus long-temps le corrosif et leur donner plus de largeur, il serait souvent nécessaire d'arroser la pierre avec une préparation aussi faible, au moins cinquante fois de suite. On peut donc prendre de l'eau un peu plus forte, afin de parvenir plus-tôt à former des traits plus larges. Mais un dessin gravé à l'eau-forte est toujours plus beau et plus net quand on ne le soumet que peu à peu à l'action de l'eau-forte.

On peut encore creuser les pierres avec l'eau-forte, de même qu'on le fait en taille-douce sur une planche en cuivre, en les entourant d'une bordure en cire, afin que l'eau-forte ne puisse s'écouler. De cette manière on est plus assuré de lui donner un mordant parfaitement égal ; seulement il faut avoir soin d'essuyer avec une plume les bulles d'air qui s'y forment, ou de reverser l'eau-forte aussitôt que les bulles se forment.

Si l'on veut produire des teintes plus faibles ou plus fortes au moyen du corrosif, à la manière des graveurs en taille-douce, il faut commencer par nettoyer la pierre aussitôt après l'avoir arrosée quelquefois (c'est-à-dire aussi souvent que cela est nécessaire pour former les lignes les plus fines), en se servant d'eau claire pour enlever tout l'acide qui s'y était attaché, et faire ensuite bien sécher la pierre. Alors, avec un petit pinceau, on couvre d'encre chimique toutes les places et les parties qui ne doivent pas être recreusées par l'action de l'eau-forte. Il est bon que l'encre chimique qu'on emploie, contienne un peu plus de savon qu'à l'ordinaire, afin qu'il entre bien dans tous les creux, et ne laisse aucune ouverture. En général, on doit prendre ses précautions, et employer plutôt trop que trop peu d'encre chimique pour couvrir les places que l'on veut garantir, parce que le dessin deviendrait

très-incorrect, si l'eau-forte pénétrait et endommageait quelques-unes de
ces places. Si l'on remarque de petites bulles à ces mêmes places pendant
l'action du mordant, il vaut mieux le laisser écouler, et réitérer le
procédé de couvrir de nouveau les places avec l'encre chimique.

Quand on a couvert les places qui ont besoin d'encre chimique, et
que la pierre est entièrement sèche, on recommence à la préparer à
l'eau-forte, jusqu'à ce qu'on ait donné aux secondes places la force nécessaire. Alors, on recommence à la faire écouler, puis à la nettoyer avec
de l'eau, et enfin à couvrir les secondes places. On continue ainsi à
couvrir à mesure jusqu'à ce que l'on ait passé par toutes les nuances.
Il est facile de concevoir que dans les dessins qui ont été assez bien
dégradés avec la pointe, on n'a pas besoin de couvrir si souvent, tandis
que dans ceux où l'on a donné presque un même ton à tous les objets,
on ne peut obtenir la beauté et la solidité du dessin, qu'en couvrant
souvent. On peut produire un bel effet en réitérant trois fois ce procédé;
mais les nuances se perdront et se confondront plus doucement ensemble en l'employant plus souvent. Tout cela dépend du jugement de
l'artiste.

Pour examiner à mesure l'effet du mordant sur la planche dessinée,
on peut faire à l'une de ses extrémités une espèce d'échelle, consistant
en traits tirés à volonté sur la pierre. Comme cette échelle reçoit à
chaque fois l'action du mordant en même temps que la pierre, on peut
de temps en temps, en enlevant le fond et frottant la place de couleur
molle, juger avec assez d'exactitude du degré qu'il a atteint, ce qui
doit servir de règle.

On peut aussi, au lieu de mettre la pierre à l'eau-forte par parties, exécuter ce procédé par traits, par exemple, faire subir à la pierre l'action de
l'eau-forte quand on aura dessiné les ombres les plus fortes; ensuite dessiner les places un peu plus claires, puis les mettre encore à l'eau-forte, et

continuer ainsi jusqu'à ce que les ombres les plus légères soient achevées ainsi que le dessin entier. On n'a pas besoin de couvrir dans cette méthode, parce qu'en préparant ainsi les nuances à mesure, les précédentes reçoivent l'action du mordant pendant plus de temps que les suivantes. On a l'avantage encore, dans cette dernière méthode, de pouvoir dessiner les lignes plus légères et plus fines, entre les plus épaisses et les plus larges. Mais d'un autre côté elle est plus difficile, et demande un peu plus d'habitude pour savoir dessiner par-dessus et entre les lignes plus fortes qui sont déjà préparées. Il faut aussi, après chaque préparation à l'eau-forte, faire bien sécher la pierre.

Quand elle a reçu l'action nécessaire de l'eau-forte, on verse de l'eau claire dessus, et l'on couvre d'encre chimique tout ce qui ne l'est pas encore. Le but qu'on se proposait de ce moyen dans la manière précédente était principalement d'empêcher l'eau-forte de pénétrer dans les places que l'on veut garantir; mais l'encre chimique dont on se sert à cet usage pénétrant dans les cavités, les prépare à recevoir la couleur qu'on veut leur donner; c'est pour cela que les parties qui restent les dernières doivent être couvertes d'encre avant d'enduire la pierre de couleur.

Comme le fond de mordant qui est sur la pierre est assez dur, on n'a pas à craindre qu'il se détache au moyen de l'encre, pour peu qu'en enduisant la pierre on ne frotte pas trop rudement; car alors il pourrait se faire qu'on endommageât le fond, et qu'on détruisît en partie la préparation, ce qui donnerait à la planche entière la teinte dont nous avons déjà souvent parlé; ou s'il n'y avait d'endommagé que quelques parties, cela occasionerait au moins partiellement le même effet. Si cet inconvénient provenait de la lésion du fond par suite d'un frottement trop fort avec la couleur chimique, il faudrait, après que la pierre aurait été enduite de couleur, la nettoyer de la manière décrite dans le paragraphe précédent.

Alors, on fait sécher la pierre, et on verse dessus autant d'huile de térébenthine qu'il est nécessaire pour dissoudre tout le fond, que l'on essuie ensuite avec un chiffon de laine trempé dans l'eau gommée; puis on la noircit et l'on en tire des exemplaires. Ces deux procédés se font de la même manière que dans la méthode d'imprimerie lithographique à formes creuses, que j'ai décrite. Il ne me reste que peu de choses à dire par rapport aux corrections que l'on peut faire sur une pierre gravée à l'eau-forte.

Si l'on a observé une faute dans le dessin avant d'avoir employé le mordant, il s'agit de savoir si le faux trait a pénétré bien avant dans la pierre, ou enfin s'il n'a entamé que le fond, ou s'il ne la atteint seulement que très-légèrement.

Dans ce dernier cas, il suffira de couvrir la place d'encre chimique; et, quand elle sera sèche, on pourra corriger le dessin. Mais si l'on a incisé bien avant dans la pierre, on peut à la vérité commencer par la couvrir d'encre, mais l'on ne peut pas y dessiner de nouveau. Alors, il faudra attendre qu'elle soit enduite de mordant, et frottée de couleur. Ensuite on grattera, on polira le faux trait autant que possible, on préparera de nouveau la place avec de l'eau-forte et de la gomme, et l'on fera la correction avec la pointe d'acier.

S'il n'y avait que quelque chose d'oublié, il faudrait également l'inciser, sans avoir recours au mordant; c'est ainsi que l'on obtient souvent à dessein, des objets que l'on incise à la main; surtout quand on croit que telle ou telle partie pourra être ensuite incisée plus aisément, ou avec plus de sûreté. Il arrive souvent, dans le cas contraire, que l'on couvre d'un fond corrosif un dessin que l'on commence par inciser, et que l'on y fait ensuite les corrections nécessaires. Quand on a frotté de couleur les traits profonds, on ne peut plus dessiner aussi aisément par dessus, il vaut souvent mieux de donner le fond à la pierre, d'achever le dessin, qui s'exécute alors avec beaucoup plus de liberté, et de la mettre ensuite à l'eau-forte. C'est ainsi que, pour le cadastre des impositions royales, à Munich, on compose les plans et les cartes par incision ou avec la pointe; mais on forme les hautes montagnes au moyen de la gravure à l'eau-forte, après que tout le détail est fini, et que l'on en a tiré un exemplaire pour servir d'essai; pour opérer ainsi on donne à la pierre un fond d'eau-forte, que l'on a fait dissoudre dans l'huile de térébenthine, à laquelle on ne mêle pas de noir de fumée. De cette manière il prend seulement une couleur brune, transparente, qui laisse percer le dessin, en sorte que l'on peut voir distinctement où l'on doit le continuer.

Nous n'ajouterons que quelques observations pour terminer la description de cette manière.

1re. On peut donner un fond blanc à une planche en cuivre, en commençant par l'enduire avec un fond corrosif, et en la recouvrant ensuite légèrement d'une couleur faite avec de la mine de plomb et du fiel de bœuf, ou de la gomme. Attendu que le cuivre est rouge, le dessin fait sur ce fond blanc se montre à peu près à l'œil comme s'il était fait sur du papier avec de l'encre rouge.

Cette manière a l'avantage de vous mettre à portée de juger plus exactement ce que vous avez fait, que vous ne le feriez avec un fond noir, parce que vous n'êtes pas obligé de travailler en sens inverse par rapport à l'ombre et à la lumière, car on a besoin d'une certaine pratique, je dirais presque d'un talent naturel, pour savoir d'avance quel sera l'effet du dessin quand le jour est sur l'original en sens inverse avec la copie, et que tout ce qui était clair sur le premier est obscur sur le second, et réciproquement. C'est ce qui fait que, surtout pour les commençans, il est plus agréable de dessiner sur une planche à laquelle on a donné un fond blanc.

Comme l'on ne peut appliquer, d'une manière avantageuse, le fond blanc sur la pierre lithographique, parce que les traits dessinés sur cette pierre paraîtraient également blancs, j'ai essayé de produire le même effet en lui donnant une couleur plus foncée; ce qui peut s'opérer aisément, parce que la pierre, lorsqu'elle est bien polie et bien sèche, reçoit évidemment toutes les couleurs en liqueur. Quand on les a bien délayées, et pour peu qu'elles ne contiennent pas d'acides, on peut lui donner une couleur bleu foncé, en se servant d'une décoction de bois de campêche, ou rouge en se servant du bois de Brésil, ou de garance. Ces couleurs pénètrent assez avant dans la pierre pour que les traits les plus profonds ne paraissent pas blancs, mais colorés. On pourrait achever de noircir avec du vitriol de Mars la pierre enduite d'un bleu foncé; mais alors, en tirant des exemplaires, on ne verrait pas exactement si elle a été suffisamment noircie; par conséquent, il vaut mieux lui donner une couleur moins foncée. Si l'on ne veut entamer que le fond de corrosif, et non pas inciser la pierre, pour renforcer les traits, il n'est pas nécessaire de lui donner une couleur plus foncée; alors on s'y prend de la manière suivante :

On commence par donner à la pierre lithographique un fond noir, que l'on recouvre de couleur blanche; j'ai trouvé que la céruse vénitienne pilée bien fine, quand on n'y mêle qu'autant de gomme qu'il est nécessaire pour donner au fond quelque solidité, était ce qu'il y avait de mieux, surtout en y mêlant un peu de potasse, qui rend la gomme plus visqueuse. De cette manière la couleur ne s'écaille pas si aisément. Le fiel de bœuf ou de poisson est aussi très-bon pour cet usage.

En versant l'eau-forte dessus, on commence par amollir le fond blanc, et on finit par l'enlever tout-à-fait avec un pinceau mou.

II°. On peut aussi embellir une gravure à l'eau-forte en se servant d'une seconde pierre à teinte, comme dans la manière au crayon, ou en donnant le teint à la première pierre. Alors, on la lave bien avec de l'eau claire, on lui donne ensuite une couche très-forte avec de l'encre chimique, qui doit contenir plus de savon qu'à l'ordinaire ; et on la passe sur tout le dessin, ou seulement aux endroits où l'on croit qu'un ton plus léger produirait un bon effet. Si l'on veut former des clairs dans ce ton, on peut les pratiquer en enlevant la couleur noire qu'on lui a donnée avec un petit pinceau trempé dans une faible solution d'eau-forte. Pour imprimer avec une pierre qui a un ton semblable à l'aquatinta, il faut commencer par la frotter avec la couleur noire ; on l'essuie bien ensuite. Mais le ton qui se trouve sur la surface de la pierre est ordinairement trop foncé, et plus la couleur est ferme, plus il devient noir. On se sert alors d'un second chiffon trempé dans de l'huile ou dans une couleur molle quelconque. Cette couleur peut aussi contenir une substance colorée, comme de l'ocre jaune. La seule chose qu'il est utile d'observer, c'est que les pierres gravées à l'eau-forte dans cette manière doivent l'être plus profondément et plus fortement, parce qu'autrement les lignes fines se rempliraient également de la couleur à ton, et qu'elles paraîtraient trop pâles dans l'impression. Les lignes fortes et profondes perdent elles-mêmes de leur force, lorsqu'au lieu de paraître sur du papier blanc, elles paraissent sur un papier qui a reçu ce ton de couleur. Il est nécessaire de graver généralement les dessins de ce genre plus profondément ; si l'on s'y prend bien, on obtiendra un très-bon effet.

IIIe. Dans toutes les manières *creuses* on a l'avantage, en grattant et en polissant légèrement, de pouvoir rendre plus clairs les endroits qui sont trop foncés. La seule précaution à prendre est de commencer par enduire la pierre d'une couleur opposante, afin que la préparation que l'on doit nécessairement y donner avec l'eau-forte ou l'acide phosphorique et la gomme aux endroits grattés, n'attaque pas le dessin.

Quand on a acquis l'habitude nécessaire pour frotter et polir avec un

petit morceau d'ardoise, on peut parvenir à donner aux ombres, dans
les endroits qui ont reçu une égale préparation d'eau-forte, les nuances
les plus douces. L'on y parvient avec bien plus de facilité et de promptitude qu'en dessinant ou en couvrant la pierre à plusieurs reprises. S'il
n'y a pas long-temps qu'on l'a frottée de couleur, on n'a pas besoin de
faire mordre les endroits grattés, parce que la couleur n'a pas encore pu
pénétrer assez avant pour reparaître. Dans le cas contraire, aussitôt que
l'on entreprend un semblable travail, il faut nécessairement employer
les mordans pour lui donner une bonne préparation.

IV°. Les traits et les points séparés peuvent également s'enlever et
se diminuer sur une pierre qui n'a reçu la couleur que depuis peu de
temps; mais on y parvient difficilement après un plus long intervalle,
parce qu'alors on ne réussit presque jamais à préparer assez bien d'aussi
petites places, pour qu'elles ne soient pas disposées à recevoir la
couleur. Comme on ne peut sans cela l'essuyer aisément dans les creux
profonds, elle y demeure attachée. Il arrive que, dans l'impression,
lorsqu'il y a sur le pierre beaucoup de corrections semblables, on a
beaucoup de peine à empêcher que ces places ne paraissent davantage
qu'auparavant. Dans ce cas, il vaut mieux gratter sur une plus grande
largeur, de manière que le creux qui en résulte se perde peu à peu, et
recreuser ensuite de nouveau les lignes qui auront été effacées entièrement ou en partie.

§. 3. *Usage de l'Aquatinta par injection, et du Dessin avec l'encre
préparatoire.*

Quand on enduit une pierre bien nette d'une légère solution de
gomme, et qu'ensuite on noircit toute sa surface avec de la couleur
d'impression, cette couleur ne reste pas attachée aux endroits où il

y a de la gomme. Si on a laissé sécher cette gomme avant de lui donner la couleur, ces endroits prendront également le noir ; mais, à peine y aura-t-on versé quelques gouttes d'eau, et fait passer quelquefois le cylindre à couleur, que tout ce qui aura été frotté de gomme paraîtra blanc dans l'impression. Cette propriété de la gomme m'a fourni l'idée de m'en servir à préparer une couleur avec laquelle on pourrait dessiner à volonté sur la pierre lithographique, de manière qu'au moyen de cette préparation, le dessin ou l'écriture paraîtraient blancs dans l'impression. Il faut s'y prendre de la manière suivante :

On mêle dans quelques gouttes de gomme arabique, que l'on fait dissoudre dans l'eau, à peu près la même quantité de noir de fumée, et l'on délaye bien le tout ensemble; plus la gomme est épaisse, et plus le noir de fumée se lie avec elle. On forme, au moyen de ce mélange, une encre qui ressemble assez à l'encre de la Chine ordinaire, et que l'on peut conserver en la laissant bien sécher. On la délaye dans une tasse au moyen de quelques gouttes d'eau; ensuite l'on écrit ou l'on dessine avec cette composition sur une pierre bien nette. De peur qu'elle ne s'étende trop, on commence par enduire la pierre d'une faible solution d'eau-forte, à laquelle on mêle du gullus pilé bien fin, et on l'essuie bien ensuite. On dessine encore plus délicatement dessus la pierre quand on commence par la frotter quelques jours auparavant d'huile de térébenthine, qu'on essuie sur-le-champ; mais alors il est bon de mêler dans l'eau où l'on fait dissoudre l'encre de la Chine, une partie d'acide phosphorique, afin de préparer plus sûrement les endroits dessinés. Quand le dessin est sec, on noircit toute la pierre de couleur d'impression; on doit prendre garde qu'il n'y ait de l'eau dessus, avant qu'elle ait pris partout la couleur noire; après quoi on en verse un peu, et l'on continue à y passer le cylindre à couleur, jusqu'à ce que l'on voie que les lignes et les points dessinés avec l'encre préparatoire s'impriment entièrement en blanc, et jusqu'à ce qu'ils aient acquis la netteté nécessaire. On peut alors tirer des impressions de cette pierre, en s'y prenant comme pour les dessins à la plume. Mais, afin de donner plus de solidité au dessin, et pour éviter qu'avec le temps les plus petits intervalles ne viennent à se réunir dans l'impression, on pourra commencer par noircir la pierre avec une *couleur opposante au mordant,* et quelques heures après, ou bien dès qu'elle aura eu le temps de se serrer, elle sera plus en état de résister à l'action de l'eau-forte. On préparera les traits dans la profondeur au moyen du mordant, puis on les enduira de gomme, de manière à ce qu'ils ne puissent être aussi aisément endommagés par l'impression.

Cet exemple présente des lignes creuses préparées, et qui s'impriment en blanc, tandis que dans les deux paragraphes précédens, c'est le contraire, je veux dire que les lignes creuses reçoivent la couleur grasse et donnent l'impression en noir.

On peut néanmoins produire, par ce procédé, un effet contraire, et de nouveau rendre blanche la pierre qui était noire, et noir le dessin qui était blanc. Une pierre dessinée avec de l'encre préparatoire, après avoir reçu *un fond de couleur à mordant* et une préparation d'acide, offre presque le même résultat que si on avait gravé à l'eau-forte sur un fond de mordant. On n'a donc besoin que d'emplir les traits creusés par le mordant d'encre chimique, au lieu de les enduire de gomme; ils perdront alors volontiers la couleur. Il n'y a plus qu'à faire attention que la pierre n'étant pas apprêtée sur sa surface, comme dans l'autre méthode, elle prendra par conséquent la couleur partout. Mais il n'est pas difficile de nettoyer sa superficie, et de la préparer parfaitement, surtout quand elle est bien polie. Pour cela, on la frotte de couleur et on l'essuie le mieux possible, sans enlever cependant celle qui se trouve dans les creux. Afin de l'essuyer plus facilement, on peut

y mêler du suif et du noir de Francfort; on trempe alors le chiffon avec
lequel on a étendu la couleur sur la pierre, dans une mixtion d'environ
vingt parties d'eau, deux parties de gomme et une partie d'eau-forte
(ou plutôt d'acide phosphorique), que l'on a soin de composer auparavant, et l'on essuie ensuite la pierre en passant le chiffon par-dessus. Il
ne faut pourtant pas se servir d'un chiffon trop sale et trop plein de
couleur; bien qu'il ne doive pas non plus être trop propre, mais être
un peu imprégné de couleur d'impression. La raison en est qu'il
faut éviter, pendant cette opération, d'essuyer trop fortement et d'attaquer avec l'eau-forte les lignes fines du dessin. Cela fait, l'on essaye
d'enlever la couleur avec le doigt. Si on ne le peut, on renouvelle
le frottement avec l'acide, jusqu'à ce que, par ce moyen, l'on par-
vienne aisément à nettoyer entièrement la pierre et à lui ôter sa teinte
foncée; on peut encore essuyer avec la main mouillée ou avec un
morceau de cuir, ou enfin avec un morceau de taffetas également
mouillé. On la noircit ensuite avec une couleur plus ferme, ou ce qui
vaut mieux, une couleur à mordant. On l'essuie bien sur la surface, et
l'on verse ensuite dessus de l'eau-forte très-faible. Quand on s'est servi
d'acide phosphorique, on en arrose une couple de fois la pierre; de
cette manière on la prépare si bien, qu'on peut aisément la noircir
et l'essuyer pendant l'impression.

Si cependant cette préparation donnée après coup paraissait trop pénible, parce qu'elle suppose toujours une certaine pratique, on pourrait
la préparer également d'avance comme dans la gravure à l'eau-forte. Il faudrait seulement la bien nettoyer de tout ce qui resterait de gomme; alors
on la laisserait sécher; et, pour surcroît de précaution, on la frotterait
d'huile de térébenthine. Lorsque le dessin est prêt, et toute la planche bien
noircie de couleur à mordant, on la laisse reposer quelques heures avant
de verser l'eau dessus. L'on n'appuie pas aussi fortement pour rendre

le dessin blanc au moyen du cylindre ; mais on le passe dessus très-
doucement ; par ce moyen, la couleur au mordant reste tellement
attachée à sa surface, quoiqu'elle soit préparée, qu'on ne peut
l'enlever qu'en la frottant assez fort avec de l'eau gommée et de l'huile
de térébenthine, et en l'enduisant ensuite de couleur ferme. Au reste,
le dessin fait de cette manière, une fois devenu blanc, doit être consi-
déré comme s'il avait été fait avec le même moyen que la gravure
à l'eau-forte. On doit traiter ensuite la pierre comme pour la préparer
au mordant, la couvrir, la noircir, et en tirer des exemplaires, comme
on l'a indiqué.

En général, la méthode de dessiner avec l'encre préparatoire, et
d'inciser ensuite le dessin dans la pierre comme on vient de le décrire,
est très-utile pour beaucoup d'objets d'arts. Il ne faut pas croire que
l'on puisse parvenir plus aisément à son but en gravant tout d'un coup
à la pointe, sur une pierre enduite de fond à mordant, tous les objets
qu'on veut préparer dans leurs cavités au moyen de l'acide. Voici
quelle en est la différence :

On peut bien, au moyen de la pointe, dessiner facilement les traits
et les points les moins forts sur un fond de corrosif ; mais les plus larges
et les mieux marqués présentent bien plus de difficultés ; les points très-
forts surtout ne peuvent se dessiner que lentement et avec une grande
attention, tandis qu'ils sont aisés à former avec la plume. En employant
cette manière, on réunit les deux avantages, et l'on ne dessine à la plume
que ce qui est le plus facile à produire par cette méthode.

On trace donc d'abord tout le dessin sur la pierre blanche avec de
l'encre de la Chine, excepté les traits les plus fins ; mais ensuite, quand
on les a enduits de couleur à mordant, et blanchis, on achève avec
la pointe les traits les plus fins et les parties les plus délicates, ou
on les réserve pour la pointe sèche, avec laquelle on les incise

(230)

d'après la méthode décrite dans le premier paragraphe de la manière creuse.

Pour donner un fond et noircir la pierre, au lieu d'une couleur à mordant, on peut se servir, quand on veut avoir un fond plus ferme, et éviter dans le dessin suivant d'endommager les lignes les plus déliées, on peut se servir, dis-je, d'un fond ordinaire de cire, de mastic, d'asphalte et de colophane, que l'on délaye dans l'huile de térébenthine, en y mêlant du noir de fumée. On doit, au moyen du cylindre, l'étendre d'une manière uniforme comme la couleur d'impression.

Voilà tout ce que j'avais à dire sur cette manière, dont on reconnaîtra par la suite les avantages dans la pratique. Elle a la plus grande ressemblance avec celle de l'aquatinta par injection, que je vais décrire.

On sait que, pour l'aquatinta, les graveurs en taille-douce donnent à la planche en cuivre un fond de mordant qui, à la vérité, résiste à l'eau-forte, mais qui, cependant, forme sur la planche une multitude de petits points imperceptibles qui produisent une teinte générale. Ce procédé peut également agir sur la pierre, mais il produit des effets différens.

Le fond de mordant qu'on emploie à cet effet, consiste principalement en colophane pilée bien fine, que l'on répand d'une manière uniforme et comme une poussière bien fine, sur toute la planche, et qui se dissout en petites boules après qu'on a tenu la planche sur du charbon allumé.

Cette méthode de gravure en taille-douce n'est pas très-applicable à la Lithographie, parce que la pierre ne supporte pas facilement la chaleur nécessaire pour faire fondre la colophane; mais on peut néanmoins atteindre le même but d'une autre manière, et lui donner un fond de mordant qui produise des petits points également éloignés les uns des autres, en permettant à l'eau-forte de pénétrer au travers pour agir sur

la pierre. J'ai déjà décrit, dans la méthode au crayon, en parlant de
la manière de donner une préparation rude à la pierre, le moyen de
produire cet effet en tamponnant la planche avec une balle de laine
enduite de suif et de noir de fumée. Je me contenterai donc d'indiquer
ici la manière de donner à la pierre un fond d'aquatinta, en l'injectant,
avec de l'encre préparatoire : ce procédé est bien meilleur pour les ombres
très-fortes et très-obscures, que le fond de suif qui ne supporte pas un
mordant aussi fort.

On commence par inciser sur la pierre les contours du dessin au
moyen de traits fort déliés, ou bien on les grave à l'eau-forte. L'on
continue à frotter la pierre de couleur noire d'imprimerie, qu'on essuie
bien ensuite, et qu'on lave avec une grande quantité d'eau, pour en ôter
tout ce qui pourrait encore y rester de gomme. Aussitôt qu'elle est sèche,
on trempe une petite brosse dans *l'encre préparatoire*, et l'on injecte
toute la pierre de petits points, en s'y prenant comme on l'a décrit
dans la méthode d'injection à l'encre chimique. Quand les petits points
sont secs, on partage ceux qui sont trop forts avec une aiguille, et l'on
dessine à la plume les endroits où ils ne sont pas assez serrés. On donne
alors à la pierre, au moyen du rouleau, un fond de solution de mordant.
La couleur ne doit avoir d'épaisseur qu'autant qu'il en faut pour laisser
paraître au travers les contours du dessin, et l'on fait reparaître tous
les points injectés en passant dessus le rouleau et en les humectant; après
quoi on couvre le dessin aux endroits plus clairs, on les apprête avec le
mordant, et cela successivement (comme nous l'avons décrit dans la
gravure à l'eau-forte), jusqu'à ce qu'on ait obtenu toutes les nuances
d'ombres, et que l'on ait achevé de préparer avec le mordant. On s'y
prend ensuite absolument de la manière que j'ai décrite dans le paragraphe qui traite de la gravure à l'eau-forte, tant pour noircir que pour
imprimer.

§. 4. *Aquatinta à la Manière des Graveurs en taille-douce, et avec un fond de mordant.*

Nous avons dit, dans le paragraphe précédent, que le fond d'aquatinta dont se servent les graveurs en taille-douce n'était pas très-applicable à la pierre par rapport à la chaleur. En supposant cependant que l'on possède parfaitement la manière de se servir de l'espèce de poussière qu'on emploie pour donner un fond à la planche en cuivre, et qu'on ait acquis la pratique nécessaire, on commence par poudrer la pierre avec de la résine pilée bien fine, et entretenir dessous une flamme d'esprit-de-vin pour faire fondre le fond, en s'y prenant pour le reste comme nous l'avons déjà dit. Il vaut encore mieux employer le fond d'aquatinta des graveurs en taille-douce, dans lequel on fait dissoudre la résine dans de l'esprit-de-vin très-rectifié, et on le verse promptement sur toute la surface de la pierre, en soufflant ensuite légèrement dessus. Les parties résineuses, en se séparant de l'esprit-de-vin, produisent aussitôt de petites bulles, et forment ainsi le fond d'aquatinta nécessaire.

Au reste, ces deux manières sont plus propres aux objets mâles qu'à ceux qui exigent plus de délicatesse; car, pour ceux-ci, il vaut beaucoup mieux employer un fond de mordant délayé dans l'huile de térébenthine, ou simplement une couleur mordante; ou bien encore un fond d'aquatinta composé de suif, que l'on communique à la pierre d'une manière uniforme, en se servant à cet effet d'une balle de laine. C'est aussi là le moyen de produire un effet qui approche beaucoup plus d'un dessin à l'encre de la Chine très-précieux. Mais comme cette méthode convient mieux pour les parties claires du dessin que pour celles qui sont très-foncées, parce qu'elle ne soutient seulement une forte et lente action du corrosif, qu'autant qu'on lui a donné la juste proportion d'épaisseur nécessaire pour que l'eau-forte ne pénètre qu'autant qu'il le faut, et qu'on ne peut pourtant pas empêcher que les ombres les plus déliées ne perdent un peu de leur finesse. Il est à propos d'user de précaution, en injectant toute la pierre aux endroits qui doivent conserver une touche plus foncée que la demi-teinte. Cela se fait après que l'on a gravé à l'eau-forte et imprimé les premiers tons, et au moyen des petits points que l'on produit. Cette manière demande une préparation telle, qu'elle puisse supporter, sans danger d'être altérée, l'action la plus forte du mordant.

§. 5. *Aquatinta au moyen d'un fond de crayon.*

Cette manière tient, à proprement parler, un milieu entre celle de *l'aquatinta, et de la grattée.*

Elle offre l'avantage de pouvoir composer et achever des dessins avec la plus grande promptitude, de la manière suivante :

On prend une pierre préparée pour le dessin au crayon, on l'enduit d'un fond noir ou rouge gommé, d'après la méthode indiquée dans la manière à inciser, sans préparation préalable du mordant, laquelle, à la vérité, ne serait pas nuisible, mais seulement inutile. Alors on dessine dessus tous les contours avec la pointe, sans cependant les marquer trop, parce qu'ils ne doivent servir qu'à indiquer le dessin. On donne au contraire, aux traits qui ne doivent pas se perdre ensuite dans le ton d'aquatinta et dans l'impression, le degré de force que requiert le plus ou moins de couleur qu'ils reçoivent.

On frotte la pierre de couleur, et on la nettoie avec de l'eau, précisément comme nous l'avons dit dans la *manière à incision.*

Quand ensuite elle aura été bien nettoyée, et qu'elle sera bien sèche, tous les traits dessinés paraîtront noirs dans les cavités, et la pierre, au contraire, sera blanche. On considère alors attentivement sa composition, que l'on partage dans sa pensée en huit sections principales des gradations qui s'y rencontrent, d'ombres, demi-teintes et clairs; on forme quatre divisions depuis les clairs jusqu'aux demi-teintes, et quatre depuis les ombres légères jusqu'aux plus foncées. On dessine avec le crayon chimique par-dessus tout ce qui appartient aux quatre gradations les plus foncées; et on donne de cette manière le degré de force à peu près nécessaire pour produire une demi-teinte. Le but de ce travail est d'amasser de la sorte dans ces places, au moyen du crayon, une quantité de points également éloignés les uns des autres, et qui puissent résister à l'action du mordant comme dans le fond d'aquatinta, en sorte que l'eau-forte puisse pénétrer au travers, et former dans la pierre un grain plus gros que celui qu'elle a obtenu en recevant le premier poli. Quand le tout est ainsi recouvert, on finit par couvrir aussi d'encre chimique les quatre divisions les plus légères. Les jours les plus clairs, et tout ce qui doit demeurer entièrement blanc, tel que le bord blanc qui se trouve en-dehors du dessin, restent blancs sur la pierre, et ne se couvrent ni de crayon ni d'encre.

Quand la pierre est ainsi préparée, on commence par lui donner le mordant; après qu'elle l'a reçu, on verse de l'eau dessus et on la laisse sécher. On couvre alors d'encre chimique les places qui sont les moins foncées dans les quatre divisions qui sont le plus colorées. Quand les endroits recouverts sont secs, on verse l'eau-forte sur la pierre, après quoi on verse par-dessus de l'eau pure, et on la laisse sécher; on couvre comme auparavant les nuances qui suivent immédiatement après, suivant leur degré de force. Alors on trempe dans l'eau de gomme un pinceau bien net, et l'on en frotte tout ce qui doit rester blanc.

En versant un peu d'huile de térébenthine sur la pierre, on dissoudra le crayon, l'encre chimique, et on l'essuiera; de cette manière on pourra la noircir d'une couleur molle d'impression, et la nettoyer avec un chiffon de laine. Le dessin paraîtra comme couvert d'un voile noir, parce que les ombres les plus légères et les demi-teintes ne sont pas encore terminées. On prend alors un chiffon imbibé d'eau gommée et d'un peu d'acide phosphorique, et, tandis que l'on gratte les lumières dans la gradation nécessaire, en se servant pour cet usage d'un grattoir bien fin, ou qu'on les polit avec un petit morceau d'ardoise très-fine (dont on se sert pour écrire sur la même matière), on essuie en même temps, à diverses reprises, le dessin avec ce chiffon mouillé; de cette manière on peut aisément voir ce que l'on a fait, et l'on achève ainsi son ouvrage. En s'y prenant de la sorte, on produit les teintes les plus fines, avec autant de nuances et presque aussi imperceptibles que celles d'un dessin lavé à l'encre de la Chine.

Ce procédé est très-expéditif, et les tons les plus vigoureux obtiennent un degré extraordinaire de force, pour peu qu'on leur ait donné un mordant qui ait pénétré assez avant. Il est bon que le chiffon dont on se sert pour essuyer ait conservé un peu de couleur. Si le mordant a donné trop de force dans quelques parties, on peut également les rendre plus claires en les grattant ou en les polissant.

L'impression de cette espèce d'aquatinta, comme celle de toutes les autres, se fait avec de la couleur molle et claire, que l'on peut essuyer aisément. Le papier doit aussi être plus fortement mouillé dans cette méthode que dans les autres. Il est clair qu'elle nécessite une tension assez considérable de la presse, et par conséquent de fortes pierres.

§. 6. *Des Dessins au crayon à formes creuses, et calqués.*

La difficulté de tirer d'un dessin au crayon des exemplaires qui ne diffèrent en rien du premier original dessiné sur la pierre, m'a donné l'idée d'essayer s'il ne serait pas possible de se servir de la manière pointillée qu'emploient, comme on sait, les graveurs en taille-douce, et de l'appliquer à la pierre lithographique. Un dessin au crayon gravé en creux, étant susceptible de plus de vigueur aux endroits colorés, et de plus de finesse aux endroits clairs, il en doit résulter qu'il est plus aisé à corriger et moins sujet à se gâter.

J'ai pensé aussitôt, que, si je parvenais, de cette manière, à obtenir un degré de perfection, j'aurais fait de grands progrès dans l'impression en couleur. C'est ainsi que j'ai imaginé les deux manières suivantes, qui ont beaucoup de rapport entre elles, et qui, vraisemblablement, par la suite, fixeront d'une manière particulière l'attention des artistes.

On prend une pierre préparée pour le dessin au crayon, et on lui donne un nouvel apprêt avec l'eau-forte et la gomme. On la nettoie avec de l'eau; et, quand elle est sèche, on l'enduit d'un fond de mordant, comme on l'a décrit dans la manière de graver à l'eau-forte. Il faut cependant lui donner un fond aussi mince et aussi uni que possible, afin de pouvoir aisément dessiner dessus, et qu'il soutienne suffisamment l'action du mordant.

Quand la pierre est froide, et quand les contours du dessin sont tracés au travers du calque, on prend un grattoir du meilleur acier, l'on gratte toutes les parties, en observant les proportions nécessaires de lumière et d'ombre. Le grattoir ne touche du bord que les points les plus saillans de la surface rudement polie, et ce n'est qu'en continuant à appuyer plus fort, qu'on forme les points les plus marqués, de la manière que le fait le crayon chimique; avec la seule différence que les points formés sur la pierre noire paraissent blancs en opposition avec elle. Quand on a ainsi achevé la planche, on la grave à l'eau-forte graduellement, de la façon indiquée dans la gravure à l'eau-forte, et on finit par la nettoyer et en tirer des exemplaires de la même manière.

Si l'on prépare la planche un peu plus fort dans tous les tons au moyen du mordant, on peut, quand une fois on l'a frottée de couleur, la polir doucement avec une pierre ponce bien fine, et encore mieux, avec une ardoise noire et de l'eau gommée, afin de l'unir entièrement et de détruire toute la rudesse qui pourrait provenir de la première préparation. On rend plus légers les endroits devenus trop obscurs, en les polissant doucement, et on répare de la sorte ceux qui sont trop légers en les travaillant avec une pointe sèche.

Les dessins composés de cette manière acquièrent plus de finesse et plus de force que les dessins ordinaires au crayon, auxquels, du reste, ils ressemblent beaucoup. Il serait à désirer que l'on pût réunir en même temps le grand avantage des derniers, et travailler comme dans ceux-ci le noir sur le blanc, parce que l'inverse enchaîne la liberté de l'artiste.

Parmi les essais que j'ai faits dans ce genre, les deux suivans sont ceux qui ont répondu le mieux à mes désirs:

Dans le premier, la pierre avait été polie grossièrement; on avait versé dessus de l'eau-forte et du gullus, après quoi on l'avait nettoyée avec de l'eau, et fait sécher. Je dessinai dessus avec un crayon noir composé d'huile de vitriol, de tartre et de noir de fumée, et j'opérai pour le reste de la manière indiquée dans l'article de l'encre préparatoire.

Je n'ai pas encore pu donner assez de temps à cet essai pour inventer un crayon préparatoire très-ferme, sans qu'il perdît quelque chose de sa force; néanmoins, le mélange de vitriol, de tartre et de noir de fumée, suffit pour en composer un, dont on puisse se servir au bout de quelques jours. On a en outre l'avantage qu'on peut en enduire une estompe composée de papier roulé ensemble, et que par ce moyen l'on peut estomper sur la pierre les ombres les plus déliées.

Dans le second, j'ai apprêté d'une partie de cire, de deux parties de suif et d'une partie de savon, une encre chimique sans couleur, je

(238)

l'ai délayée dans l'eau, et j'en ai donné une couche à la pierre grossièrement polie et préparée avec de l'acide phosphorique, de la gomme et
du gullus, et ensuite l'avoir lavée et nettoyée avec de l'eau. Cette
couche très-mince était cependant assez forte pour soutenir l'action
du mordant. Aussitôt qu'elle était sèche, je dessinais dessus avec un
crayon noir composé de tartre, de gomme et d'un peu de sucre,
avec la quantité nécessaire de noir de fumée; je me servais aussi à cet
effet du crayon noir commun de Paris, ou d'un crayon fin anglais. On
gravait ensuite le dessin à l'eau-forte, puis on l'arrosait d'eau d'alun,
après quoi on le faisait sécher. Lorsqu'il était sec, on l'enduisait de
couleur grasse, puis on nettoyait la pierre avec de l'huile de térébenthine et de l'eau gommée. Pour obtenir une superficie tout-à-fait unie,
on commence par polir délicatement la pierre; mais dans ce cas, il
faut que le dessin soit gravé beaucoup plus fortement, parce qu'autrement on l'enleverait en frottant. On doit généralement faire attention,
en préparant ces genres de dessins, qu'il faut que l'eau-forte corrode
l'élévation des points avant de pouvoir creuser la pierre.

L'heureuse réussite des essais précédens m'a conduit à l'application
de la manière pointillée à la pierre,

On parvient, en suivant exactement la manière indiquée ci-après, à
imiter, jusqu'à faire illusion, les dessins au crayon et à l'encre de la
Chine, et à réunir la légèreté du dessin à la grande facilité de l'impression, en sorte que cette méthode appartient véritablement aux genres
d'impression les plus parfaits.

Le procédé en est tel qu'il suit:

On commence, avant tout, par dessiner les contours sur du papier
vélin, aussi mince et aussi uni qu'on peut se le procurer; plus le papier
est mince, sans inégalités ni ordures, meilleur il est; on prépare alors
une pierre très-bien polie avec l'eau-forte et la gomme, ou ce qui

vaut encore mieux, avec de l'acide phosphorique, du gullus et de la gomme; on la nettoie avec de l'eau et on la fait sécher.

On l'enduit d'une couche très-mince de suif, on l'étend, on la roule avec une balle de cuir bien propre, ou simplement avec la main, d'une manière uniforme. Tout consiste en ce que le suif forme sur la surface de la pierre une couche très-mince et très-égale. On noircit la pierre à la fumée d'une bougie ou d'une chandelle; la solidité du fond dépend de cette fumigation, car un fond de suif ou de vernis à l'huile, qui doit être très-mince, ne pourrait soutenir, sans cela, l'action du mordant; il pénétrerait au travers et attaquerait la pierre.

La pierre étant ainsi préparée pour le dessin, on ne doit pas toucher davantage sa superficie. On y colle ensuite par les coins, et solidement, le papier vélin mince sur lequel on a dessiné les contours, sans cependant le déranger, mais en prenant toutes les précautions possibles pour ne pas endommager le fond par le moindre frottement.

Ce dessin lui-même se fait avec du crayon de Paris ou du crayon d'Espagne tendre, ou avec du crayon anglais, ou enfin avec un petit morceau de plomb. Cela fait, on pose auprès de la pierre deux petits morceaux de bois qui doivent être un peu plus haut qu'elle, et une règle large et solide dessus, afin de pouvoir dessiner sur le papier sans le toucher avec la main. Tous les traits que l'on repasse avec la pointe sur le papier s'impriment derrière sur la pierre, et enlèvent, à la place de ces mêmes traits, le fond qui les couvre, en sorte que l'eau-forte peut agir. Quand le dessin est achevé, on grave la pierre de la manière indiquée dans la gravure à l'eau-forte, on la couvre et on l'imprime à la manière accoutumée.

Quand on aura acquis, par l'habitude, le véritable mode de préparation, on sera étonné du degré de perfection et de délicatesse approchant de la miniature, auquel on peut atteindre, et en même temps de la vigueur qu'on peut obtenir par ce moyen dans les ombres les plus foncées, dont sont susceptibles les dessins composés de cette manière, en leur donnant avec l'eau-forte la préparation nécessaire.

En outre, cette dernière méthode au crayon et avec des formes creuses, peut s'appliquer à celle qui ressemble à la gravure en taille-douce.

§. 7. Dessin lavé à la couleur mordante.

Cette manière sert principalement à retoucher les dessins gravés à l'eau-forte, quand ils sont achevés, et à corriger et perfectionner les différentes sortes d'aquatinta.

On trempe un petit pinceau dans du suc de citron, auquel on a mêlé un peu de noir de fumée, et l'on s'en sert à dessiner sur une pierre bien polie et bien préparée. Cet acide forme de petits points dans la pierre, qui prennent la couleur quand on essuie le suc de citron dès qu'il a produit son effet. Il faut ensuite sécher la place, et la frotter de couleur grasse.

On peut passer deux fois sur le même endroit avec le pinceau, afin de produire des ombres plus épaisses. Pour les ombres plus délicates, on peut essuyer plutôt le mordant, ou le rendre plus clair avec de l'eau.

Je ne doute pas qu'un chimiste ne puisse inventer une composition de mordant pour s'en servir en guise d'encre de la Chine ; alors on pourrait laver un dessin sur la pierre avec le pinceau, comme on le fait sur le papier, ce qui serait, pour l'art lithographique, d'un avantage incalculable.

CHAPITRE III.

MANIÈRE MIXTE.

Une des propriétés de la Lithographie est de réunir ensemble les deux espèces d'impressions, en relief et en taille-douce; ce qui, jusqu'à présent, n'avait eu lieu dans aucun genre d'impression; c'est ce qui produit beaucoup de mélanges des deux manières principales, en sorte que leur description détaillée suffirait pour remplir un volume entier. Mais comme je suppose que les artistes auront saisi l'essence de ce nouvel art, au moyen de ce que nous venons d'expliquer, je pense aussi que leurs propres réflexions suffiront en grande partie pour leur indiquer les manières qu'ils pourront mêler le plus avantageusement ensemble, pour parvenir aux différens buts qu'ils se proposeront. Je me bornerai donc à décrire quelques-unes des espèces principales, afin de donner quelques idées fondamentales sur la manière d'y procéder.

§. 1ᵉʳ. *Dessin à la plume mêlé avec la Gravure à la pointe.*

On peut s'en servir de deux manières, en achevant d'abord le dessin à la plume, et en couvrant la pierre d'un fond de gomme rouge, après lui avoir donné en premier un mordant (d'après l'instruction du §. 1ᵉʳ. *de la méthode à formes creuses,* et en gravant les traits les plus fins du dessin avec la pointe). Quant à l'impression, le procédé est absolument semblable à celui du dessin à la plume. La seconde manière est de commencer au contraire par graver ou inciser le dessin; après que la pierre a reçu une couleur à mordant, et qu'on l'a nettoyée et fait sécher, on dessine le reste à la plume avec de l'encre chimique. Aussitôt que le dessin est suffisamment sec, on le prépare un peu avec

un acide. Le reste du procédé est semblable à celui du dessin ordinaire à la plume.

On a l'avantage, dans ces deux procédés, de pouvoir dessiner à la
plume ce qui est le plus analogue à cette sorte de dessin, et à la pointe,
ce qui s'exécute le mieux de cette manière.

Le dernier est applicable surtout à des écritures très-belles et très-
légères, telles, par exemple, que les titres d'un livre, où l'on trace
d'abord les traits les plus fins, ou les déliés avec la pointe, et où l'on
exécute les plus forts ou les pleins à la plume, ce qui facilite le travail.

On peut aussi couvrir d'un fond à mordant le dessin à la plume,
puis dessiner ce que l'on veut à la pointe, et le préparer dans ses
cavités avec l'eau-forte; mais en nettoyant la pierre, on a besoin de
beaucoup d'adresse pour ne pas effacer ce qui est fait à la plume; de
sorte que je ne conseillerai pas d'employer cette méthode.

§. 2. *Dessin en taille-douce avec un ton en relief.*

Cette manière qui consiste également dans un mélange de gravure
en relief et en taille-douce, a déjà été décrite amplement dans la gravure
à l'eau-forte, page 213.

§. 3. *Impression en taille-douce et en relief avec plusieurs pierres.*

On a vu par ce que nous venons de dire, que l'on pouvait imprimer
en relief et en taille-douce sur la même pierre. Ces procédés sont très-
avantageux lorsqu'on partage les différentes manières sur plusieurs
pierres, et qu'on les réunit en les imprimant sur la même feuille. C'est
ainsi, par exemple, qu'on peut imprimer sur une gravure à l'eau-forte
un ou plusieurs tons en relief en employant différentes pierres, et que

(243)

l'on peut donner à un dessin en relief, à la plume ou au crayon, un ton
d'*aquatinta* au moyen de l'impression d'une pierre gravée en taille-douce
dans le même genre.

§. 4. *Changer le relief en taille-douce et réciproquement.*

Cette manière, très-applicable dans plusieurs cas, est pour ainsi dire
la pierre de touche de l'adresse d'un bon Lithographe, parce qu'elle est
une des plus difficiles; et suppose la connaissance exacte et la pratique
de tous les avantages de la manipulation. Je crois pouvoir parvenir
aisément à la faire comprendre, en citant plusieurs exemples.

Ier. EXEMPLE.

Graver à l'eau-forte, et creuser un Dessin transporté.

On prépare une pierre bien polie avec de l'acide phosphorique et de
la gomme, puis on la nettoie bien avec de l'eau, ensuite on la fait
sécher. Alors, par le moyen du transport, on imprime dessus un dessin
fait à l'encre molle ou au crayon, ou une impression fraîche, ou enfin
une impression en taille-douce également fraîche.

On laisse reposer la pierre pendant quelques heures, afin que la
couleur grasse s'y attache bien, et ne puisse en être enlevée aisément.
On l'enduit ensuite d'une eau gommée bien nette, et on lui donne,
avec un petit chiffon trempé dans une couleur à mordant, la couleur
nécessaire pour que le dessin puisse soutenir une légère préparation
d'acide. Cette préparation a lieu avec de l'eau-forte affaiblie, à laquelle on
peut encore mêler un peu d'alun pilé. On ne lui donne que la force
suffisante pour enlever l'extrême superficie de la pierre préparée avec
de l'acide de phosphore, dans tous les endroits qui ne sont pas bien

imprégnés de couleur grasse. On verse de l'eau claire sur toute la pierre, et on l'arrose ensuite d'une forte eau de savon qu'on laisse sécher dessus. Enfin, on nettoie le savon au moyen d'huile de térébenthine, et on noircit la pierre avec une couleur à mordant, en sorte qu'elle prend partout la couleur, et devient toute noire. En la frottant doucement avec un chiffon trempé dans l'eau gommée et dans un faible acide phosphorique, tout le dessin paraîtra blanc, comme si on l'avait fait avec de l'encre préparatoire. En frottant ensuite la pierre de couleur à mordant, et s'y prenant de la manière indiquée à l'article de l'encre préparatoire, le dessin, qui d'abord était en relief, se trouvera creusé dans la pierre.

Cette manière est susceptible d'une très-grande perfection, et peut produire de véritables chefs-d'œuvres, surtout lorsqu'on l'emploie avec la connaissance nécessaire pour imprimer au moyen du transport, les dessins faits sur le papier avec l'encre chimique ou le crayon. Quant au moyen du burin, on achève de perfectionner le dessin ainsi gravé sur la pierre et creusé par l'eau-forte; on peut avant, comme pendant le procédé, rendre aisément plus fins les traits ou les points trop gros, et plus forts ceux qui sont trop fins. Ce travail suppose beaucoup d'expérience dans l'art de la Lithographie, et d'intelligence dans celui qui l'exerce, laquelle peut suppléer aisément à tout ce que j'ai pu omettre dans ce détail.

IIᵉ. EXEMPLE.

Changer les Dessins en relief, faits à l'encre grasse chimique ou au crayon, en les creusant par l'acide.

On grave et on prépare la pierre bien nette avec de l'acide phosphorique et de la gomme. On dessine ensuite avec de l'encre ou du crayon, et l'on met le mordant. Pour tout le reste du procédé, comme dans le premier exemple.

III*. EXEMPLE.

Changer, par le mordant, en creux tout Dessin en relief.

Dans les exemples précédens, on prépare la pierre avec l'acide phos-phorique avant de transporter ou dessiner dessus. Comme les endroits auxquels se trouve la couleur grasse ne sont pas attaqués par le faible mordant d'alun et d'eau-forte, ils conservent leur apprêt phospho-rique, que l'on ne détruit pas aisément en se servant de savon, tandis que les endroits gravés à l'eau-forte prennent la couleur grasse aussi-tôt qu'ils en reçoivent l'impression. Mais dans les pierres lithogra-phiques dessinées à l'ordinaire, où les traits gras ne sont pas seulement marqués sur la superficie, mais ont pénétré bien avant dans la pierre, le changement en devient plus difficile, néanmoins il réussit en em-ployant le procédé suivant avec l'adresse nécessaire :

On lave la pierre avec l'eau pure, et on la frotte d'une forte eau de savon ou d'encre chimique, puis on la fait sécher. On la nettoie avec de l'huile de térébenthine, et l'on enlève le savon qui était dessus ; après quoi on la noircit avec une couleur à mordant. En-suite, on trempe un chiffon de toile dans l'eau gommée et dans l'acide phosphorique, et l'on essaye à enlever la couleur des traits en relief. Après avoir frotté toute la pierre, à plusieurs reprises et très-rapi-dement, on essaye avec le doigt si le dessin ne veut pas devenir blanc, ou si l'on doit continuer à frotter avec l'acide. Il faut faire attention, dans ce procédé, de ne pas endommager le fond en appuyant trop fort. Lorsque le dessin est devenu suffisamment blanc, on noircit la pierre de couleur ferme, et l'on s'y prend de la manière que je viens de décrire.

On peut ainsi donner à des dessins en relief qui n'ont pas la fermeté que l'on désirerait, toute la gradation de ton nécessaire pour les améliorer, mais cela suppose beaucoup de pratique, sans quoi on pourrait gâter sa pierre entièrement.

IVe. EXEMPLE.

Changer un Dessin de taille-douce en Dessin en relief, pour en faciliter l'impression.

Beaucoup de sortes d'écrits et de dessins sont plus aisés à composer en taille-douce avec la pointe, qu'en relief avec la plume. Souvent aussi on trouve plus aisément des compositeurs et des graveurs qui savent bien se servir de la pointe, que de ceux qui savent bien se servir de la plume, parce que généralement il est plus difficile d'apprendre à dessiner nettement et correctement avec la plume, que de se servir de la pointe pour la gravure à l'eau-forte.

Quand on veut néanmoins avoir un dessin en relief, parce qu'il est plus aisé à imprimer et qu'il demande moins de temps, et soutient mieux l'impression, la méthode que l'on va décrire sera très-avantageuse, d'autant plus, qu'elle est beaucoup plus sûre et plus facile que les précédentes, avec lesquelles elle est précisément en opposition, parce qu'ici la taille-douce doit se changer en relief.

On donne pour cela à la pierre une bonne couleur à mordant, et on la prépare quelques heures après comme pour les dessins à la plume, jusqu'à ce que les points et les traits ressortent.

On laisse reposer la pierre après sa préparation, et on la fait sécher pendant quelques heures avant de l'enduire de gomme. On emploie ensuite, pour l'impression, le même procédé que dans les dessins ordinaires à la plume.

Je crois avoir décrit toutes les manières de Lithographie, qui sont le résultat de mes recherches assidues et de mes nombreux essais, et les avoir présentées aux amateurs des arts avec toute la clarté et toute l'exactitude possibles. Je ne joindrai dans le supplément que quelques remarques utiles, qui, à la vérité, n'appartiennent pas exclusivement à la Lithographie, mais qui lui sont intimement liées, et pourront, je l'espère, être agréables aux amateurs de cet art.

SUPPLÉMENT.

§. 1ᵉʳ. *Impression avec la couleur à l'eau et à l'huile en même temps.*

Quand une planche est colorée de couleur à l'huile, qu'elle soit travaillée en relief ou en taille-douce, on peut, ou l'enduire d'une couleur à l'eau uniforme, ou bien l'enluminer de diverses couleurs et l'imprimer sur-le-champ. On prend pour ces couleurs deux parties de gomme et une partie de sucre, auxquelles on peut ajouter toute couleur en liqueur quelconque. La seule observation à faire dans l'enluminure de la planche, est de laisser bien sécher les couleurs avant d'imprimer, parce qu'autrement l'impression serait incorrecte et tachée.

Mais si l'on désire que chaque couleur obtienne dans l'enluminure ses nuances particulières, et que ses dessins aient de la ressemblance avec l'impression en couleur des gravures anglaises ou françaises, on doit s'y prendre de la manière suivante :

On grave toutes les nuances de chaque couleur assez profondément sur la pierre, et cela de la manière pointillée en taille-douce.

Par exemple, dans un des genres d'*aquatinta* qu'on vient de décrire, après avoir gravé la pierre à l'eau-forte, on l'enduit d'eau gommée, afin qu'elle ne prenne pas de couleur dans les cavités ; alors on la nettoie avec de l'huile de térébenthine etc., on la prépare si elle ne l'est pas. On l'enduit en entier d'un fond de gomme rouge, et l'on grave ou l'on incise dessus tous les traits qui doivent être noirs dans l'impression. On la frotte ensuite de couleur, et on la nettoie de manière qu'elle devienne blanche partout, excepté dans les traits incisés. Quand ensuite on la noircira, elle ne prendra plus la couleur d'impression que dans ces endroits; et les autres enfoncemens, tels que les différentes nuances des couleurs y resteront blancs, parce qu'ils sont préparés. En donnant alors à chaque endroit la couleur à l'eau nécessaire, elle sera plus épaisse, et par conséquent plus foncée dans ceux où il y aura de plus grands enfoncemens.

§. 2. *Impression chimique et mécanique en même temps.*

Quand un dessin à la plume est composé de manière que les traits séparés sont très-pressés, et qu'il ne s'y trouve point de place blanche dont le diamètre excède la longueur d'un demi-pouce, on peut noircir et imprimer un tel dessin, même d'une manière purement mécanique, sans qu'il soit besoin d'une autre préparation, en l'incisant seulement aussi profondément que possible, sans courir le risque d'endommager ni de corroder les traits fins. On y parvient d'autant plus aisément, que l'on n'a besoin, que d'une petite planchette à couleur, pour donner aux traits saillans, malgré la petitesse de leur élévation, la couleur nécessaire avec beaucoup de netteté; cette planchette que l'on nomme *coloriste*, doit s'apprêter de la manière suivante:

On rabotte une petite planchette de bois tendre, de huit pouces de long environ sur six pouces de large, jusqu'à ce qu'elle n'ait qu'une ligne d'épaisseur. On colle dessus un morceau de drap fin ou de feutre presqu'aussi grand. On colle ensuite par-dessus une autre planchette de la même grandeur, de l'épaisseur d'un quart de pouce, et d'un bois très-sec, que l'on polit parfaitement en la rabottant extérieurement, ou encore mieux, en la frottant avec du sable fin sur une pierre unie.

On attache une poignée à la planchette; et quand tout est sec, on polit alors sur une pierre très-unie la palette à colorer avec du sable fin et de l'huile.

Si l'on veut donner la couleur à la pierre dessinée et gravée en relief, il faut noircir ou rougir la palette d'une manière uniforme, au moyen d'une balle de cuir trempée dans la couleur d'impression. Alors, on se sert de cet instrument pour toucher de la pointe avec la précaution nécessaire toute la surface, qu'on a commencé par nettoyer avec de l'huile de térébenthine, et l'on tient la palette aussi horizontalement que possible, jusqu'à ce que la couleur soit bien étendue partout.

Cette sorte d'impression n'a point d'avantage sur l'impression chimique, mais on peut la réunir à celle-ci, et imprimer avec trois couleurs sur une même planche.

Je vais indiquer la manière de s'y prendre.

Si l'on veut composer un dessin avec de la couleur noire, bleue, et rouge, et que l'on veuille donner toutes ces couleurs ensemble à la même pierre, il faut se servir d'une pierre préparée pour le dessin à la plume, et avant tout, la préparer avec de l'acide phosphorique; de la noix de Galle et de la gomme; puis la nettoyer ensuite avec de l'eau et la faire sécher. On dessine alors tout ce qui doit être rouge avec de l'encre chimique, qui ne doit contenir qu'autant de savon qu'il est nécessaire d'en employer pour la dissoudre; et quand le dessin est sec, on lui donne une préparation d'eau-forte, pour lui donner autant de relief que possible. Après la préparation à l'eau-forte, on lui en donne une de gomme, on la nettoie avec de l'eau, et on la fait sécher.

On l'enduit alors d'un fond de mordant que l'on dissout dans l'huile de térébenthine, et l'on y dessine tout ce qui doit être noir, entre et par-dessus les traits gravés en relief; on donne alors au dessin qui se trouve dans les cavités une assez forte préparation d'eau-forte, puis on le nettoie avec de l'eau; on verse dessus de l'eau d'alun, et on le fait sécher ensuite. Quand la pierre est bien sèche, on la frotte de couleur d'impression et on la nettoie avec de l'eau gommée et de l'huile de térébenthine, au moyen d'un chiffon de laine.

Elle redeviendra alors blanche partout, excepté dans les lignes creuses où elle a pris la couleur. Après l'avoir encore une fois nettoyée avec de l'eau et l'avoir fait sécher, il faudra dessiner sur la planche tous les traits qui doivent être bleus avec une encre chimique qui contiendra beaucoup de savon. Ensuite, on les fait également bien sécher, et on nettoie la pierre avec de la gomme et de l'huile de térébenthine; de cette manière elle est propre à recevoir la couleur. Alors, pour la colorier comme il faut, on s'y prend de la manière suivante : on commence par essuyer la couleur noire de la façon indiquée dans la manière *à formes creuses*. La pierre restera noire dans les places très-enfoncées; mais dans celles qu'on a dessinées les dernières, et qui sont unies, elle prendra une teinte grise pour peu que la couleur se laisse bien enlever, ce que l'on facilite en se servant de gomme; et surtout en la frottant avec un chiffon de laine.

Le ton de couleur qui est resté sur les endroits unis dessinés avec l'encre chimique doit être assez faible pour ne pas faire tort à la couleur bleue. On passe ensuite sur la pierre, à plusieurs reprises et doucement, un chiffon trempé dans la couleur bleue, jusqu'à ce que tout ce qui doit avoir cette teinte, ait bien pris la couleur; puis on prend la palette que l'on a trempé dans la couleur rouge, et l'on touche avec la pointe la pierre qui doit avoir séché dans l'intervalle. De cette manière, les lignes qui se trouvent au-dessus de sa surface prennent la couleur rouge, et l'on peut tirer une impression à trois couleurs.

§. 3. *Application de la Pierre lithographique à l'Impression des toiles peintes, en raclant la couleur par une manière d'Impression particulière.*

Depuis long-temps l'application des planches en cuivre gravées est en usage dans l'impression des toiles peintes. Comme on ne peut se servir de la couleur ordinaire à l'huile, et que les couleurs nécessaires à cette préparation ne peuvent se composer de la même manière, parce qu'on les enlèverait des cavités de la planche en cuivre en essuyant avec le chiffon, on a imaginé une autre méthode pour donner les couleurs à l'eau, nécessaires à ces planches. A cet effet, on frotte toute la planche de couleur, et on tire dessus une espèce de règle, qui enlève entièrement toute la couleur de sa surface, et ne la laisse que dans ses cavités.

Cette méthode d'enlever la couleur en raclant, est encore applicable aux dessins creusés dans la pierre ; il s'agit seulement que la pierre soit très-unie et bien polie, que la couleur qu'on emploie se laisse bien enlever, et enfin, que le racloir en bois soit bien uni et bien aigu.

Une forte bouillie, où de la gomme mêlée avec un mordant (tel que l'acide végétal de fer) est facile à racler, et ne s'écrase pas dans l'impression surtout quand on lui a donné l'épaisseur nécessaire.

Un morceau large et très-mince d'une feuille d'acier poli, très-uni et très-égal à son tranchant, sur lequel il repose sur la pierre, sera préférable pour cet usage à une règle en bois.

J'ai inventé une machine propre à donner à la pierre ou au cylindre le dessin nécessaire. A l'aide de cette machine, on peut achever en deux jours, le dessin le plus difficile ; je compte en donner la description aux amateurs, ainsi que de la presse à imprimer les indiennes, dans un petit ouvrage que je compte publier à ce sujet, étant bien convaincu que la pierre lithographique est très-applicable à cette branche d'industrie, et qu'elle mérite la préférence sur le cuivre, tant pour la promptitude dans l'exécution, que par son bon marché, surtout si l'on remplace la pierre naturelle par une pierre artificielle.

§. 4. *Impression coloriée en raclant.*

Cette manière de donner la couleur à la pierre *en raclant*, est également applicable à l'impression du papier, tel que papier-indienne, tentures, etc., puisque toutes les manières d'impression en taille-douce, au moyen de la pierre lithographique, s'exécutent très-bien quand on emploie la couleur nécessaire.

Une forte bouillie (ou de la gomme) mêlée avec de l'amidon en nature ou de la farine bien fine, à laquelle on ajoute la couleur nécessaire, forment une préparation très-bonne pour tous les genres d'impression, tels que ceux des tentures, surtout lorsque cette impression se fait sur du papier sans collé et un peu mouillé. Du fromage mou ou du lait nouvellement caillé, quand on y mêle du savon, de la potasse, du vernis à l'huile de lin, et une bonne couleur, donnent une excellente composition, avec laquelle on peut très-bien imprimer toutes les manières creuses (même l'*aquatinta*). Cette composition, lorsque la pierre est bien unie, est très-utile, surtout dans l'impression des couleurs, tant avec une qu'avec plusieurs pierres lithographiques.

Quand un dessin en manière creuse est composé de manière à pouvoir remplir ce but, on n'a plus besoin que de donner les couleurs très-grossièrement avec le pinceau, sans s'embarrasser beaucoup si la couche de couleurs sur la pierre est mince ou épaisse. Il faut faire attention, cependant, lorsqu'on veut imprimer plusieurs couleurs, qu'elles ne dépassent pas les différentes places auxquelles elles appartiennent. En laissant sécher, la pierre, on peut enlever tout d'un coup les différentes couleurs, sans les salir l'une par l'autre, quoiqu'on les racle l'une par-dessus l'autre.

Cette manière de colorier un dessin sur la planche, est préférable, pour la beauté et la promptitude de l'exécution, à celle de le colorier sur le papier.

§. 5. *Impression des Peintures à l'huile au moyen du transport.*

On peut, par l'impression en couleurs avec plusieurs planches, en imprimant sur un papier qui a déjà reçu un fond, c'est-à-dire qui a été enduit d'un vernis gras, tirer des épreuves en couleur, semblables aux peintures à l'huile; on ne peut les imprimer que de la manière suivante.

On commence par préparer une assez grande quantité de papier, en donnant une faible couche de forte bouillie ou de colle à celui qui n'est pas collé, et on imprime sur ce papier les différens dessins de chaque pierre à couleur. Mais si l'on veut composer le tableau même de ces différentes couleurs, on prend une toile qui a reçu le fond nécessaire pour la peinture à l'huile, et l'on pose dessus une impression que l'on mouille, et sur laquelle se trouve, par exemple, la couleur rouge. On imprime ensuite, au moyen du transport, cette impression sur la toile, avec une très-faible tension de la presse, et en retirant le papier, la couleur en sera partie, et se sera attachée à la toile. On pose ensuite l'impression d'une autre couleur, que l'on mouille d'abord, en observant exactement les points qui servent de repaire et en continuant de la sorte jusqu'à ce qu'on ait terminé avec toutes les couleurs. On peut effectuer le transport même sans presse, seulement avec la main, ou de toute autre manière que l'on jugera convenable, car il n'est pas nécessaire d'employer beaucoup de force, la couleur se détachant très-aisément pour se fixer sur la toile.

On laisse au jugement de l'artiste le choix des couleurs que l'on doit placer l'une sur l'autre encore humides, et de celles que l'on doit faire sécher auparavant. La disposition des différentes pierres à couleur produira l'effet désiré quand toutes les couleurs seront ensemble; cette manière d'impression est d'une très-grande importance.

§. 6. *Papier-pierre.*

C'est ainsi que l'on nomme généralement une composition que j'ai inventée, pour imiter la pierre naturelle de Solenhofen.

J'avais depuis long-temps fait des essais pour imaginer une composition semblable à la pierre, qu'on pût employer à l'impression aussi-bien qu'elle. Le parchemin ordinaire des tablettes répondrait à cette intention si son enduit ne se dissolvait dans l'eau.

J'avais essayé d'une composition de chaux et de lait fraîchement caillé, devenue assez ancienne pour se saturer suffisamment de l'acide carbonique de l'air; j'en avais imaginé une autre, avec un mélange de craie, de plâtre et de colle, que je trempais ensuite dans une solution d'alun et de gallus, au moyen desquelles on pouvait exécuter au moins des ouvrages grossiers, pour peu qu'on n'eût pas besoin de beaucoup d'épreuves.

Je ne fus satisfait que lorsque j'eus observé sur une pierre lithographique, que les taches de graisse qui provenaient de l'huile, de même que les dessins qui avaient été transportés avec de l'huile seule, ne prenaient plus de couleur au bout de quelques semaines, quand ils avaient été un peu préparés. J'en conclus que l'huile subissait un changement à l'air, et que vraisemblablement, en se liant avec l'oxigène, elle cessait

d'être grasse et obtenait une nature plus semblable à la terre. Que cette
conclusion soit juste ou non, cela me conduisit à l'idée d'employer
l'huile comme liaison de différentes espèces de terres, parce que je sup-
posais avec raison qu'une telle composition serait indissoluble dans l'eau.
Il ne s'agissait que de savoir si elle serait susceptible d'être préparée
malgré l'huile qu'on y emploierait, c'est-à-dire, si elle pouvait rejeter
tout autre corps gras.

Le succès répondit tellement à mon espérance, que je suis persuadé
maintenant que l'on peut, au moyen de plusieurs compositions d'argile,
de craie, d'huile de lin et d'oxides métalliques, composer une masse
semblable à la pierre, et si parfaite, que quand on en enduit le papier,
la toile, le bois, de métal, etc., on obtient des planches d'impression
qui, non-seulement remplacent la pierre comme matière d'impression,
mais qui même la surpassent en plusieurs cas.

Je compte communiquer bientôt au public les essais que j'ai faits
sous ce rapport avec tant de bonheur, et je donnerai par là l'occasion à nos plus habiles chimistes de perfectionner encore davantage ma
découverte.

Application de l'Impression chimique aux planches de métal.

Tous les métaux ont une grande inclination à recevoir les corps gras;
cependant on peut, quand ils sont tout-à-fait nets (c'est-à-dire polis avec
la pierre ponce ou frottés de craie), les préparer comme la pierre, et
leur donner, au moyen de divers procédés, une qualité qui les empêche
de recevoir la couleur à l'huile, et par conséquent les rend propres à
l'impression chimique.

Le fer et le zinc peuvent être préparés comme la pierre, au moyen
de l'eau-forte et de la gomme.

On se sert entre autres moyens de préparations pour l'étain et le plomb, de l'eau-forte, à laquelle on mêle du gallus et de la gomme. On améliore encore cette préparation en y mêlant une petite quantité de vitriol bleu. Par le frottement de ce fluide, ces métaux prennent la nature du cuivre. L'apprêt le plus solide pour l'étain et le plomb, est un mélange d'eau-forte, de soufre, de gomme, de cuivre et d'acide nitreux.

La meilleure manière de préparer le laiton et le cuivre, est d'employer à cet effet l'eau-forte, le sulphure de potasse, la gomme et la chaux acidée de salpêtre, le tout mêlé ensemble dans la proportion convenable.

La chaux et la gomme sont de très-bons moyens de préparation pour tous les métaux, ainsi que la potasse mêlée avec du sel et de la gomme.

J'ai employé depuis peu l'impression chimique des planches métalliques sur une nouvelle espèce de machine à copier, par le moyen de laquelle on peut transporter, en peu d'instans, tout ce que l'on dessine avec l'encre chimique ou le crayon, et en tirer un très-grand nombre d'exemplaires. Sa Majesté le roi de Bavière m'a fait la grâce de m'accorder, à ce sujet, un Brevet d'Invention pour six ans.

Je n'ai pas été en état jusqu'à présent de donner plus d'extension à cet objet, en ayant été empêché par la publication de cet ouvrage; mais aujourd'hui qu'il est achevé, je donnerai tous mes soins à confectionner une assez grande quantité de ces presses à la main, si simplifiées, si commodes, et d'une utilité si variée, que j'ouvrirai une souscription qui me permettra d'en baisser considérablement le prix. Je regarde l'utilité de mes diverses inventions comme la récompense la plus précieuse de mes soins et de mes travaux. C'est aussi ce qui m'a porté à donner à cet ouvrage tout l'intérêt dont j'étais capable.

Je me suis moins étendu dans les dernières feuilles de cet ouvrage parce que j'ai supposé que ceux qui auraient bien compris les explications précédentes, n'auraient pas besoin de tant de mots pour entendre les choses.

Sans le vif désir que le public a bien voulu manifester pour se procurer promptement cet ouvrage, ce qui m'a forcé de m'en occuper exclusivement, j'aurais cherché à réunir, dans différens modèles, la bonté des dessins avec la bonne exécution de l'impression.

Je réserve cela pour un volume supplémentaire que je compte publier bientôt, et dans lequel j'expliquerai plus en détail différentes manières jusqu'alors inconnues. Je termine ici mon Instruction, et je désire que cet ouvrage trouve beaucoup d'amateurs, et produise de bons Lithographes.

FIN.

TABLE.

ARTICLE PREMIER.
DESTINATIONS GÉNÉRALES.
CHAPITRE PREMIER.
DES PIERRES.

CHAPITRE II.
DE L'ENCRE, DU CRAYON, DE L'ENDUIT NÉCESSAIRE POUR LA GRAVURE
A L'EAU-FORTE, ET DE LA COULEUR, ETC.

CHAPITRE III.

DES ACIDES ET DES MOYENS DE LES PRÉPARER.

CHAPITRE IV.

DES INSTRUMENS ET OUTILS NÉCESSAIRES.

CHAPITRE V.

DU PAPIER.

CHAPITRE VI.

DES PRESSES.

ARTICLE SECOND.

DE TOUTES LES DIFFÉRENTES MANIÈRES DE LA LITHOGRAPHIE EN PARTICULIER.

CHAPITRE PREMIER.

MANIÈRE EN RELIEF.

(261)

34

FIN DE LA TABLE.

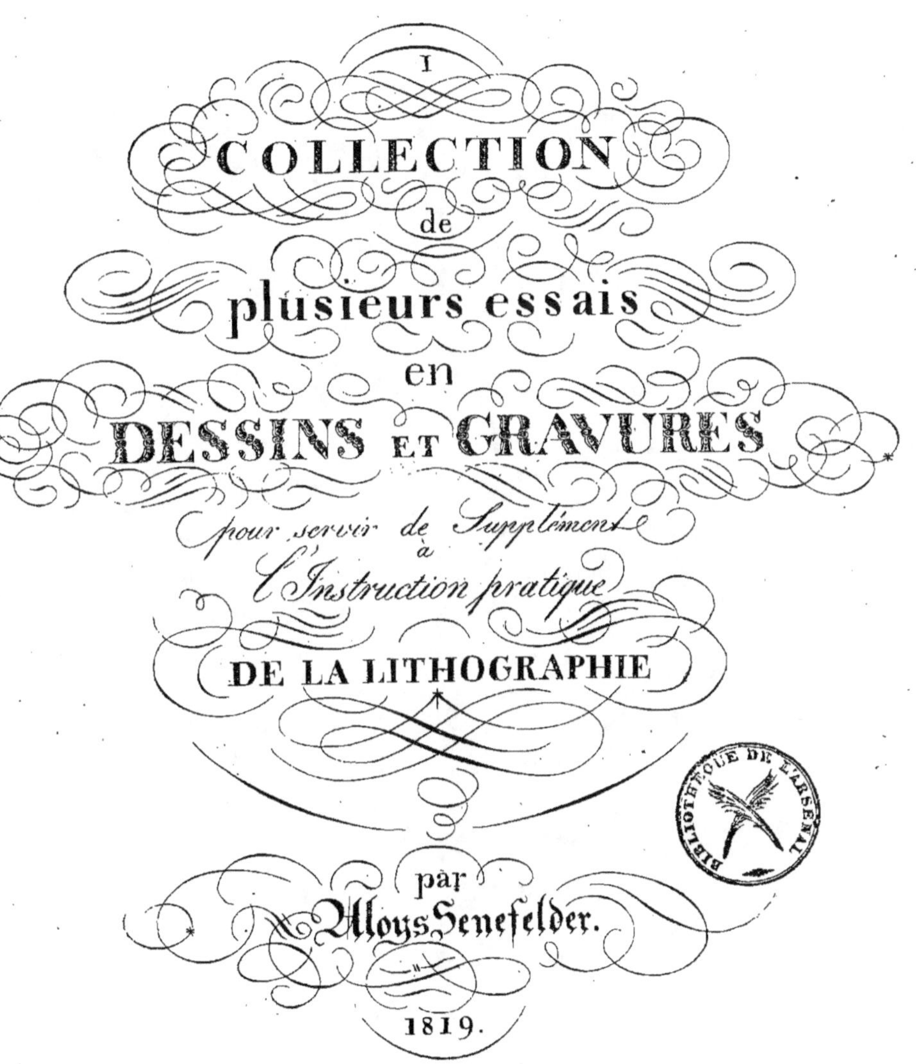

I
COLLECTION
de
plusieurs essais
en
DESSINS ET GRAVURES
pour servir de Supplément
à
l'Instruction pratique
DE LA LITHOGRAPHIE
par
Aloys Senefelder.
1819.

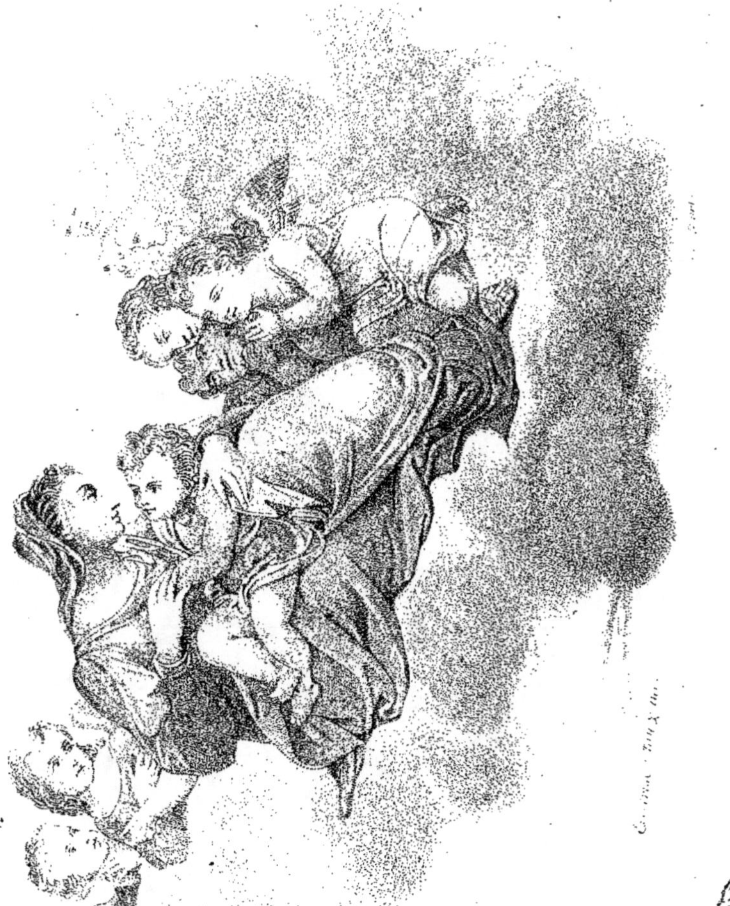

Dessin à la plume, pointillé.

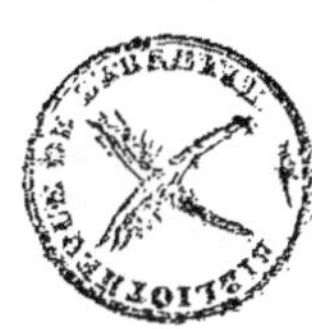

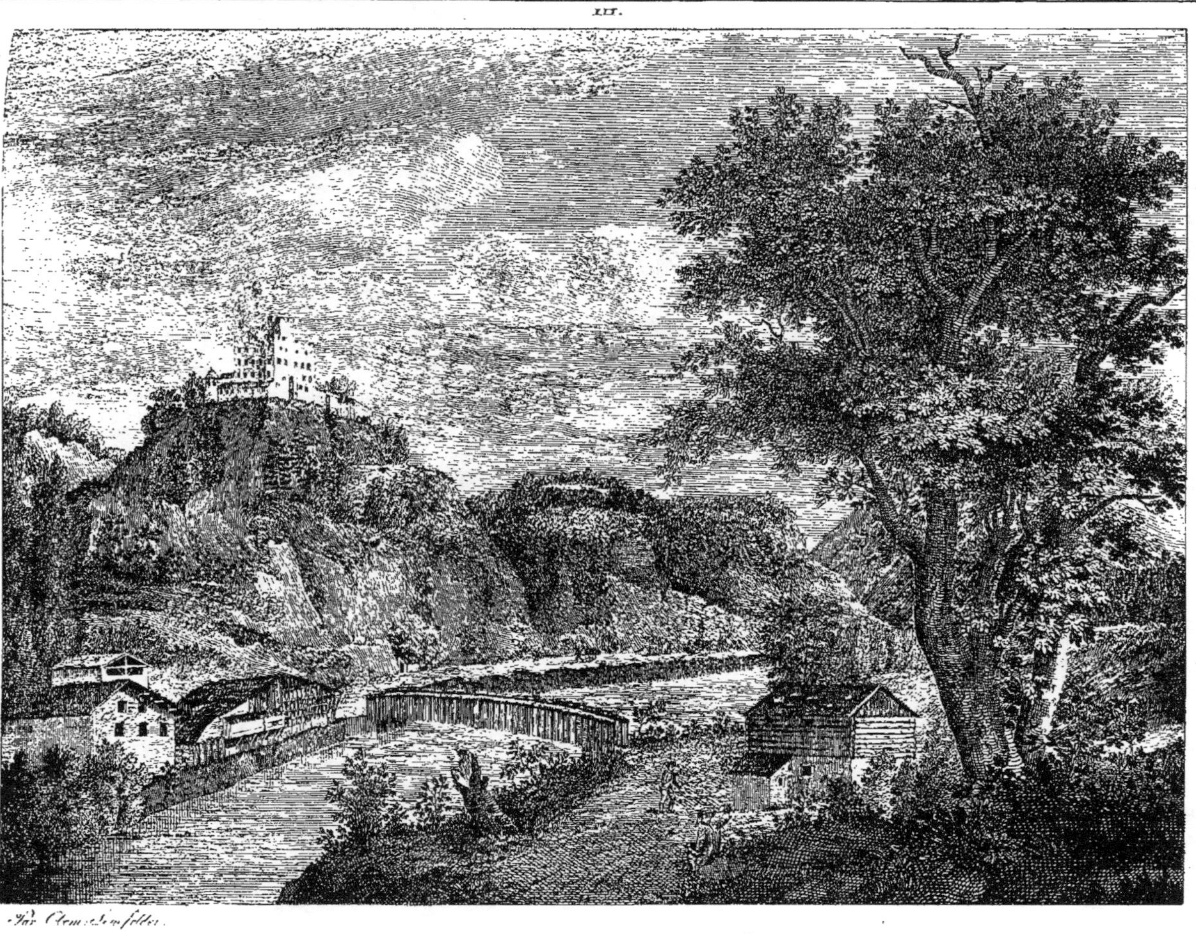

Dessin à la Plume.

IV.

Vive le Roi! Vive la France!

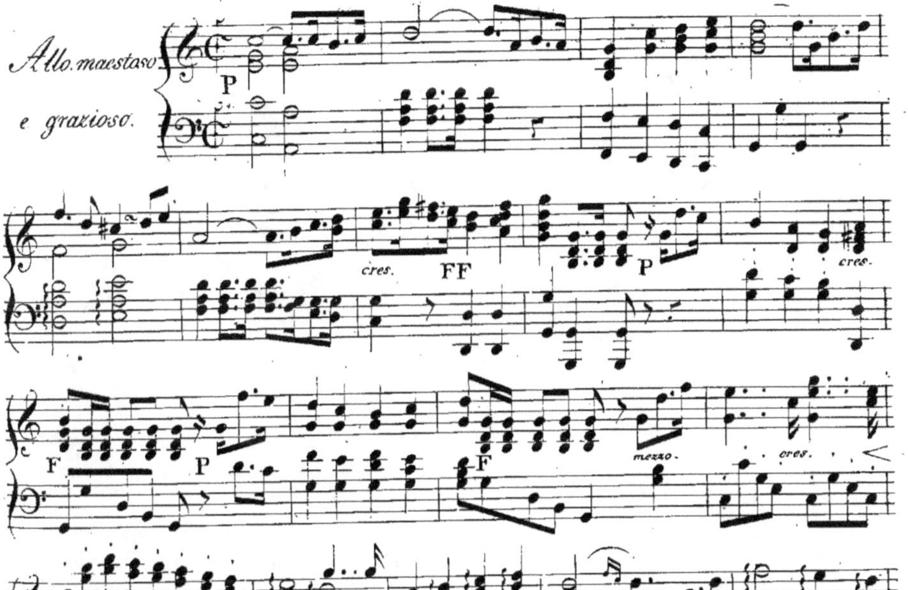

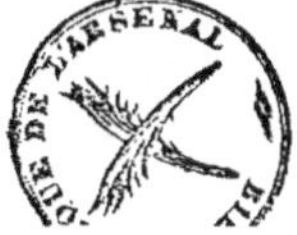

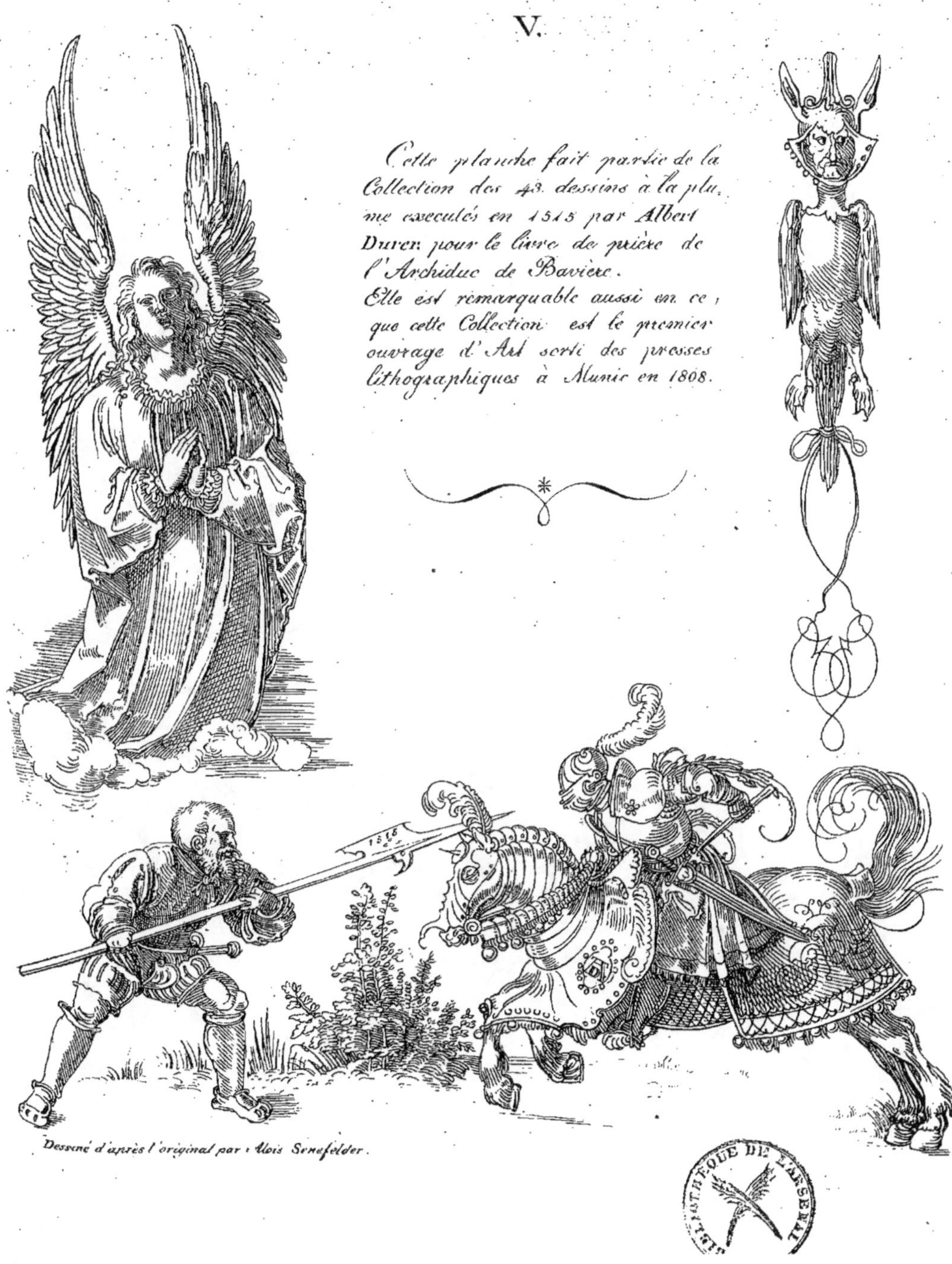

V.

Cette planche fait partie de la
Collection des 43. dessins à la plume executés en 1515 par Albert
Durer, pour le livre de prière de
l'Archiduc de Bavière.
Elle est remarquable aussi en ce,
que cette Collection est le premier
ouvrage d'Art sorti des presses
lithographiques à Munic en 1808.

Dessiné d'après l'original par : Alois Senefelder.

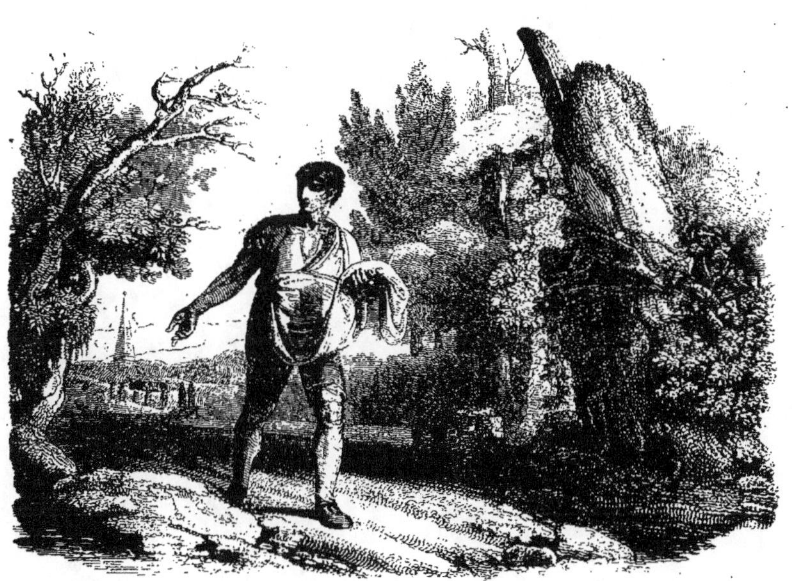

Taille de bois transportée fur pierre

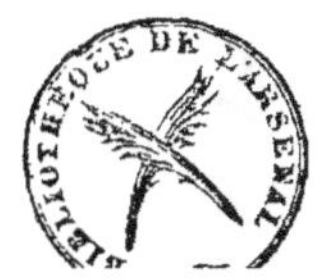

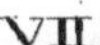

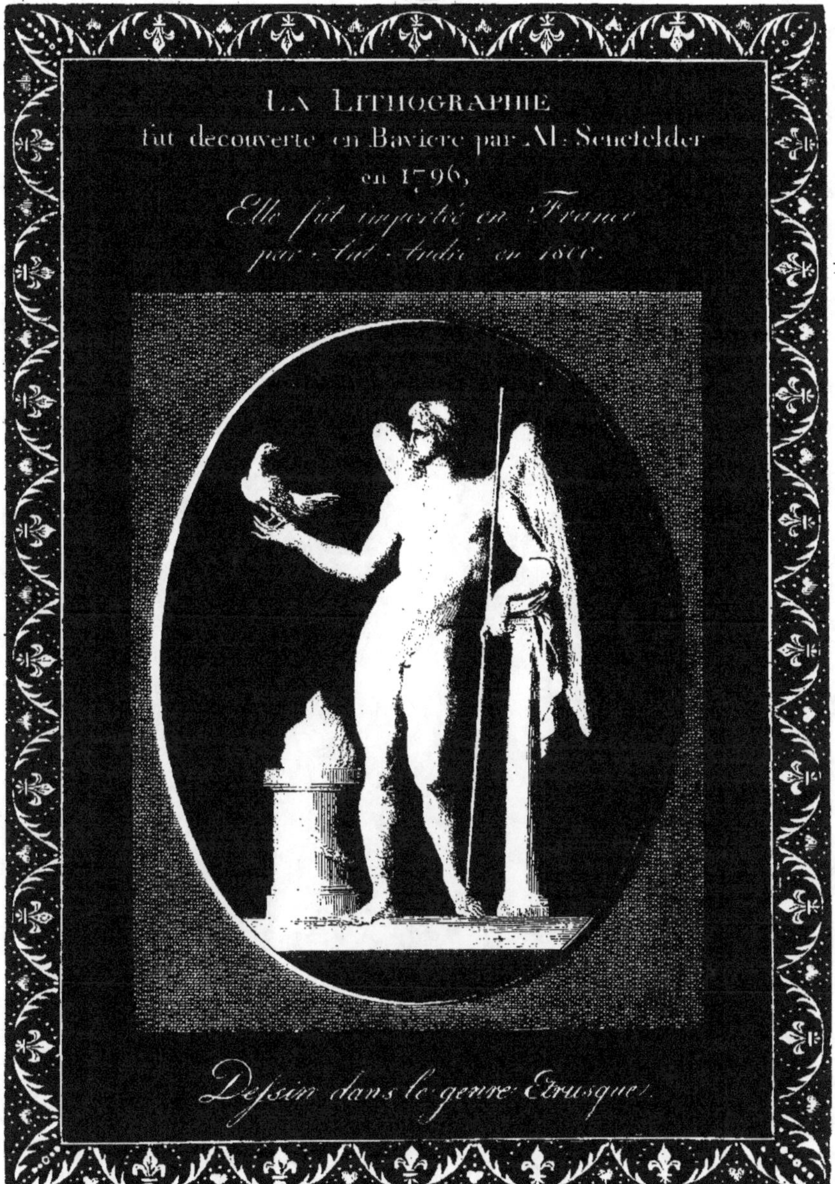

LA LITHOGRAPHIE
fut decouverte en Baviere par M. Senefelder
en 1796,
Elle fut importée en France
par Mr. André en 1800.

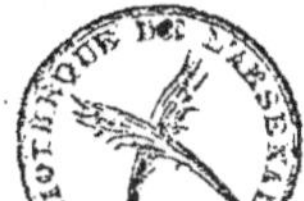

Dessin dans le genre Etrusque.

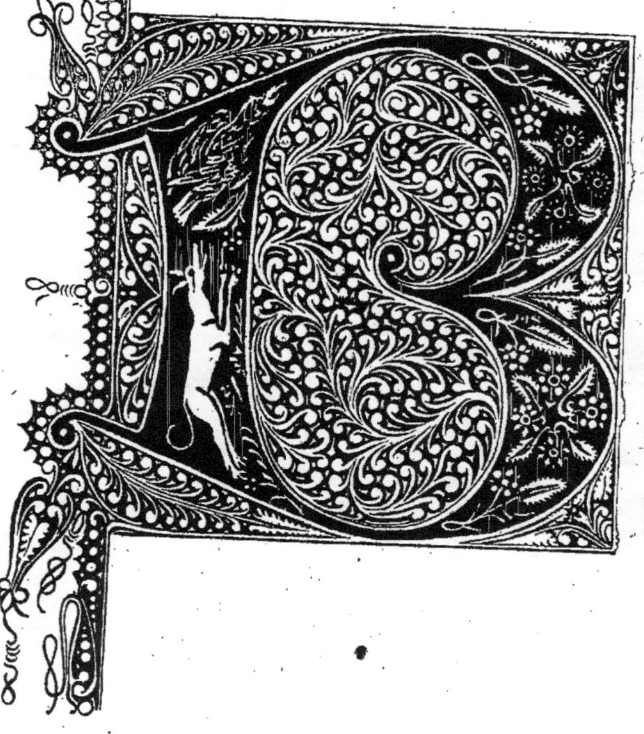

Eatus vir qui non
abiit in osilio impioꝛ
et in via peccatoꝛu non
stetit: ⁊ in cathedra pesti-
lentie non sedit. Sed
in lege domini volūtas

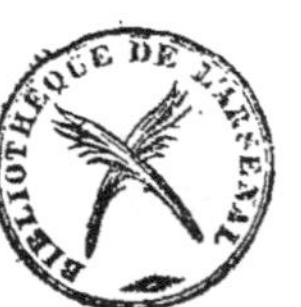

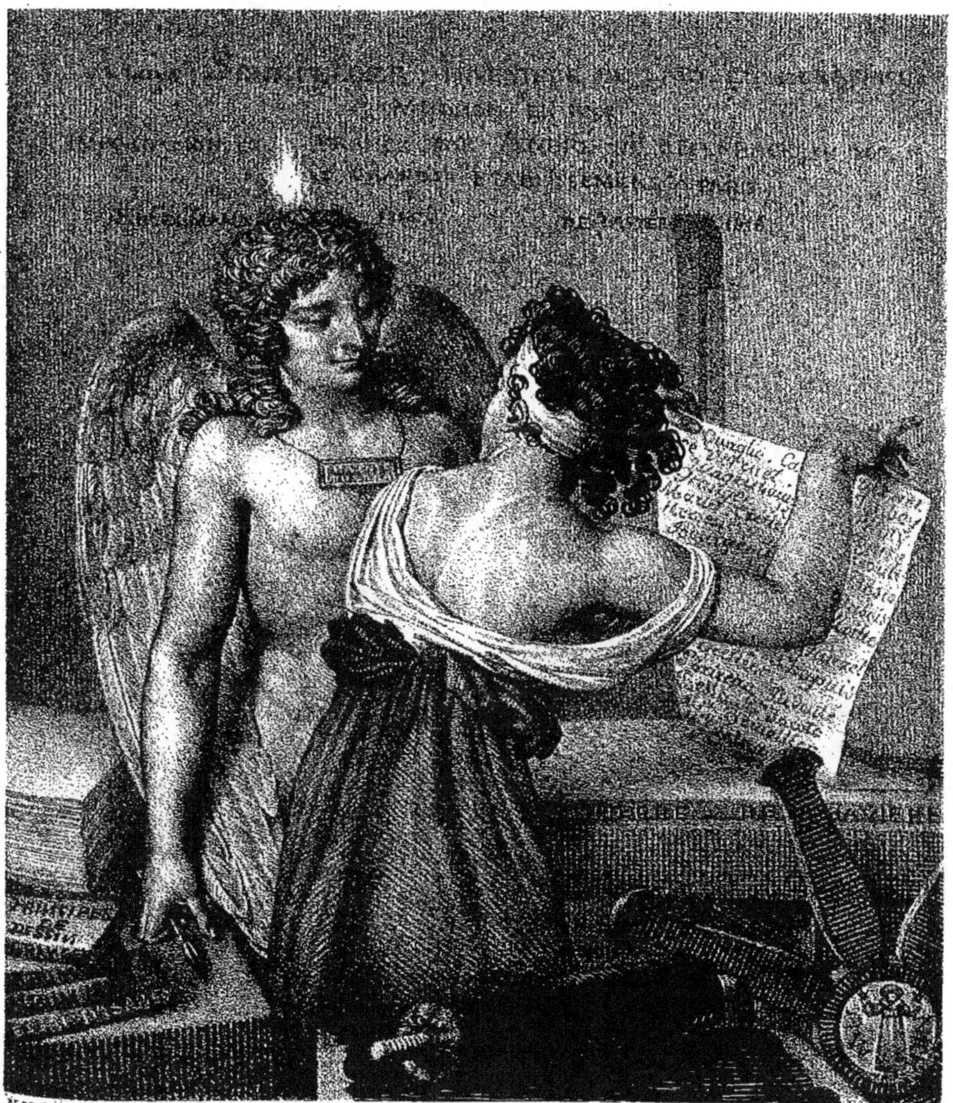

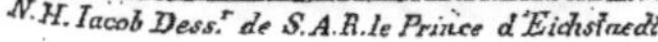

N.H. Iacob Dess.r de S.A.R. le Prince d'Eichstnedt

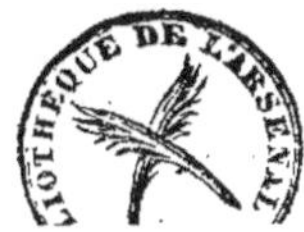

X.

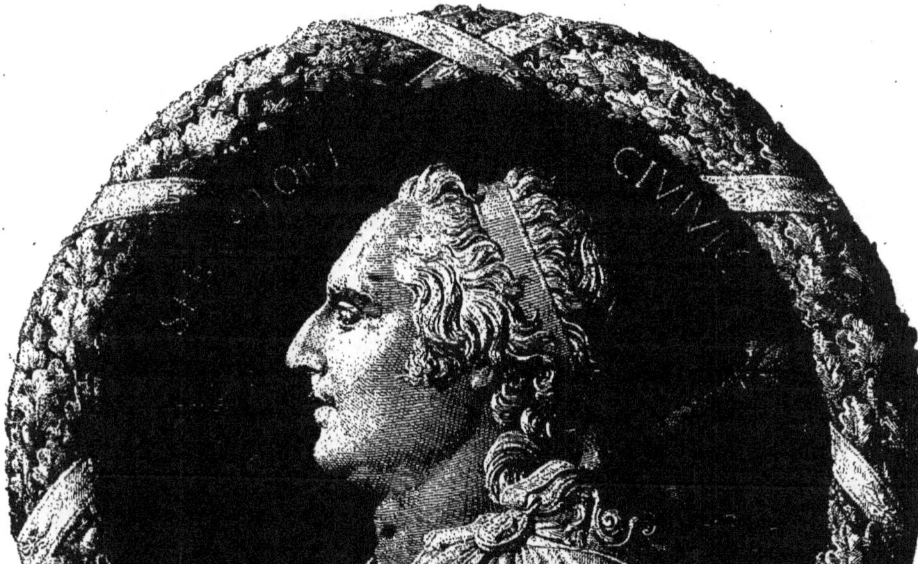

Gravure en taille douce, transportée sur pierre.

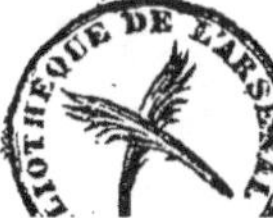

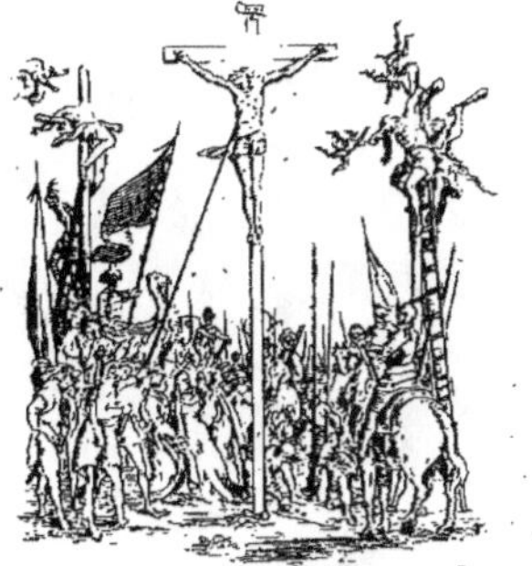

Sic Deus dilexit mundum.

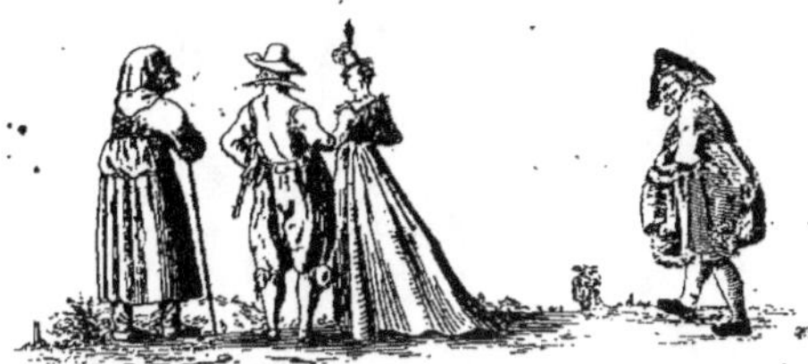

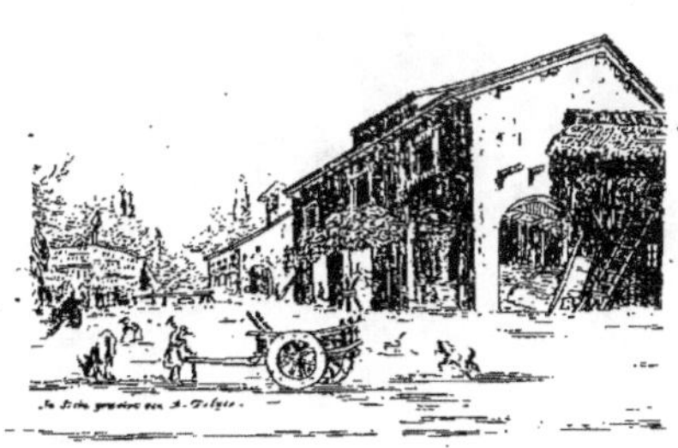

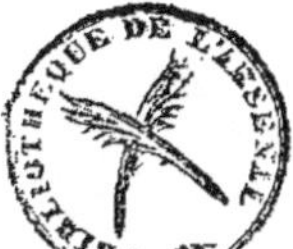

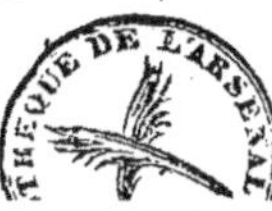

Dessin au Crayon.

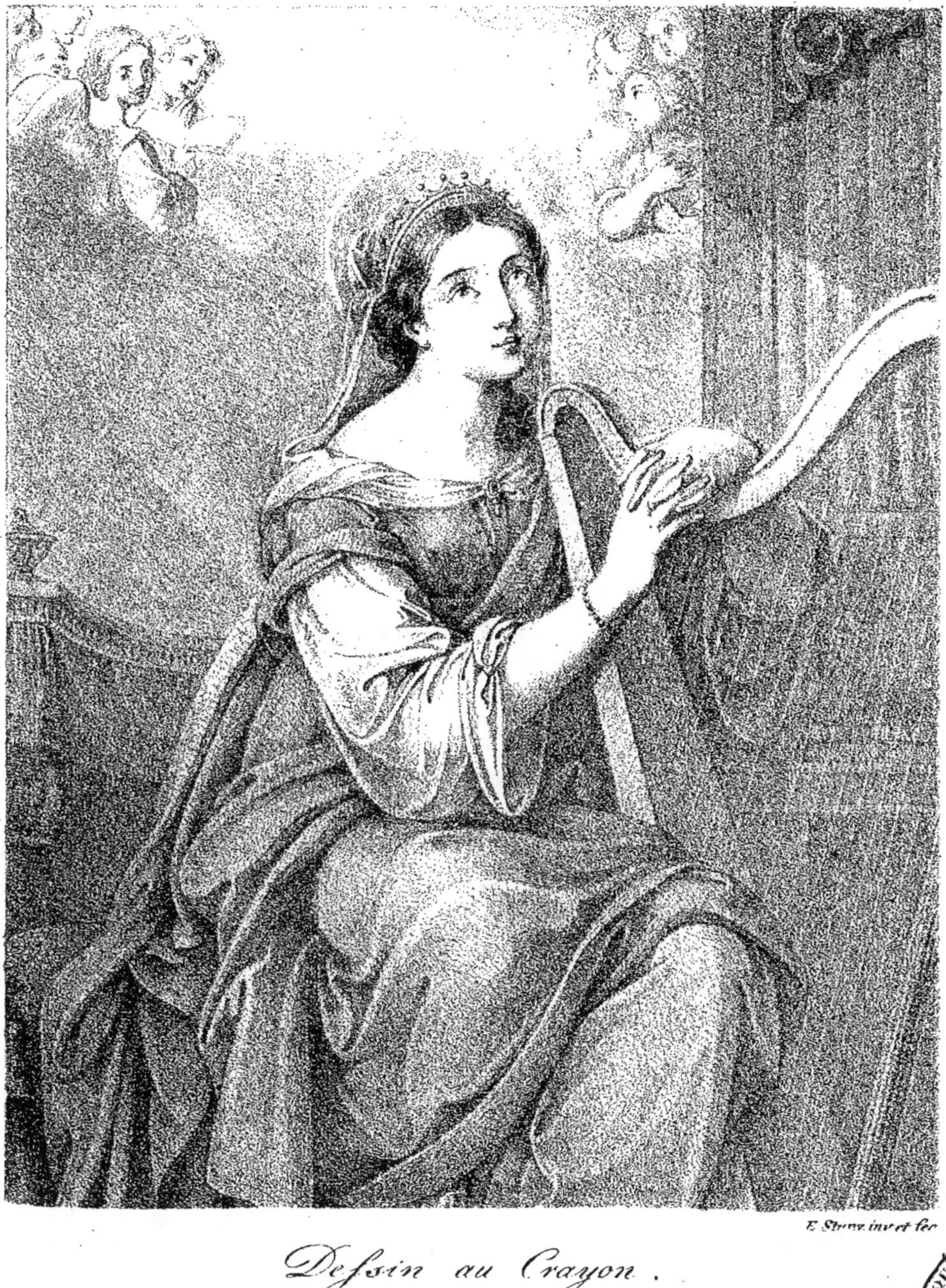

F. Sturn. inv. et fec.

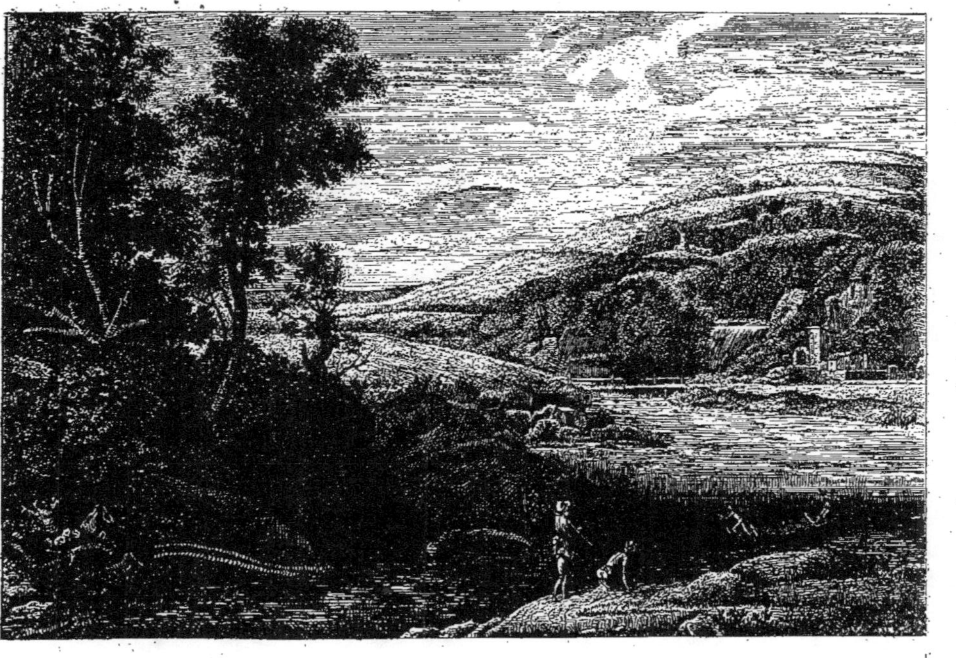

Gravure à l'eau forte sur pierre.

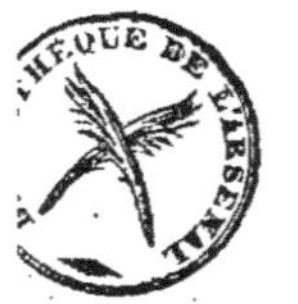

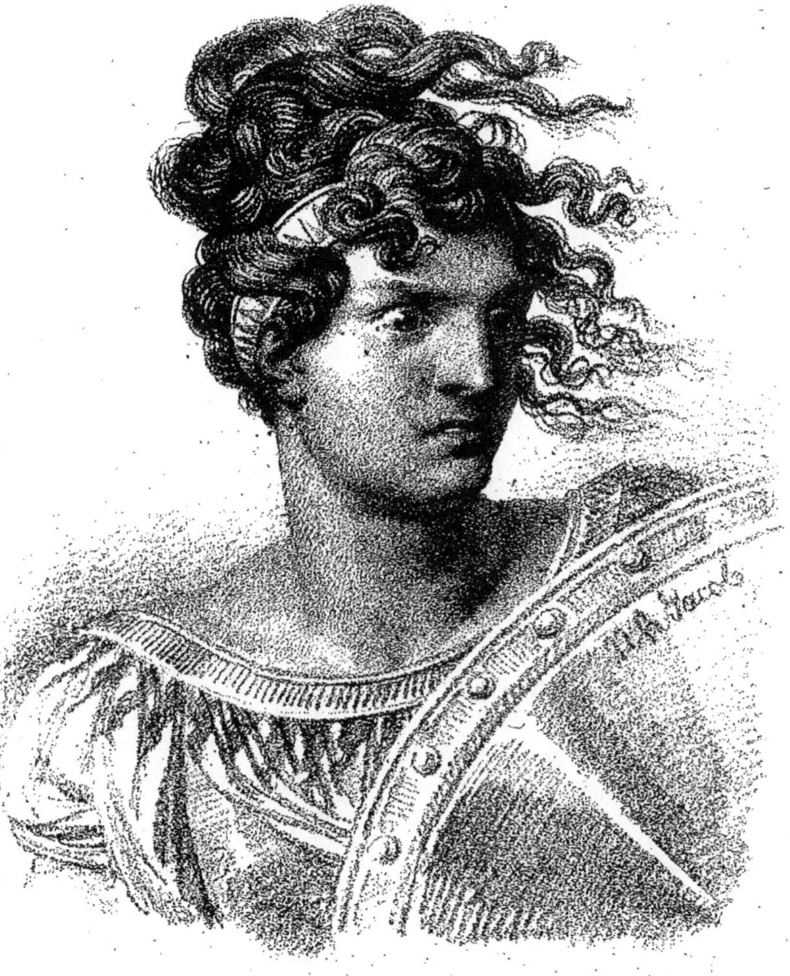

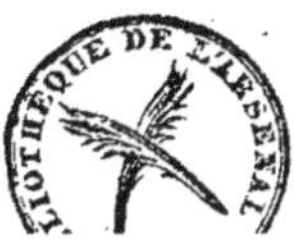

Dessin sur papier et transporté sur pierre.

Transport. 1. d'une epreuve fraiche.

C'est de Dieu que nous vient cet Art ingénieux
De peindre la parole et de parler aux yeux,
Et par des traits divers de figures tracées,
Donner de la couleur et du ton aux pensées.

2. d'un ancien livre.

Prefatio quottidiana.
Per omnia secula seculorū.
Dominus vobiscū. Sur
sum corda. Gratias agam⁹ do-
mino deo nostro. Vere dignuz
τ iustū est equū et salutare. Nos
tibi semper τ vbiqȝ gratias age-
re: domine sancte pater omipo-
tens eterne deus: per christum
dominū nostrū.

3. d'une écriture à l'encre chimique.

*La lithographie à peine sortie du berceau offre déjà
des résultats remarquables. De plus en plus secondée
par le Génie des beaux Arts, elle produira, tout porte
à le croire, des choses étonnantes, et méritera un des premiers
rangs parmi les plus ingénieuses inventions modernes.*

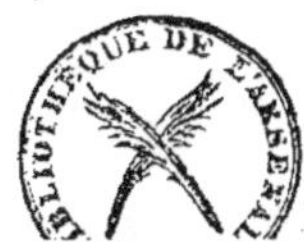

*Scala de plusieurs genres lithographiques,
de l'interjection et de l'aqua_tinta.*

I. *Par interjection en relief.*

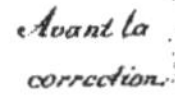

Avant la correction.

Après la correction.

II *Par interjection et creusé par l'eau forte.*

III *Par un Tampon et creusé.*

III *Par le Crayon et creusé.*

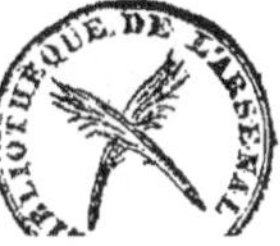

XVII.

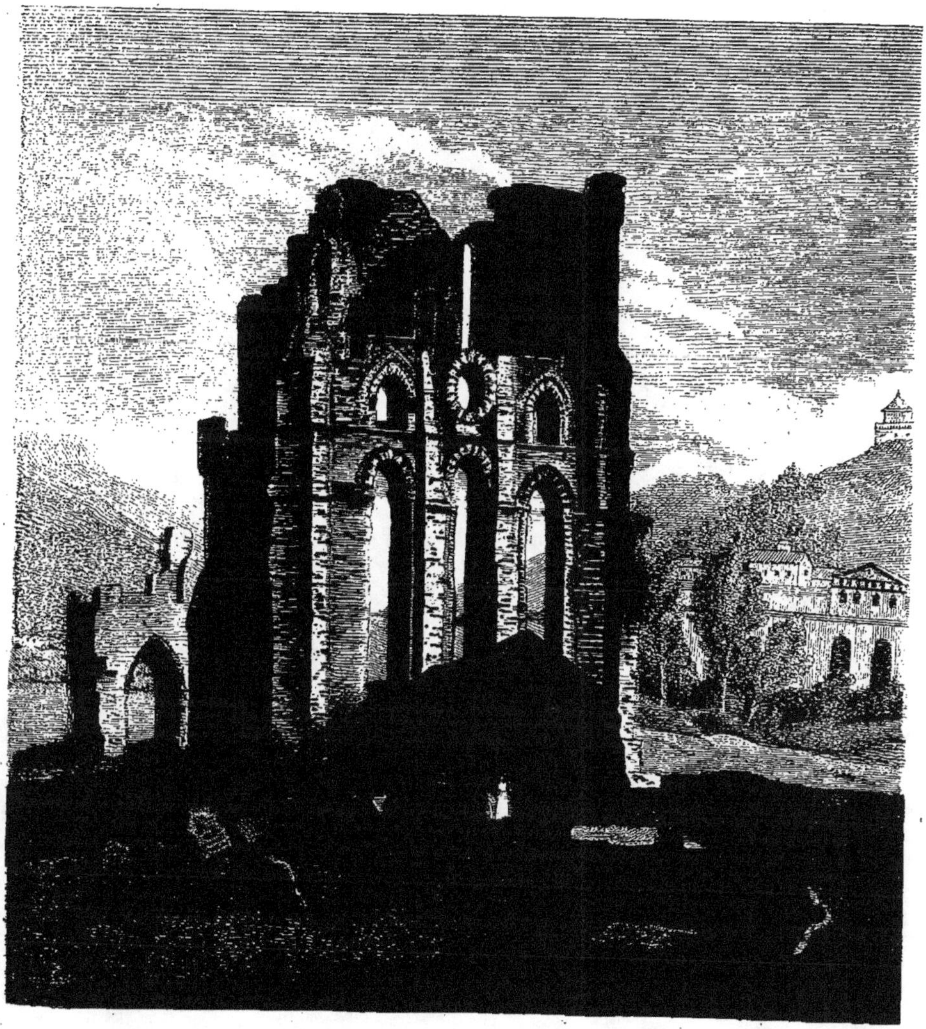

Dessin à plusieurs planches

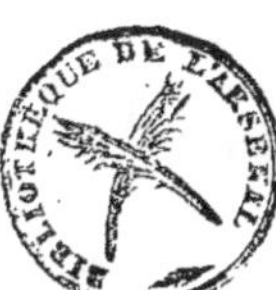

XVIII.

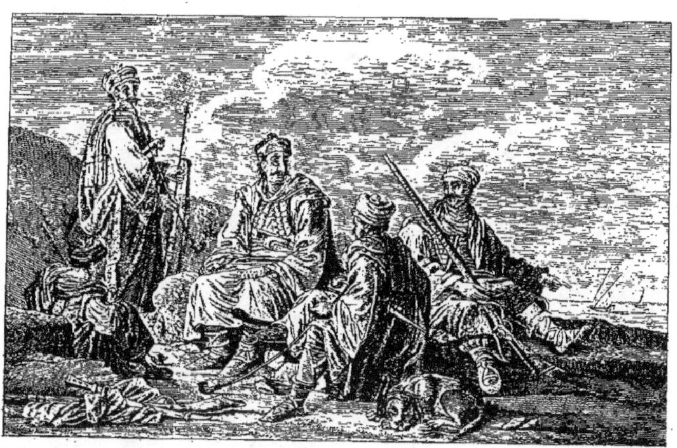

Gravure à la pointe.

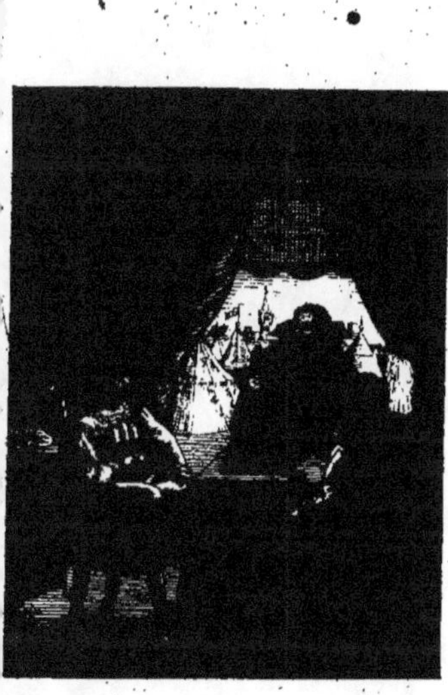

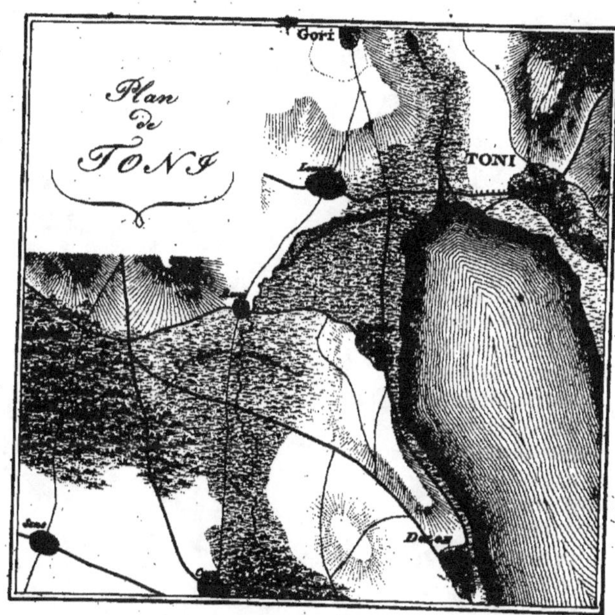

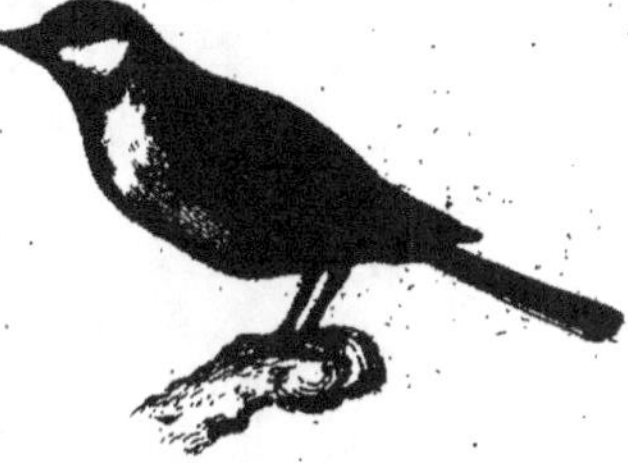

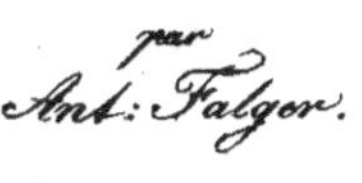
Plusieurs Essais
lithographiques,
gravées
au Burin,
par
Ant: Falger.

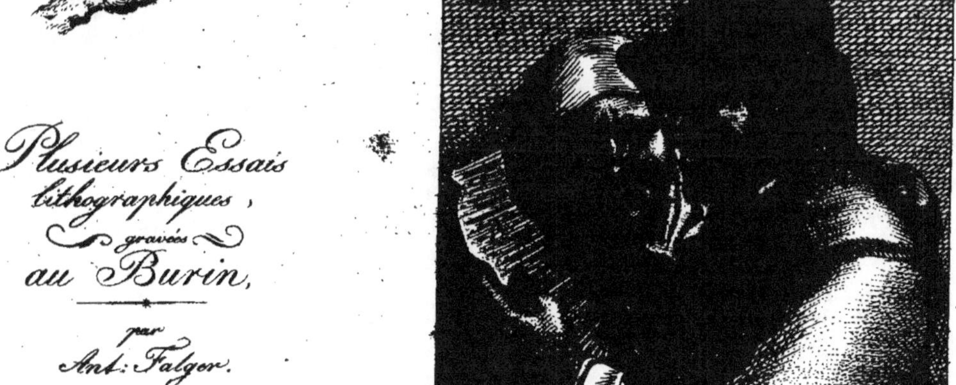

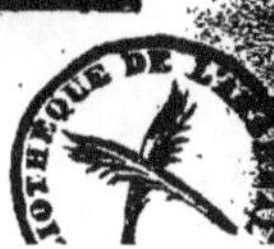

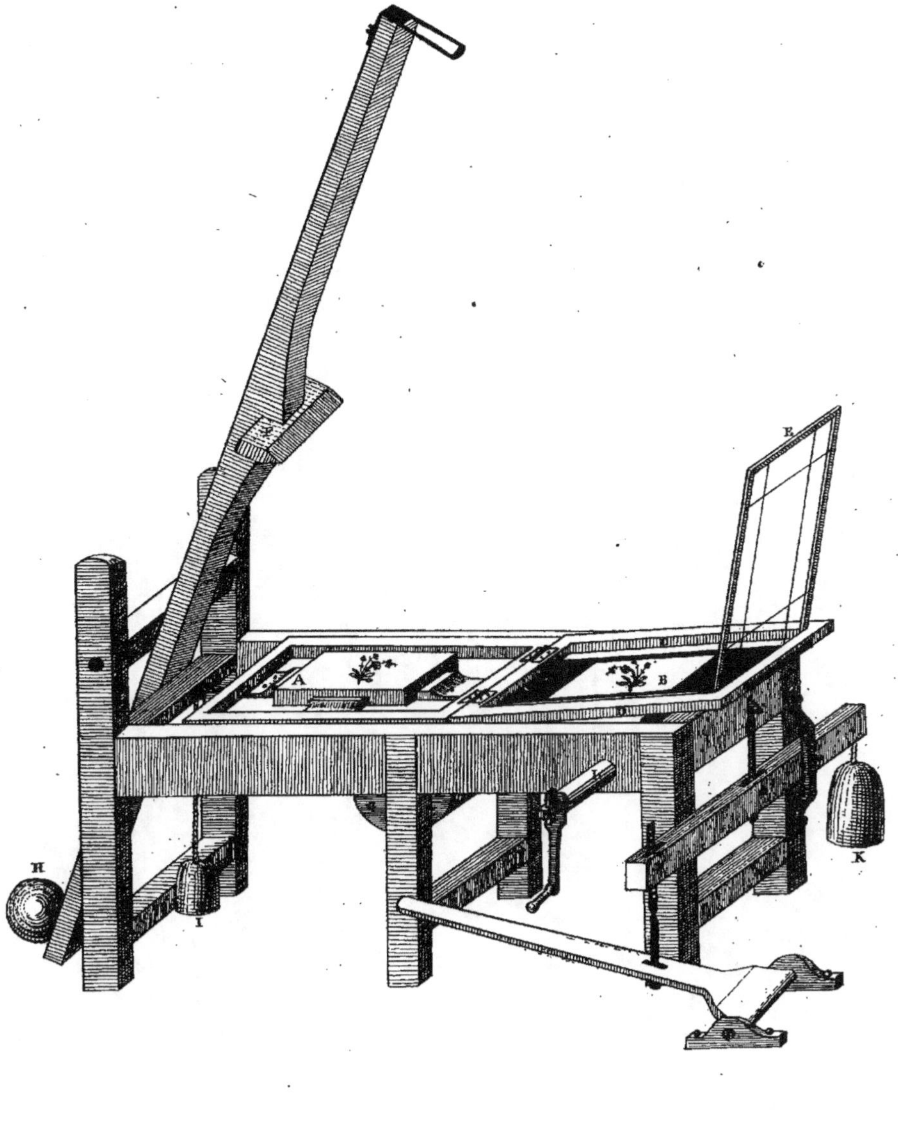

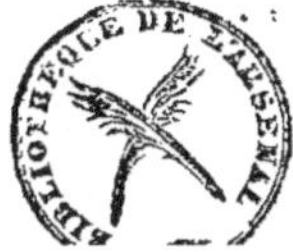

BIBLIOTHÈQUE DE L'ARSENAL